中國二號人物
王岐山

作者／王淨文 季達

目錄

■第一章 從插隊知青到經濟學者 7
　第一節 國民黨上尉的兒子 8
　第二節 延安收穫愛情 結識習近平 15
　第三節 擅長聯絡的讀書人 26

■第二章 「拆彈」專家政途坎坷 37
　第一節 參與建立中國股市 38
　第二節 推動成立中金公司 43
　第三節 經歷廣東金融危機 47
　第四節 廣東受氣 海南受累 51
　第五節 緊急處理薩斯危機 55

■第三章 權傾一時 險遭暗殺 65
　第一節 權傾一時 習授權反腐 66
　第二節 掀反腐風暴 反腐立法成熱點 77
　第三節 暗殺不斷 習王「輸不起」 86

■第四章 強控中紀委 立家規清門戶 91
　第一節 中紀委擴權內幕 92
　第二節 清理內鬼 99
　第三節 王說：「我不是賀國強！」 106
　第四節 推兩個獨立 扶持兩局一院 109

■第五章 作風強硬 百虎落馬 119
　第一節 老對頭劉淇公款旅遊傳被雙規 120
　第二節 抓雲南副省長 回擊昆明血案 124

第三節 太子黨內訌 定「六不准」..................128
第四節 當眾羞辱吉林書記..................133
第五節 遼寧省長換人內幕..................136
第六節 王反腐 多次遭暗殺..................142

■第六章 中國的核心問題..................149
第一節 周永康想出國 被王岐山嗆住..................150
第二節 一個法輪功學員的故事..................157
第三節 一次在舊金山的脫稿演講..................177

■第七章 反腐成績與苦惱..................183
第一節 五年生死之戰 反腐戰果累累..................184
第二節 徐才厚的死因與王岐山的苦惱..................197
第三節 最後通牒逼公布財產 終無效..................201
第四節 絕密：習王都對反腐絕望..................205

■第八章 設監察委 為王留任準備..................209
第一節 2015年王岐山談退休..................210
第二節 政治體制改革第一刀..................215
第三節 江派依舊抵抗習核心..................223

■第九章 王岐山專案瞄準曾慶紅..................233
第一節 十九大候選人必須公布財產..................234
第二節 王岐山啓動專案 瞄準曾慶紅..................238
第三節 曾慶紅家族貪腐上百億..................242
第四節 王岐山出招 港澳辦換人..................247

■第十章 王岐山遭江派攻擊誣陷..............................255
　第一節 中紀委被政法委攻擊.........................256
　第二節 家人房產與私生女的誣陷....................261
　第三節 海航是誰的？與江澤民關係更大..............267

■第十一章 王岐山反擊 全家露面.......................275
　第一節 通報「五虎」政變 王岐山敲打政變主........276
　第二節 王岐山猛攻 官方對郭文貴案發聲..............283
　第三節 官方力挺王岐山留任.........................288

■第十二章 王岐山高調復出............................297
　第一節 破格進人大 可能的職務......................298
　第二節 王岐山強勢回歸 再闢「第二戰場」...........309
　第三節 副主席激動宣誓 仍掌控監察委...............315

■第十三章 腐敗無解 王岐山對中共無好感..............323
　第一節 王岐山推薦《舊制度與大革命》..............324
　第二節 王岐山公開承認中國社會難以繼續............335
　第三節 王岐山提「執政合法性」為棄船做準備.....338
　第四節 解體中共 才能有未來........................344

第一章

從插隊知青到經濟學者

和那個年代的很多城市青年一樣，被外界稱為「當代武松」的前中共中紀委書記王岐山，也有過下鄉插隊當知青的經歷。嗜書如命的王岐山從知青成為經濟學者，他的妻子姚明珊起了重要作用。而就在那時，他跟習近平有了交情。

當年在康坪大隊插隊的北京知青合影，後排右一為王岐山。（資料圖片）

第一節

國民黨上尉的兒子

國民黨「上尉」挨批鬥

　　王岐山出生於 1948 年 7 月 1 日，祖籍中國山西天鎮，出生地是山東省青島。王岐山的生日是 7 月 1 日，所謂「中共建黨日」，不過父親的遭遇並沒有給王岐山加分。

　　王岐山的父親叫王德政，出生於山西天鎮縣馬家皂鄉安家皂村，7 歲上私塾，13 歲入縣立第一高等小學校。1929 年，王德政從南開預科考入清華大學，專攻土木工程建築，1933 年從清華畢業。

　　王德政畢業後去山東省青島工作。工作幾年，抗日戰爭便爆發了，王德政不願為日本人工作，於是去了王岐山母親的老家山東平度，在山區做教員。

　　當時平度是國民黨的游擊區。王德政很有些抗日情緒，於是國民黨就給這位清華大學畢業的山區教員封了個「上尉」軍銜。

1949 年，抗戰勝利，青島成了國民黨的五大「特轄市」之一，王德政返回青島，繼續做城市規劃工作，搞土木建設。

1949 年，在國共內戰中，共產黨靠「人海戰術」篡權成功，國民黨敗退台灣。國民黨給王德政買了船票，勸其從青島「撤退」台灣。不過王德政很「天真」，認為自己有能耐、有技術，中共來了也要搞建設，自己不去台灣也有用武之地，於是堅持留在大陸。

結果 1950 年代初，中共大搞運動，「土改」、「鎮反」、「三反」、「五反」，一次接一次，很快，頂著國民黨「上尉」軍銜的王德政被人抄了家。不過，到了運動後期，中共發現王德政「上尉」軍銜徒有虛名，1956 年，中共建設部點名王德政，將其調入北京。

「文革」之後，王岐山曾和父親聊天，說起那段抄家往事，王德政說，「也虧了那次抄家，受了驚嚇，從此不敢亂說亂動」。「文革」之前的「反右派」、「反右傾鬥爭」，王德政卻因為「說話少」而躲了過去。直到「文革」爆發，一度領取過國民黨「上尉」俸祿的這樁陳年往事才被造反派再次挖了出來，王德政受到批鬥，並被安排打掃單位衛生。

「文革」喧囂了十年，直到毛澤東死後，華國鋒發動宮廷政變逮捕了江青「四人幫」，運動才結束。很快，鄧小平上台，啟用胡耀邦主持「平反」工作。和大多數在中共極左運動被批鬥的中國人一樣，1980 年代初，王德政被「平反」，晚景平順，2001年逝世。那時的王岐山已經是國務院經濟體制改革辦公室主任、黨組書記。

入讀「紅色中學」

隨著父親王德政於 1956 年被調入中共建設部，王岐山也從青島轉學到北京，當時王岐山八歲。

到了 1967 年，王岐山進入北京第三十五中就讀。北京第三十五中是一所地地道道的「紅色中學」，前身是北平私立志成中學，創辦於 1923 年。

當時志成中學採取男女分校制，男校在二龍坑內小口袋胡同，是原清末官辦蠶業講習所舊址；女校在豐盛胡同。首屆學校董事會董事長為鄧萃英，校長為吳鑒。該校 1930 年代時，在校學生總人數曾達到 2700 多人，當時屬於規模較大的學校。

1949 年，志成中學改名為新生中學，1952 年定為北京市第三十五中學，成為北京市示範中學。北京第三十五中著名校友包括相聲表演演員馬季、劉少奇之妻王光美、物理學家鄧稼先、北京市華遠地產股份有限公司董事長任志強等，當然還有王岐山。

2014 年 4 月 20 日，是周日。北京第三十五中 1967 屆高中畢業的四班同學舉辦同學聚會，也邀請王岐山，當時大家覺得他未必能出席。但是當天上午 9 點 30 分左右，王岐山悄悄地回到母校見到了當年的同學和老師，大家紛紛圍攏上來與他交談。王待了約 40 分鐘，與他同行的只有祕書和司機，沒有帶保鏢和任何下屬官員。

「王岐山是孝子」

2008 年 5 月，《南方周末》發表了對曾與王岐山在北京一個

機關大院長大的「老驥」的採訪回憶。文章說，王岐山那時八歲，他的姐姐、妹妹與老驥家的姐妹剛好同歲，於是六個孩子常常「配對兒」在一起玩。

在經歷文革生死動盪後，「1980 年代初我調回北京，去父親的原工作單位申請落實政策，要求把『文革』被沒收的房子退回我家，在建設部，恰好遇到王岐山攙扶著王老先生也去談政策落實事項。看得出來，王岐山和我一樣，也是孝子。」

「我父親 1968 年去世後，給我印象最深的是王岐山的母親——機關大院的居委會主任——崔大媽。我父親的『問題』是 1979 年才平反的，整個『文革』期間，崔主任不僅從來沒有歧視過我母親和我們家，還常常悄悄跑到我家，拉著我母親的手坐在床邊，好言寬慰。

王岐山母親是 1915 年底生人，我母親是 1916 年初生人，『文革』的高壓氣氛下，遠親不如近鄰，我母親『文革』後搬離那個大院的時候，還再三叮囑我，一定要去和熱心而善良的崔主任打個招呼，那時候，崔主任早就退休回家了，但王岐山仍然常常回家探視母親，也不忘給母親過生日。」

老驥的回憶還提及：

王岐山是 1956 年從青島轉學到北京的，比我早了一年。我剛剛轉學到北京的時候，是上海口音，他則是青島口音。對於讀小學的那些往事，我基本都忘卻了，他倒是好記性，不僅記得我是上海口音，而且回憶說，剛剛轉學到北京的時候，班上還有一位山東籍的同學叫蓋學良，也有山東口音，因為班上有人笑話他倆，結果他們倆還結伴和那些嘲笑他們的男同學打了一架。

王岐山小時候，和我關係不錯，中學時代我們不在同一所中

學，沒有很多來往，但「文革」閒得無聊的時候，我們還是常常在一起打籃球。既在機關大院裡打球，也會跑到月壇體育場去打球。這不，多年之後他做了副總理去美國訪問，奧巴馬總統通過中國駐美使館打聽到這一「背景」，於是當著中外記者的面，隔著老遠給王岐山扔去一籃球，60歲的王岐山不僅穩穩接住了球，還把籃球頂在手指尖上轉了幾圈，小小地秀了一把。

文革下鄉插隊之前，我曾隱約聽說，王岐山在北京三十五中（北京西城區的重點中學）讀書期間，曾犯過「小錯誤」，受過「小批判」。多年之後，我向他求證：文革中，你究竟犯的是什麼「小錯誤」。他笑著說：「啊喲，那可不是小錯誤、小批判，是全校的大批鬥呢！」

聽他解釋，我才知道了原委：「文革」之前，高中年級的優秀學生，常常會奉命擔任初中對應班級的「輔導員」，王岐山讀高一的時候就擔任了初一年級對應班級的輔導員。偏偏那個班上有個同學（任志強）頗傲氣，一次開會，他堅持說自己的世界觀百分之百沒問題，作為輔導員的王岐山於是找他談話，希望他能謙虛點。

王岐山說：「那時候，高中政治課上正好在講艾思奇的哲學觀點，課餘時間，我又比較喜歡看書，就把艾思奇寫的《辯證唯物主義和歷史唯物主義》原著找來看了，我贊成艾思奇的觀點，從哲學高度看，說一件事、一個人，百分之百好，那就太絕對。於是我在和這個同學談話時，講到這麼一個觀點：如果雷鋒還活著，他也不能說自己的世界觀是百分之百正確的。第一，從哲學的高度看，『活到老，學到老』才是正確的；第二，一個人如果這樣說自己百分百正確，那未免太過驕傲⋯⋯」

　　那位初一年級的同學當時表示同意「大哥哥」的這番話，但後來，他把王的這些「大實話」，特別是用雷鋒作比喻的說法，給傳了出去，同學們傳來傳去，傳得多了，就走了樣。等到「文革」來臨，就有人把王的這些話給「捅」了出來，這可不得了啦，全校大會上，同學們批判了「惡毒攻擊雷鋒」的王岐山。

　　下鄉插隊之前，解放軍奉命進駐學校搞軍訓，支持恢復學校秩序，軍代表當時就給平了反。這時候，那些曾經批判過的同學有點擔心，對他們說，運動來了，誰都可能說錯話，辦錯事⋯⋯相逢一笑，完事。

　　王岐山後來對我說：「很可惜，插隊之前，他們把批鬥我的照片、錄音找來，我讓他們都給銷毀了。要是留到現在，其實倒是挺有點紀念意義呢⋯⋯現在三十五中校慶時，我和這些同學見面，大家都是很融洽的，談到往事，都是哈哈大笑。」

王岐山是任志強的輔導員

　　任志強是中國大陸地產界的大佬，以敢言著稱。在 2013 年 9 月 1 日出版的自傳《野心優雅》一書中，任志強披露自己的初中輔導員是王岐山。

　　1964 年秋，任志強考上了第二志願北京市第三十五中學。任志強上初一時班上的輔導員是姚明偉，姚依林的大兒子，高三後他去了越南學習，中間由蔣小泉接手過一段時間。再接下來就是王岐山了，當時他上高二，他是陪伴時間最長的輔導員。

　　任志強在書中稱，從在校學習到「上山下鄉」，再到北京，自己都跟王岐山保持各種各樣的聯繫。至今王岐山還會偶爾在半

夜打來電話,他們經常一聊就聊很久。

當任志強滿15歲之後,要退出「少先隊」,王岐山找他談話,讓他寫申請加入「共青團」。但任志強的注意力卻被小學沒有的籃球、足球、排球所吸引,最終沒有加入「共青團」。

還有那段「惡毒攻擊雷鋒」的話,也是王岐山教育任志強時說的,後來被傳走樣的故事。

第二節

延安收穫愛情 結識習近平

1971年下半年，陝西博物館大門重開，口才好的王岐山被錄用當講解員。圖為西安碑林博物館。（公有領域）

王岐山與姚明珊的故事

「文革」初期，「紅衛兵」被毛澤東利用來打倒劉少奇，劉少奇一倒，「紅衛兵」們沒有了多少利用價值，於是毛澤東下令城市青年「上山下鄉」。

1969年初，北京第三十五中高二學生王岐山，隨兩萬多北京知青來到陝西，在延安馮莊公社插隊落戶。王岐山被分配到馮莊公社康坪生產大隊，同來的還有中共高官姚依林之女姚明珊。

王岐山回憶說，當時他選擇了延安而沒去黑龍江，「後來跟黑龍江的同學見面後我都想哭，他們幹活累了至少還吃得飽啊，我這是累了還吃不飽，知道餓是什麼滋味了。」

有消息說，下鄉前，姚明珊就是王岐山的女朋友。王與姚的關係，當地人是聽北京知青們說的，「他們在北京就認識」。隊裡的北京知青，男娃奔著王岐山，女娃跟著姚明珊，一起來到

康坪。

不過還有另外一個故事版本。《從姚依林到王岐山》一書作者郭清曾提到一個沒有寫進書中的傳聞：當初，王岐山從北京到陝北插隊落戶時，已有女友，後來女友因勞動受傷，王岐山便到女知青住處照顧她，正是在照顧女友期間，他與姚明珊相愛了……不久，兩人雙雙離開陝北，王岐山被調到陝西博物館，從而成為「太子黨」，並在姚家的關照下，進入中共官場。

從 1969 年初到延安插隊，到 1971 年被抽調到陝西省博物館，王岐山只當了兩年的知青。《王岐山：中國「拆彈」專家》的作者楊韻認為，天上接連掉下「餡餅」來，這與王岐山的妻子、北京下鄉知青姚明珊——更準確地說，與姚明珊的父親，不能說沒有關係。

姚明珊的父親姚依林，1935 年就加入中共，參與領導「一二九」運動。「文革」前他先後任職中共國務院貿易部、商業部、財貿辦公室副主任、中央財貿政治部，「文革」中遭受迫害，直至 1973 年，被毛澤東和周恩來重新任用，任對外貿易部第一副部長——正是同一年，王岐山進大學。姚依林後來任中共中央政治局常委、國務院常務副總理。

姚依林有四名子女，女兒姚明瑞、姚明珊、姚明端，兒子姚明偉。

1994 年 12 月，姚依林去世；2001 年 10 月，曾任中共機械工業部副部長的姚明偉病逝；2009 年，曾任中共外貿部調研員的姚明瑞病逝。

由於岳父姚依林的關係，外界將王岐山歸入「太子黨」之列。不過，也有看法認為，姚依林直到 1979 年當上副總理，這才勉強

算是「高幹」。而這之前，王岐山在大學畢業後被分配到中國社會科學院近代史所工作，並和姚明珊結婚了。故王岐山娶得姚家女，只能說碰巧撈到一支「潛力股」，王岐山在中共官場不斷升官，更多是靠他的個人能力。

王岐山本人也希望淡化他靠「老泰山」發跡的印象，夫婦二人極少出雙入對，連 2009 年姚明珊一家人回老家安徽池州省親，向姚依林銅像獻花，王岐山都刻意迴避，沒有同行。

坊間有傳聞，王、姚已經離婚。不過傳聞顯然有誤：王岐山的恩師、西北大學韓偉教授，其妻子 2006 年病故時，王岐山和妻子姚明珊聯名祭悼師母。

2017 年在姚依林誕辰 100 周年座談會上，王岐山和妻子姚明珊，還有姚家的很多人出席了會議，官方還做了重點報導。

王岐山與習近平的交情

1969 年，當王岐山在延安馮莊公社康坪村插隊時，習近平也在延安延川縣梁家河插隊。據說，兩人就是從那時開始接下友情的。

知青們一周勞動六天、學習一天。幹完一天活，年輕人回來下下棋、打打撲克，是常有的事。而「人家王岐山就學習，拿個石板做個桌子。」「他就看他的那些物理、化學、數學。」時任康坪村村支書尹治海也誇王岐山學得好，「他看外國的經濟方面的書。」對這稀罕物，村裡有人議論：哎呀他看的是什麼書？外國的書，是不是「有問題」的書？

對於這稀有之書的來源，延長縣作協主席張思明知道一些。

他曾為寫作習近平延安插隊經歷而在延川縣梁家河採訪,並於
2002 年赴福建拜訪時任省長習近平。他曾聽習談起,下鄉初期,
一次從北京返回延川,因路途遙遠,先到了馮莊找王岐山借宿一
夜,兩人就合蓋了一床被子。當時習帶著一本經濟方面的書,王
岐山給留了下來。

人們講緣分,也許王岐山與習近平的緣分在那時就定下來
了。總結來看,王岐山這輩子能從歷史轉到經濟,並在經濟改革
上做出一些貢獻,也許與文革時習近平給他的那本經濟書有關。

港媒還援引當地村民徐俊富回憶,當年的王岐山「瘦長瘦長
的」,「腦子反應快,嘴皮子也快,沒人能說得過他。」那時,
每天吃完飯,徐俊富就跑到知青的窯洞裡「耍」,有的知青聽手
搖留聲機,也有人喜歡玩撲克牌。而王岐山卻對此興趣不大,他
的愛好就是看書。「因為讀一本西方政治學的書,公社領導還批
評他,不該閱讀『反動書籍』。」

尹大才是下放較早的延安本地人,帶著老婆孩子插隊,住
在北京知青的隔壁,他也記得王岐山跟他說過自己和習近平的友
情,「我知道他們好。」王曾問尹:「習仲勛你知道嗎?」尹答:「知
道,西北局第一書記,國務院副總理。」王:「他兒子也在延川,
他們那邊如果請你過去你去嗎?」尹:「我去你給我掙工分啊?」

王岐山是出名的愛看書之人。後來,王岐山任北京市長時,
曾公開表示討厭聽別人講套話,稱:「我沒有那麼多時間來給他
們扯這些事,留下時間我還不如多看幾本書。」

除了自己愛看書,王岐山還喜歡向同事、下屬推薦「好書」,
例如,他曾向下屬推薦《舊制度與大革命》、《大清相國》等書。
2012 年 11 月 30 日,王岐山在主持召開反腐座談會時,向與會的

八位學者推薦《舊制度與大革命》一書。

《舊制度與大革命》是法國貴族托克維爾19世紀撰寫的，是在探討1789年至1799年的法國大革命的起因。托克維爾提出，路易十六的統治要比路易十四寬鬆得多，人們也覺得自由得多，甚至那個時期是法國最繁榮時期，並已開始改革，可是偏偏爆發了大革命。

《大清相國》是作家王躍文所著的長篇歷史小說，講述一代名相陳廷敬行走官場50餘年生涯，體現他揭時弊、倡清廉、恤百姓，充滿著濟世救民的理想主義情懷。

有消息稱，有接近中共高層圈內的知情人士透露，王岐山對法國大革命現象的最大感慨是：「當舊制度的某些部分已廢除時，人們對剩下的部分常常抱有百倍的仇恨，更加不能容忍。」他因此反復警告中國的當權者，中國隨時可能爆發革命，執政者必須警惕。

知青生活收穫愛情

王岐山比習近平大五歲。和習一樣，王岐山也在延安當過知青，不過他只待了二年，而習近平是七年。王岐山這二年，雖然嘗到了「飢餓的滋味」，但也嘗到了「愛情的滋味」。

到延安時，王岐山21歲，在那裡他與姚明珊相識、相愛。有人說王岐山是為了往上爬才與姚明珊談戀愛的，其實那時姚依林已經被批鬥、靠邊站了，被商業部關起來審查歷史，不許回家，連飯都吃不飽。那時要審查他這個1935年的「老革命」，是否假黨員、是否叛徒，但最後是「查無實據」。

王岐山之所以能從農村調到陝西博物館，並不像人們想像的那樣，是靠了裙帶關係。據大陸媒體報導：「1971 年下半年，陝西博物館大門重開，並到延安招了來 10 位北京知青做講解員。康坪隊上有兩個名額，最終，口才好的王岐山和王小楓經面試後被錄用。此時，姚明珊因父親的問題，無法回城，王岐山不想先走，但公社催促，只能暫別女友，來到西安。」

《蘋果日報》2012 年 11 月 5 日發表了記者在陝西延安馮莊的直擊。馮莊康平村位於延安城區西北約 50 多公里，距離習近平插隊的梁家河村不遠，但交通比梁家河方便多了，一條縣級柏油馬路經過該村，整條村建於公路旁的山坡上。

王岐山 1969 年到此插隊時住的窰洞，位於半山坡，一排三眼，洞前是平地圍成小院。記者採訪了當年王的房東黑氏，問起當年王插隊的往事，她津津樂道。其實兩人同齡，她當年是剛過門的媳婦，親眼見證王等「北京娃兒們」在村裡的一切。

「他們六個人，三男三女，分開兩個窰洞，煮飯是同一個廚房。」「他（王岐山）一來到，就跟那女的（後來成為王岐山妻子的姚明珊）拖手了，兩人一起出工收工，可親熱了。」

「那女娃（姚明珊）長得不錯，個子不高，臉圓圓胖胖，聽說她爸爸是北京的大官。」據黑氏所言，姚插隊不久，就因在一次挖井時摔斷了腿，送回北京治療，當時姚與王岐山雖未登記結婚，但兩人已明確了戀愛關係。黑氏說：「他嘴巴可甜了，很會說話，經常逗得女娃們（女知青）開心大笑。」

姚明珊回京不久，王岐山也被調到陝西省博物館工作，黑氏說：「都說是女娃的爹給辦的。」姚父姚依林是中共元老，文革曾受衝擊，但文革後期已獲毛澤東「保釋」，1973 年更出任對外

經貿部第一副部長。對王攀龍附鳳，當地村民無不首肯，因為其他隊友都要多年後，才有機會「招工招幹」或考大學，離開黃土高原。

1973 年，王岐山又獲保送去西北大學歷史系讀書，畢業後不久，1982 年他就被中共中央書記處農村政策研究室「借調」，入京開始從政之路，而此時他的岳父已貴為中共政治局候補委員，成為中共權力核心中人，「他們兩口子後來回村來過，還和別北京娃一塊，給村裡捐錢，修供水工程。」

據村民透露，王岐山做副總理後曾回村一次，當時已是前呼後擁，警察成群。見到昔日房東黑氏時，王把身邊警衛支開，與黑氏單獨在窰洞「嘮嗑」（聊天）。「塞給我 500 塊錢（人民幣），又拉著我的手問長問短，怪熱情咧。可惜沒見著他的婆姨（老婆）。」黑氏感慨說：「我問他要娃（孩子）木有（沒有），他笑著說木有（沒有）。後來聽說，是他的問題（要不到孩子）。」

陝西博物館講解員

1971 年下半年，陝西博物館大門重開，口才好的王岐山被錄用當講解員。陝西歷史博物館研究員王世平記得，他比王岐山晚半年分配到碑林。一去，王世平也是在展廳做講解員，因此與王岐山共事，成為友好，保持至今。

王世平要比王岐山大三歲，但他這個「老五屆」的最後一屆（指 1966 年文革爆發時的在校大學生，按學制應在 1966 至 1970 年暑期畢業）大學生很佩服當時這位「老高二」（指 1967 年的高中二年級）。同樣是講解碑林石刻，有人是死記硬背地背講稿，

講起來乾巴巴的，而王岐山「不是固定背書，而是很自由，講法活一些」。

王岐山曾提過最初到碑林時的模樣：「我們十個北京知青從延安坐著卡車到了西安，整整坐了一天。」誰知到了碑林，博物館館長、書記非常不高興，「說領來的是十個什麼人啊？男的不像男的，女的不像女的。」

那時穿的都是補丁衣服，「頭髮跟杆子黏得似的。」王岐山說，所以講解員首先「得有點兒形象」。已經過去 40 多年了，「我現在還可以去西安講碑林。」

王世平回憶說：「他的組織能力很強，團結了一大幫西安本地的知青。」有些人觀點不一致，但王岐山與他們的關係都好。當時幾乎每天都有好些人到碑林來找王岐山。

這一度引起「軍代表」的不滿，抱怨說，每天都有找你的幾十個人不買票進來。王岐山聽了就笑一笑。

多年以後，王世平看到一種評價說，王岐山廣泛結交各界精英朋友，「這是他鮮明的個性特點，在西安已經表現出來了。」

其實來找王岐山的青年人，並不都是為了逃票進碑林看展覽，更多的是大家在宿舍裡一塊議論當時的時政等各種事情。

但當年的王岐山並不是「消息最靈通的」，王世平說：「打倒四人幫的消息就是我聽一個青年說了，然後一起去告訴他的。」

王岐山甚至也不是「內部書」的來源——那個時候，所謂的革命樣板戲流行，文化匱乏的知識青年，盡一切可能翻找書籍，悄悄交換閱讀。

王岐山很看重在那個年代結交的友情，一直保持到現在。碑林有一名退休職工，姓黃，廣東人。王岐山進碑林時，她已經 50

多歲了，退休後回了老家。1997 年，當王岐山赴廣東任省委常委、副省長時，抽空找到黃老太太，時常探望，老人又意外又感動。

2011 年 2 月，時任國務院副總理王岐山在西安調研期間，特意安排一晚上的時間，約上八位（實到七位）友人在老博物館敘舊。

那一晚，王岐山將敘舊與工作的界限嚴格劃定。館長邀他順道看一下新的石刻館，他沒答應；館裡送他碑帖作禮物，「一塊真的碑帖都上萬塊錢」，他一口回絕；館裡專門負責拍照的工作人員沒能進入王的敘舊局。

視婚外情為通姦

那個曾與王岐山在一個大院長大的「老驥」，2004 年對王岐山有過「一次未公開的訪談」，2008 年後他公布出來。談話中老驥問王岐山：「你到北京之後，怎麼會瘦了這麼多？」

王說：「可不是，到北京工作後，我瘦了十七八斤呢！我夫人看了著急，說，這是怎麼搞的，催我趕緊去檢查。我去查了，你猜怎麼樣，過去不正常的血脂，現在正常了；原來輕微的脂肪肝，現在也消失了。你看，多幹事不會吃虧的。

儘管我不大願意接受專訪，但到了北京，這電視曝光還是太多，搞得我現在都不敢隨便上街了。過些日子，我請你吃飯，但我只能請你在市政府的小食堂一起吃個便飯，邊吃邊聊，你可別寫我的什麼專訪……」

雖然只是幾句輕描淡寫，但不難看出王岐山通過「夫人看了著急」、「催我趕緊去檢查」，向外界傳遞出「我們的婚姻生活

很幸福，夫妻很恩愛，夫人非常關心我」等信息。由於王岐山有言在先，「老驥」只好在其當上副總理後，才把幾年的談話拿出來發表，而當時正是坊間盛傳王姚早已離婚之際。

不過，事實上王岐山從沒離過婚，至今夫妻倆還是平平安安地生活在一起。

江派人馬說王岐山有婚外情、搞貪腐等，這與香港一些書店出售《習近平的情人》等書籍一樣，江派就是想把習近平、王岐山描述成跟他們一樣的人中敗類。中紀委後來把那些亂搞男女關係的高官稱為犯下「通姦罪」，可想而知王岐山對所謂婚外情這種通姦行為的痛恨。

有個趣聞，王岐山以前睡窯洞的硬炕習慣了，他後來一直睡硬板床，每次出差或出訪，他提出的唯一要求就是讓旅館把席夢思床拿走，他睡硬板。這樣一個對物質要求很低的人，是很難去搞什麼婚外情的。

王岐山雖然學歷史，搞經濟，但他算是性情中人，感情非常豐富。

2011年王岐山回西安時，特別對西安的朋友說，想見一下《白鹿原》的作者陳忠實。近50萬字的《白鹿原》，以陝西關中平原上素有「仁義村」之稱的白鹿村為背景，細膩地反映出白姓和鹿姓兩大家族祖孫三代的恩怨紛爭，裡面把人間的各種情義描寫得非常深刻、動人。

雖然事先說只見一個小時，但兩人在陳忠實家裡聊天暢談，竟然超過四小時，把坐在外面的祕書以及陝西省、市等待見王岐山的官員們等得急不可耐，而聊得興起的王岐山出來時還一副意猶未盡的神態。

王岐山喜歡交朋友，他有很多好朋友，比如任志強等，半夜三點兩人都可以打電話給對方。王岐山也有很多志趣相投的女性朋友，比如財新網的胡舒立等。

在中共高官中，王岐山是出了名的博覽群書，對中華民國的歷史研究最多，他參與編寫了《民國人物傳》，對日後中國大陸是否要學台灣、習近平是否要學蔣經國，都提供了條件。

第三節

擅長聯絡的讀書人

在碑林做了兩年多講解員後，王岐山
被推薦到西北大學歷史系歷史專業學
習。圖為西北大學長安校區北門。
（Acstar／維基百科）

讀大學與做民國歷史研究

在碑林做了兩年多講解員，1973 年，王岐山被推薦到西北大學歷史系歷史專業學習。據王岐山的同學回憶，青年時期的王岐山總是身背一個黃書包，奔放不羈、特立獨行，所思所想與當時的流行思潮帶有某種距離。

1975 年，「批鄧、反擊右傾翻案風」運動興起。當時「批鄧、反擊右傾翻案風」在全國範圍內愈演愈烈的氛圍下，每一天都可以在西北大學發現很多新的大字報，王岐山也不甘沉默，他的大字報也混雜其中。但與當時大字報中普遍流行的對中共中央精神與政策的重複與跟風不同，在當時的同學眼中稍顯另類。據王岐山一位當時在中文系學習的同學回憶，王岐山甚至被同學列為重點關注對象，因為他的大字報中總是會出現一些「不和諧」的音符。

這一時期，王結識了許多志同道合的年輕人，一起參加當時在西安的地下讀書會。在「文革」後期，不少城市都有「內部書店」，一部分高級幹部享有在此類書店買書的特權。「讀書會」成員中不乏高幹子弟，因此在那個相對封閉的年代，「讀書會」的成員往往能接觸到一般人看不到的「內部書」。

上海交通大學媒體與設計學院教授葛岩當年同為「讀書會」成員，他認為王岐山身上有一種「強烈的政治興趣」，「在當時西安對政治感興趣的青年人中，王岐山是敏感政治新聞的重要來源。」

1976年「四人幫」被抓時，當時中央文件尚未傳達消息，眾人就到飯館「飲酒至酣」而得知了。在這一年早些時候的清明節，王岐山和「讀書會」的朋友們曾來到西安新城廣場，參加「悼念」周恩來的活動。這在「四人幫」尚掌握大權的當時，是頗具風險的「反革命事件」。

1976年，從西北大學畢業後，王岐山回到陝西省博物館工作。1979年底，王岐山作為實習研究員，到中國社科院近代史研究所民國研究室工作。時任民國史室副主任的朱信泉曾對媒體描述，王岐山是「一個熱情、肯幹、非常外向的年輕人……學了四年歷史，基本功不錯」。

當時民國史室分為三個小組，分別編纂《民國人物傳》、《中華民國大事記》和《中華民國史》，王岐山被分到編纂《民國人物傳》組。

不久，朱信泉就交給了王岐山一個任務——幫助湖北作者賀覺非修訂歷史著作《辛亥武昌起義人物傳》。為了完成這本書的修訂，近代史研究所專門從北京市委黨校借了兩間房子。賀覺非

和王岐山一老一少住了進去。忙活了近半年，將書稿最終敲定。王岐山並沒有在這本歷史著作上署名，「但他的工作相當於責編，付出了大量的努力。」朱信泉研究員說。

「最後作者覺得很滿意，認為王岐山的文字水準和對史料的掌握能力比同齡人要高出許多。」這本書的修訂，是王岐山在近代史研究所交的第一份「答卷」。「如果這麼發展下去，他肯定會成為一名出色的研究員。」朱信泉曾如此評價。

完成《辛亥武昌起義人物傳》後，王岐山又投入《民國人物傳》的編纂工作，他和兩三個人一起，負責東北、西北地方近300名民國人物傳記的組稿和編纂工作。王岐山擔綱一部分人物傳的寫作，並在東北等地約學者寫稿。就在此時，王岐山開始關注現實的國計民生、開始關注金融問題。

從歷史學者到經濟專家

按理說，王岐山本可成為一個很有前途的歷史學者，但他「不務正業」，經常撰寫經濟文章給中共中央高層，結果走上了經濟官員的仕途。不過，這些民國歷史的研究讓他明白，由孫中山締造的中華民國給中國人民帶來了真正的希望，而不變革的清政府只有死路一條。歷史是否會在百年後重演？這也是王岐山經常思考的問題。

1982年姚依林當選中共中央政治局候補委員並進入中央書記處，王岐山為照顧夫妻關係，被安排到中央書記處農村政策研究室，正是這次借調促成了王岐山日後最終走上從政的道路。

1988年起王岐山開始涉足金融，他成立了中國農業信託投資

公司，並擔任總經理；中農信是中國首批非銀行金融執照之一，王岐山還參與了中國證券市場的最初啟動工作。

成為京城「四君子」一員

1978 年 8 月，王岐山的岳父姚依林出任中共商業部部長、黨組書記。中共十一屆三中全會之後，姚依林出任中共中央副祕書長、中央辦公廳主任。就在這一段時期，王開始將一部分注意力從歷史研究轉移到改革和經濟問題上。

當時，中國長期積累的各類國民經濟問題開始顯現。人們對於中國未來的走向感到迷茫，也存在分歧。1979 年，全國提出建設 10 個「大慶」、30 個「大化肥」，以及若干個「大鋼廠」。「大躍進」中打了雞血一樣的時局隱隱可見。

這些急躁的政策，引起了社科院研究生黃江南的注意。當時在社科院的學生中，流行著一種小型沙龍，十來個年輕人聚在一起，討論經濟和社會問題。其中就有社科院研究生院的第一批研究生黃江南、朱嘉明，以及後來的社會學家李銀河。

此後，黃江南結識了《農民日報》的記者翁永曦，翁將他的一幫朋友也帶進了這個圈子。這些年輕人約定時間舉行了三次討論會。未曾想，由於口耳相傳，討論會的影響力日趨擴大。第一次只有三五十人，第二次上百人，第三次則達到近千人之眾。許多人慕名而來，彼此相互不認識。黃江南形容這樣的相逢和聚會為「英雄不問出處，只較武功」。

在討論會上，黃江南對國民經濟結構失調的分析勾起了李銀河的興趣：「我們當時認為，80 年代初，中國可能要出現一次結

構性的經濟危機。」李銀河認為這要讓中共領導層知道，於是，她把王岐山介紹給黃江南。

王岐山與黃江南等人聊了一次就理解了他們的想法，黃江南對王稱讚不已：「岐山這個人，他不學經濟真是可惜了。他異常聰明，對經濟知識的吸收和理解非常快，第一次聽就懂。」王岐山很快提議起草一個報告呈交中共中央。

於是，黃江南、翁永曦、朱嘉明，再加上王岐山，一行四人在北京車公莊附近的市委黨校租了一個房間，在裡頭關了幾天，寫出了報告。在這篇題為《關於我國當前經濟形勢和國民經濟調整的若干看法》的報告中，四個年輕人「預測了1980年經濟將要出現的衰退，分析了衰退產生的原因，並給出了應對危機的對策。」

在報告中，王岐山主要負責分析危機可能造成的社會影響。報告完成之後，王岐山首先向姚依林做了匯報。此後，姚又當面聽取了幾位年輕人的闡述，深感此事重要，於是將報告轉給了陳雲。陳雲批示：「一個學工業的，一個學農業的，寫了一份很好的報告。」

這份報告最終轉到了時任中共國務院總理趙紫陽處，趙在中南海一個會議室接見了他們。這次對話發生於1979年底，當時翁永曦32歲、王岐山31歲、黃江南29歲，年齡最小的朱嘉明28歲。

這次接見被後來人稱為第一次「老青對話」，參與對話的，除了趙紫陽和三位年輕人外（朱嘉明此時在安徽參加改革會議，不在北京），還有中共國務院負責經濟工作的高層官員，包括姚依林、薛暮橋、馬洪等人。

從此之後，四個年輕人就經常湊在一塊討論研究、寫報告。

從生態、農業，到經濟體制改革，無所不談。「因為中央領導都比較認可，凡是我們送的報告，他們都比較重視。所以這個報告就成了一個系列，就叫『四簽名』。後來也不知道誰就給改成『四君子』了。」

「四君子」名氣越來越大之後，各部部長不時會帶著一些司長請他們去做報告、提建議。

王岐山和九號院大有淵源

「文革」結束之後，在當時的中共高層人士鄧力群和國家農業委員會（簡稱「農委」）副主任杜潤生的支持下，一些對農村的經濟、社會問題產生濃烈興趣的回城知青籌劃成立了一個機構：中國農村發展問題研究組（簡稱「農發組」）。

當時農發組的成員以學生為主，其中包括後來的知名經濟學家周其仁，以及鄧力群的兒子鄧英淘。經過鄧力群與中共國家計委的溝通，農發組被掛靠在社科院農經所，經費則由農委發放。

1981 年，農發組在杜潤生的主導下，開始參與起草中央一號文件。這份名為《全國農村工作會議紀要》的文件肯定了「包產到戶」和「包乾到戶」。「包產到戶」自此合法化，「人民公社」在政策層面被瓦解了。

此後，中共中央農村政策研究室（簡稱「農研室」）和國務院農村發展研究中心成立，兩套班子一套人馬，杜潤生任主任。原有的中共國家農業委員會則被撤銷了。農研室由於坐落於北京西黃城根南街九號，又被習慣地稱為「九號院」。

1982 年，由於杜潤生的賞識，王岐山被借調到農研室。他在

九號院一待就是七年。

王岐山在農研室的工作主要是安排遞送文件資料、組織會議座談。趙樹凱當時在農研室任辦公室祕書，在他的印象中，王岐山「廣泛交往」並且有「很強的組織能力」，先是擔任聯絡室成果處處長，很快又被提拔為該室的副主任。

某個中國新年後，到基層任職的高幹子弟習近平、劉源、萬季飛等人曾在農研室做了一場匯報。後來，習近平在一次會議中提及這段特約研究員的經歷，「每年一號文件起草前，都要把我們幾個（習近平、劉源、陸學藝、翁永曦）請過去，先讓我們講，農村政策研究室處級以上幹部參加。」

《走向未來叢書》也是聯絡室與外界合作的結果，王岐山擔任叢書編委。這套叢書上市之後，不斷再版。

1986 年，農村發展所成立，王岐山任所長。他依舊嗜書如命，喜歡給朋友們開書單。他當時推薦的書是日本前首相吉田茂寫的《激盪的百年史》，這本書從明治時期日本打開國門、致力維新說起，一直敘述至二戰之後在廢墟上重建日本，並創造經濟奇蹟的整個過程。

農村發展所成立兩年後，陳錫文和杜鷹、林毅夫成了正副所長，王則去中國農村信託投資公司任總經理了。

參與組織「莫干山會議」

1984 年 9 月 3 日至 10 日，在杭州德清縣莫干山上，召開了由朱嘉明、劉佑成、黃江南、張鋼等青年經濟工作者組織的全國中青年經濟科學工作者學術討論會，簡稱「莫干山會議」。會議

的組織者們採用了新聞機構聯名發起的方法。

1984 年 6 月 12 日，《經濟日報》刊登了一條 200 字的簡訊，作為會議徵集論文的啟事。簡訊稱，會議由《經濟日報》、《經濟學周報》、《世界經濟導報》、《中國青年》和浙江省社會科學院聯合召開。後來，中央人民廣播電台、《中國青年報》、《中國村鎮百業信息報》、《經濟效益報》和浙江省經濟研究中心也加入了聯名之列。

從 6 月 12 日開始全國徵文，到 8 月 15 日兩個月間，會議組織方收到了來自全國的 1300 餘篇論文，平均每日 20 餘篇，作者遍布各行各業。會議籌備者們最終從中選出了 124 名代表參會。

知名經濟學家華生也曾參加莫干山會議，他後來接受媒體採訪時表示，莫干山會議，「最主要的實際組織者和領導者是王岐山，那時他是杜潤生手下的大將，80 年代初我們都是從他那兒領出差費到農村去調研。」

莫干山會議主要討論中國大陸經濟體制改革中的「重大理論問題和現實問題」，為中共十二屆三中全會提供智力支援。這次會後，有了第二次「老青對話」。

會議之後一共形成了八份專題報告。其中，作為中共國家體改委「筆桿子」的徐景安，由王岐山點將，執筆主報告《價格改革的兩種思路》。

1984 年 10 月 10 日，時任國務院總理趙紫陽批示：「『價格改革的兩種思路』很開腦筋。」一個多月後，中共十二屆三中全會上通過了《中共中央關於經濟體制改革的決定》，提出了此前諱莫如深的「商品經濟」概念，突破了計畫經濟的傳統束縛。

中共國務院發展研究中心主任馬洪也找了他們。會後，很多

人進入了中共政府體改部門，比如田源成為國家體改委委員。從西北來的年紀最小的參會者張維迎只有 24 歲，當時在讀研究生的最後半年，這年 12 月，他去體改委報到上班了。會後，還有一批人去江西參加價格改革試點工作。

中國最早的一批改革者

1979 年，王岐山調到北京，和妻子團聚，他當時的頭銜是中國社會科學院近代歷史研究所實習研究員，但他研究的是經濟。不久也成為京城「四君子」之一，並「預測了 1980 年經濟將要出現的衰退，分析了衰退產生的原因，並給出了應對危機的對策。」

1982 年，由於杜潤生的賞識，王岐山被借調到農研室。他在九號院一待就是七年。1984 年，王岐山參與組織「莫干山會議」，讓很多年輕的經濟學者有機會參與到決策中。

1988 年，王岐山任中國農村信託投資公司總經理，他成功地與世界銀行洽談數億美元的貸款項目。外界評論，中農信的創建是王岐山獨具眼光的作為。在這期間，王岐山與王波明等人參與了中國股市的建立過程。

據《新紀元》叢書 No.10《習近平的太子黨盟軍》介紹，創辦中國第一個證券交易所、《財經》雜誌的創辦人王波明，也得到了王岐山的支持。假如沒有王岐山的參與，中國股市可能還會延後創辦。

從 1989 年，王岐山開始在銀行當行長，1994 年，王岐山推動建行和摩根士丹利合作，成立了中國第一家合資投資銀行——中國國際金融有限公司，並兼任中金集團的董事長。

　　1997 年亞洲金融危機爆發後，王岐山被火線任命為廣東省常務副省長，處理日益嚴重的支付危機。他決定破產廣東省國際信託投資公司（廣國投）和重組粵海企業集團（粵海）。由於出色完成了任務，王岐山被國內國外公認為中國金融專家。

中國二號人物王岐山

第二章

「拆彈」專家政途坎坷

從歷史學者到經濟專家和金融改革的倡導者，王岐山稱自己的政途是坎坷的，幾番險惡。王從政幾十年，常參與開路或救火，如建立中國股市、推動成立中金公司、歷經廣東金融危機、緊急處理薩斯危機等。外媒稱王是行動者，而不是官僚。

王岐山被稱為中共的救火隊員，在承接北京薩斯疫情爛攤子之後，2004 年 2 月 21 日正式出任北京市長。（AFP）。

第一節

參與建立中國股市

　　香港《爭鳴》雜誌 2015 年 4 月號披露，王岐山 3 月中旬在中紀委內部會議上聲稱：「我的政途是坎坷的，幾番險惡。」回顧王岐山這仕途幾十年，他與其他清閒官員不同，經常被安排去開路或救火，遇到的都是麻煩事，不過，他都處理得不錯，所以日後再有麻煩事，都找他。有人說，老王的日子也很累很苦，沒享到清福。

　　1988 年，王岐山任中國農村信託投資公司總經理，此時中國非銀行金融機構剛剛起步。這並非王岐山首次接觸金融，早在農村發展所時期，為了啟動中國農村改革試驗區，王岐山就曾與世界銀行洽談數億美元的貸款項目。最終世界銀行同意將這些貸款給了中國。

　　外界評論說，中農信的創建是王岐山獨具眼光的一次作為。那段時間興起的非金融機構，還有中信、光大、中創等。而從更

大的背景看，當時中國非銀行金融機構尚起步，中國資本市場建設剛剛開始。事實上，在社科院近代史研究所工作時的王岐山，就開始對金融產生了興趣。

時任民國史室副主任朱信泉研究員曾對媒體回憶說：「王岐山作為一個歷史學者，興趣卻在現實的國計民生，他在經濟問題上有著獨到的見解。」

在這期間，王岐山還參與了中國股市的建立過程，這跟曾經留學美國的太子黨王波明也大有關係。

王波明的父親王炳南從 1964 年至 1975 年，一直任外交部副部長。1980 年，王波明到美國留學。1987 年在哥倫比亞大學拿到法學碩士學位，後在紐約交易所工作一段時間。沒過多久，就趕上了 1987 年 10 月 19 日星期一的紐約股票交易所「大股災」。

不久，王波明牽頭成立了「中國旅美商會」，簡稱 CBA。當時旅美的中國留學生總共有三個大會：經濟學會、科技學會和 CBA。因為王波明是學國際金融的，所以 CBA 的成員主要是學商的學生。「大夥時常聚會，參政、議政意識挺強。」

在這裡，王波明認識了高西慶，高西慶後來擔任中國證監會副主席。當時王波明的 CBA 需要一個律師，而高西慶是留學生裡唯一拿了律師證的中國人。

不止是高西慶，CBA 還有很多這樣的人，李青原、王巍、劉二飛等。中國國內也有一幫這樣的人。王岐山、周小川、張曉彬、張紹傑、周其仁……從 1984 年開始，北京成立了一個青年經濟學會。

這兩幫人一碰上，簡直一拍即合。1988 年 3 月，由王波明、高西慶、王巍執筆，聯合李青原、劉二飛、茅桐、王大偉、盛溢，

八人共同寫成了《關於促成中國證券市場法制化和規範化的政策
建議》。

　　「經濟學有三要素：人力、原材料、資本市場。中國經濟體
制改革的初期就缺資本市場。」「你想想 80 年代，別說股票，
連個股份制企業都少見，更別提《證券法》了，整個經濟體制改
革都完全沒起來。」

　　那時王波明和高西慶約定回國創業，兩人都沒拿綠卡。但回
國後的王波明和高西慶都沒有工作單位，他們四處奔波，也屢屢
受挫。直到他們遇上中國新技術創業投資公司總經理張曉彬，他
給了王波明 10 萬元贊助。

　　1988 年 7 月 9 日，人民銀行總行在萬壽賓館召開「金融體制
改革和北京證券交易所籌備研討會」。

　　會後，王波明和高西慶參與，由宮著銘、張曉彬主持，歷時
近一個月編寫了《關於中國證券市場創辦與管理的設想》，即證
券白皮書。白皮書的主要內容包括了《籌建北京證券交易所的設
想和可行性報告》、《證券管理法的基本設想》和《建立國家證
券管理委員會的建議》。

　　不久，上頭就對這個白皮書作了批示，而且中南海還開會專
門討論股票問題。這次國務院會議由宮著銘主持，負責農業信託
投資公司的王岐山等人弄了份建立北京股票市場的建議書，王岐
山的岳父、時任國務院副總理的姚依林採納了王波明的建議：先
由基層自發研究，按「民間推動，政府支援」的模式來進行。這
對王波明他們來說，相當於拿到了尚方寶劍。

　　2006 年 10 月，王波明在接受《南方人物周刊》採訪時回憶，
宮著銘當時是人行司長，而王岐山那時則負責中國農業信託投資

公司，剛剛涉入金融領域。他和高西慶雖然懂證券市場，可是上層運作得靠宮著銘和王岐山他們。王岐山對這事一直很積極，王波明認為王岐山那會兒還不太懂股票市場是怎麼回事，但已經隱約地感到了這事的重要性。

1989 年 1 月 15 日，九家非銀行金融機構的負責人在北京飯店發起了一個會，討論中國證券市場早期的籌備工作。很多國家級的金融機構也參加了會議。

九大非銀行金融機構包括中信、光大、北京國投、中創等。會議最後確定，與會的九家公司，每家公司各出 50 萬元人民幣，作為組建機構的經費，並成立一個民間的機構來推動證券市場的建立。

這個機構就取名為「北京證券交易所研究設計聯合辦公室」，簡稱「聯辦」（後來又正式更名為「中國證券市場研究設計中心」）。成立時間是 1989 年 3 月 15 日，王波明出任副總幹事，理事長為經叔平。

不過，中國的第一家證券交易所並沒有落戶北京，北京至今也沒有證券交易所，相反，是上海取代了北京。這和時任上海市長朱鎔基有關。

1990 年 3、4 月份，朱鎔基知道「聯辦」後，向王波明他們發出了邀請，並表示可以解決他們的戶口問題，成立了籌劃交易所小組，尉文淵任組長。

1990 年 8 月，中共中央出台《開發浦東綱要》，提出把上海建成遠東金融中心。這時候，上海和深圳開始爭奪中國第一個證券市場的開業權。北京，已經被落在後面。

接著，出現了一個插曲是：朱鎔基在加拿大訪問時，就宣布

上海要建立自己的證券交易所，而且年底就要開張。這使得深圳變得被動起來。不過，深圳還是搶在了前頭，1990 年 12 月 1 日，深交所試營業。同年 12 月 19 日，上交所開業。

1992 年 8 月，深圳因新股認購引發風波後，中共國務院決定成立證券監管機構。當時沒有一步到位，而是搞了個折中。證監會是事業單位，上面還有一個證券委，證券委是權力機構。各個部的一把手都在證券委任職。證監會是證券委的辦事機構。劉鴻儒出任首屆證監會主席。

「至於『聯辦』，1989 年到 1992 年，它的使命就是幫助建立中國證券市場。證券交易所成立特別是證監會成立後，『聯辦』的使命完成了，錢花光了，人也沒得用了。」

而王波明自股市成型後，一直遊離於核心圈外。他一直任職「聯辦」副總幹事，以及「聯辦」旗下一攬子財經媒體的社長或總編，包括《財經》、《證券市場周刊》、和訊網等。

第二節

推動成立中金公司

　　從 1989 年，王岐山任中國建設銀行副行長，並在此後九年裡一直在銀行系統中工作。1993 年 3 月朱鎔基接替姚依林出任副總理，他很賞識王岐山在銀行金融領域的能力和經驗，三個月後，王岐山被任命為中國人民銀行的副行長，當時央行行長就是朱鎔基。由於有這層關係，有人把王岐山視為朱鎔基的門生。

　　1994 年，王岐山被任命為中國建設銀行行長、黨組書記。在此期間，王岐山推動建行和摩根士丹利合作，成立了中國第一家合資投資銀行——中國國際金融有限公司，並兼任董事長職務。

　　朱鎔基和其他中共高層領導人認為中金集團是中國在金融改革中邁出的重要一步。中金集團的最初構想源自時任建行行長王岐山和摩根士丹利的 Wadsworth，在 1995 年 6 月 25 日正式掛牌營業時，中金最初的出資比例是中國建設銀行擁有合資公司42.5％的股份，摩根士丹利擁有 35％，餘下的則被分給其他投資

人。作為在中金公司持股比例最大的建設銀行的行長，王岐山全
面負責並擔任公司 CEO。

不過，中國建設銀行和摩根士丹利之間，「華爾街貴族」和
「中國」聯姻失敗告終。到了 2002 年，摩根士丹利把公司的絕對
控制權交還給中方。

曾任《華爾街日報》駐京總編的 James McGrego 在書籍《十
億消費者》對這一失敗結局作過如下分析：摩根士丹利如果能夠
把王岐山看作是一個有著政治需求的政治家，而不是一個頑固的
商業合作夥伴，他也許就會採取不同的做法。摩根士丹利本來可
以為合資公司制定一套不同的工作和經營計畫，以滿足中國在經
濟改革進程中的需要，以及王岐山未來的政治生涯的需要。

2011 年前後，中國大型國有企業海外上市潮告一段落，也是
從那時開始，中金開始變得沉寂。

在此之前，中金在中國企業海外上市中扮演了重要角色。有
資料顯示，1997 年至 2011 年間，中金完成的中國企業海外 IPO
融資規模，約占中國企業海外 IPO 總融資規模的 38%。

1997 年，中金完成首個大型項目——中國電信（香港）42 億
美元的首次海外 IPO。至今，其客戶已覆蓋電信、石油石化、能
源、銀行、保險等多個行業。比如 2010 年，中金就被聘為中國農
業銀行（601288）上市的主承銷商，為後者 221 億美元的融資計
畫提供支援。

一直以來，為國有大型企業提供服務是中金的優勢所在。但
從另一方面看，其業績也因此受到這一「親密」關係的影響。

中國證券業協會的資料顯示，中金 2013 年的淨利潤排名為第
45 名，2012 年其在這一指標上的排名則為第 29 名。

2013 年 A 股 IPO 的暫停，讓券商業績受到不少影響。中金試圖把注意力轉向港股 IPO 與跨境併購等海外業務。據 Dealogic 資料顯示，這一做法，使中金成為 A 股股本融資排名第一的公司，但這並沒有阻止這家公司淨利潤排名的下滑。

自營業務表現不佳，是造成其淨利潤排名下滑的一個重要原因。A 股的不溫不火、銀行間市場資金面緊張、提高了公司回購拆借成本，都使得中金的自營業務收入降幅超過了行業平均水準。

而在財富管理、資產管理以及直接投資業務等方面，中金並未表現出明顯高於同行的競爭潛力。相比其他證券公司，中金還受制於資本規模，這也使其對上市更為迫切。

2014 年 10 月，在中國國際金融公司啟動上市之際，中共前國務院總理朱鎔基之子、57 歲的朱雲來辭去了中金董事兼 CEO 的職務。朱雲來加入中金 16 年，執掌中金 12 年。公開簡歷顯示，朱雲來於威斯康辛大學獲得氣象學博士學位、芝加哥 De Paul 大學獲得會計碩士學位。在芝加哥 Arthur Anderson 公司短暫做了一段時間會計後，他進入紐約瑞信第一波士頓銀行培訓。在朱鎔基擔任總理後，他被召回國安置到中金公司作為其事業起點。

在中金公司，朱雲來是投行部門最底層的管理人員。據書籍描述，朱雲來努力保持低調，他看上去很喜歡自己的工作，不厭其煩地編寫關於國有企業財務細節的報告。但是中金公司的中方員工很快就開始利用朱雲來的存在。他們在各種場合都加入他的名字，拉他參加各種會議來獲取承銷業務。

《十億消費者》透露，朱雲來作決策，很少徵求他人的意見。他有著同他父親朱鎔基一樣的頑固的自信，不同意朱雲來意見的

人被冷藏。但他也是一個勤奮的人，他把中金打造成一家相對來說管理得較好的國有企業，保護他們免遭外國投行的吞噬。朱雲來賦予中金公司的使命是改造中共的國有產業。

作者在《十億消費者》一書中作出如下推斷，朱雲來和他在中金公司的高層管理人員有著他父親一樣的恐懼，不過這種恐懼是現代版的。他們和西方投行家們一樣勤奮工作，有著很好的收入，但是他們總是擔心如果北京的政治風向發生轉變，他們就會成為新一輪政治運動的目標，被指控為通過實際上的國有資產私有化而牟取百萬美元暴利的人。

朱雲來是新生一代，受過西方教育，但是和王岐山一樣，他也顯示出一種政治恐懼症，這種恐懼主導了中共官員及其家人的行為方式。王岐山和朱雲來對中外合資公司的態度是非常典型的中共政府的態度。中共政府往往並不是真的在意打造實質的合作關係，他們需要的只是一個載體，能夠獲得外國的技術、資金和專業知識，同時又保持中國人對公司的控制。

第三節

經歷廣東金融危機

1997 年，亞洲金融危機爆發。從 1997 年 1 月到 1998 年 1 月，泰銖貶值 56.3％，印尼盾貶值 84.8％，菲律賓比索貶值 43.4％，馬來西亞林吉特貶值 48.3％。

1997 年 12 月，時任中國建設銀行行長王岐山被任命為中共廣東省委常委。一個月以後，王岐山當選為廣東省常務副省長。其時，香港正處於亞洲金融風暴的衝擊之中，股市地產大跌。而作為香港的「後院」，廣東也不可避免地受到了波及。王此時赴任，頗有「救火」的味道。

接著，廣東當局成立包括王岐山在內的「化解金融危機五人領導小組」，處理日益嚴重的支付危機，決定破產廣東省國際信託投資公司（廣國投）和重組粵海企業集團（粵海）。

「廣國投」的全稱是廣東國際信託投資公司，成立於 1980 年，是中國第二大信託投資公司，僅次於中國國際信託公司，由

廣東省政府全資所有。1983 年經中國人民銀行批准為非銀行金融機構，並享有外匯經營權。

在此之後，廣國投的經營規模不斷擴大，海外融資額總計 50 多億美元。及至亞洲金融危機爆發，加之自身的管理不善，廣國投陷入了外債支付危機。其資產總額為 214.71 億元，負債 361.65 億元，資產負債率高達 168.23％，嚴重資不抵債。而另一家粵海集團也陷入危機，經畢馬威會計師事務所審計，粵海資不抵債 91.2 億港元。

兩家的債務，已經超出廣東當局的支付能力之外。而當時面臨債務支付危機的企業，遠不止廣國投和粵海兩家。曾有學者估計，當時中國企業在香港的國際債務總額，可能超過 800 億美元，相當於亞洲金融危機期間中國外匯儲備的 60％。

面對這一局面，一方面，王岐山向外界傳遞強硬信息，即「中共政府對廣國投破產的處理完全符合國際通行的做法，中共政府不該也不會替廣國投還債」。另一方面，王岐山極力向債權人解釋廣國投的信用不等同於主權信用，其「政府背景已被稀釋，接近於零」。

廣國投破產，是中國歷史上最大的破產案。當時廣東省政府僱傭全球五大會計師事務所之一——畢馬威進行財務清算，以清算組顧問的名義扮演清盤官的角色。

廣國投必須接受從未有過的徹底調查，與中共政府不清不楚的關係、令人起疑的決策失誤、嚴重的貪污腐敗、倡狂的瀆職犯罪，不得不全方位地暴露在公眾面前。

1999 年 1 月 10 日，廣國投申請破產。當時披露廣國投的資產總額，相當於債務總額的 60％。資產的追償率只有 30％左右，

債務的追償率只有18％。國際債權人被告知，廣國投的貸款，90％已經逾期；超過80％的股本投資所在的公司，或者已經破產，或者「正處於困難中」。2000年10月31日，第三次債權人會議，實現的償債只是經過驗證的債務總額的3.38％。

據估計，廣國投最終能夠收回的資產，為確認債務的34％。到此時，大多數債權人可以登記出在廣國投的損失。境內外共有近500名債權人申報債權。此案歷時四年，最終破產清償率為12.51％。

對於粵海集團，王岐山則採取了重組的策略。當時，在粵海欠下的46億美元外債中，1999年1月到期6.8億美元，4月到期11.7億美元，負債比率高達74％。1998年10月8日，廣東當局決定，在廣國投破產的同時「挽救」粵海。10月26日，官方宣布，粵海的債務將通過重組解決。

關於重組粵海的談判時走時停，經過一系列討價還價，2000年12月6日，國際債權人終於接受高盛提出和修改的重組方案。

當時，廣東當局為重組注資高達20.1億美元，幾乎等於債權人總額21.2億美元的削債，平均削債率達42.78％。經過重組之後，粵海的資產負債比例為67％，與之前相比已有明顯改善。

當廣國投破產和粵海重組進入操作程式時，1999年底，以王岐山為首的廣東省政府著手處理地方其他國投、城信社、農金會等中小金融機構的人民幣支付危機。

1999年11月23日，廣東省成立以王岐山為組長的「廣東省地方中小金融機構和農金會金融風險處置工作協調小組」，省長助理武捷思、中國人民銀行廣州分行行長蔣超良、廣州證券管理辦公室主任劉興強任副組長。

廣東省向中央銀行「一攬子」借款 380 億元；同時，中共中央銀行向中國人民銀行廣州分行增撥 70 億元再貸款額度，專項用於解決人民銀行自辦地方金融機構的遺留問題。

時任廣東省省長盧瑞華在 2006 年接受《中國經濟周刊》採訪時回憶稱：「當時向中央借錢是一個非常果斷的措施，當時朱鎔基總理是支持的。時任廣東常務副省長是王岐山，他是銀行家，他懂得這一規則，他提出來向中央借錢，我贊成。」

用這 450 億元，到 2000 年 10 月，不到一年時間內，廣東省政府對 147 家城信社 1063 個分支機構、16 家國投及 14 家辦事處、國投下屬 48 家證券營業部，以及 843 家農金會實施停業整頓。

到 2000 年 3 月 11 日，汕尾、韶關、梅州、潮州、湛江、中山、肇慶、汕頭、佛山、珠海、江門、茂名、惠州和廣州市（四家）共 17 家市屬國投，全部停業整頓。

廣東的危機處理方式推廣到整個中國大陸。中國大陸最終挺過東南亞經濟危機，廣東成為外向型經濟龍頭地區，從 2000 年至 2001 年，廣東稅收增加了 700 億，提前六年還上借款。

在粵海債務重組過程中，王岐山以美國、韓國處理金融危機的經驗，引入資產管理公司，在與眾多外界銀行家的較量中，最後成功「解除炸彈」，化解危機，王因此獲得了「小朱鎔基」的稱號。

劍橋大學發展學會主席王小強和中信泰富政治及經濟研究部的 PeterNola，在 2008 年廣國投事件十周年之際，寫了一篇影響深遠的文章《廣東化解金融危機十年回首》，稱快刀斬亂麻式的處理，未必能夠成為信用土壤。在廣國投與粵海案中，王岐山也對腐敗分子進行了大規模清洗。

第四節

廣東受氣 海南受累

　　王岐山曾說自己「政治坎坷」、「幾番險惡」，其中之一是指中共十五屆中央安排王岐山到廣東省「打破廣東的獨立王國」，王岐山起初擔任省委常委，不到一年後改任副省長，負責經濟，過程中經歷很多困難，但仍被排擠，難以立足。

　　1997 年至 2000 年，王岐山在廣東任職不到三年的時間裡，處處受到以李長春（1998 年至 2002 年任廣東省委書記）為首的「廣東王國體系」的排擠。那三年裡，王岐山幾乎都住在省委招待所。而舉報王岐山的各種報告，不斷的被送至中央書記處、國務院等部門。廣東省委還以常委會的決議，向中央書記處提交王岐山不宜負責組織工作的報告，稱王岐山有政治野心，凌駕省委書記、省委集體之上，組織幫派活動等。

　　李長春當時提出：「王岐山留在廣東省委班子，很難展開工作。」王岐山離開廣東時，甚至沒有開歡送會。

據悉，時任總理朱鎔基對此表示氣憤，他說：「廣東王國容納不了王岐山，國務院大門敞開。」因此，王岐山被任命為中共國務院經濟體制改革辦主任。

1990年，李長春由遼寧省調到河南主政。善於投機的李長春，首先投靠曾任前黨魁江澤民辦公室主任的賈廷安。他向賈廷安在河南漯河生活的母親大獻殷勤。並通過賈廷安，受到江澤民的重用。李長春先是在河南成為正省長，繼而提升半格，出任省委書記。

互聯網上資料顯示，1997年李長春成為政治局委員。1998年被派去廣東省主政，為江澤民掌控廣東地方派系，使廣東省成為「獨立王國」。這也是中共十五大派王岐山去廣東「摻沙子」的原因。中共十六大，李長春入選政治局常委，主管宣傳。

處理海南房地產「爛攤子」

2002年11月21日，身為國務院體改辦主任的王岐山調任海南省委書記，處理海南房地產泡沫破裂後遺留下來的「難題」，以挽救這個經濟持續十年低迷的中國最大的經濟特區。

王岐山就任海南省委書記一個月後，中共國務院宣布批准海南關於處置積壓房地產的方案。

王岐山在海南工作僅五個月。當地一位局級官員曾對媒體評說，對比以前提出的「工業立省」思路，王岐山等人提出「生態立省」，要把海南建成全國的度假村和中華民族的四季花園，抓住了海南的實質。另外，在全國都在擴建城市時，王岐山將工作重點放在農村，「五網工程加沼氣」即王岐山的提議。所謂五網

是指路、水、電、廣電、通信，提出要用五到十年使海南農村的基礎設施建設完成。

上述官員稱：「這意味著，五到十年，王岐山將沒有顯赫的政績，但這個思路對海南來說是非常重要的，他也是非常反對搞政績工程的人。」

中共中央對他的評價是「不要面子工程，專注長遠發展」。

在海南工作期間，王岐山多次強調「海南所有的發展都要服從於生態第一、可持續發展這一首要戰略」。他親自抓了尖峰嶺炸山採石、白沙糖廠廢水污染松濤水庫、東寨港紅樹林低水準開發等問題。

2003 年 1 月 18 日，時任海南省政協委員、林業局幹部劉福堂在省政協會議上宣讀《我省毀林案屢禁不止原因及對策》的提案。王岐山聽後神情激動，右手高舉發言稿，說道：「我有點坐不住了，這是個很大的事啊！」王岐山厲聲說：「誰再破壞海南生態環境，我跟他玩命！」「生態是海南人民的生命線，是海南經濟發展的前提，海南人做一切事情首先要考慮到的就應該是保護這優越的生態環境。」

2003 年 3 月 10 日下午，王岐山參加審議中共全國人大常委會工作報告時，就海南的生態環境保護問題強調，不能低水準開發毀了海南旅遊資源。

王岐山說：「我一到海南，就想看看海南的旅遊開發情況。有個星期天，我也沒跟誰打招呼，自己買票進去看看世界第三、中國第一的紅樹林。我一看，完了！呵！好傢伙，那船開得那個快呀！鳥兒嚇跑了，浪還把兩邊的紅樹林打退了一米多。」

2012 年，海口市啟動了保護紅樹林的整治工作，開展全面

取締保護區範圍內的鹹水鴨養殖等 11 項工作，對保護區內的約 2400 畝蝦塘基本實現退塘還林。

2014 年 3 月 28 日，中共海口市人大常委會全票通過《關於加強東寨港紅樹林濕地保護管理的決定》，決定將東寨港紅樹林濕地總體保護和控制的範圍由 5 萬多畝增加至 12 萬多畝。其中，新移交海口管理的 9466 畝灘塗水產養殖區，將實施退養還林，規劃建設為三江紅樹林濕地公園。由此，這裡將成為中國最大面積的紅樹林濕地。

自 2014 年 4 月 1 日開園以來，海口紅樹林鄉村旅遊區生意一直火爆，自駕車不斷湧入，休閒棧道上遊客絡繹不絕。

2015 年 3 月 8 日，王岐山以中紀委書記的身份參加中共十二屆全國人大三次會議海南代表團的審議。王岐山希望海南加大生態建設和環境保護力度。

王岐山還頗有興致地向來自儋州的鄧澤永代表詢問起儋州鹹魚的情況。「我們儋州的鹹魚過去是一條一條賣，現在改小包裝了。」鄧澤永說。

「改小包裝還是我提出來的。之前是整條賣，吃的時候費勁，得拿到陽台用斧子砍。」王岐山的話引得現場笑聲一片。

從「鹹魚」這個小話題，王岐山談到了培育和拉動消費這個話題。「市場經濟條件下，要不斷地跟上需求，讓遊客在你這把錢花出去。」王岐山說，海南要打造旅遊休閒度假目的地，「吃」是吸引和拉動消費的一個重要部分。「擺開八仙桌，招待十六方」，建設國際旅遊島，海南的食品大有文章可以做。

第五節

緊急處理薩斯危機

薩斯於 2002 年 11 月在中國南方爆發，
2003 年蔓延近 30 個國家，8000 多人感
染、800 多患者死亡。圖為 2003 年 4
月 16 日廣州地鐵。（AFP）

　　2003 年 4 月 22 日，中共北京市長孟學農因瞞報薩斯（SARS，
嚴重急性呼吸系統綜合症，中國稱為「非典」）疫情被撤職，剛
到海南上任五個月的王岐山被急調回京，擔任北京市委副書記、
代市長。

　　王岐山接任第二天，即下達隔離令，對受薩斯污染的人員、
場所依法實施隔離。

　　據《江澤民其人》一書介紹，薩斯最初於 2002 年 11 月在中
國南方爆發，在 2003 年蔓延近 30 個國家，8000 多人感染、800
多患者死亡，造成 300 億美元的經濟損失。

　　那時正值中共召開十六大，江澤民關注自己保留中央軍委主
席一事，中國媒體被要求為這次大會創造良好的政治氣氛，並經
常重複江的口號「穩定壓倒一切」。中共的中央宣傳部內部刊物
上明確地提到過，嚴重急性呼吸系統綜合症（SARS，薩斯），

大陸稱做非典，是被要求不予公開報導的事情之一。

第一病例在廣東被發現後，以江系人馬李長春（時任廣東省委書記）為首的宣傳部門百般遮掩隱瞞，疫情逐漸蔓延至其他省。當李長春離開廣東後，廣東官員內部開始有不同意見。當有地方報紙報導薩斯疫情時，江澤民又急調浙江省委書記張德江為廣東省委書記，直接控制廣東省委宣傳部長鐘陽勝，多次下令禁止媒體報導疫情。到 2003 年 2 月底 3 月初時，廣東省委宣傳部索性對各大報進行人事改組。一場大換血下來，廣東媒體落入中宣部江系人馬手中，在疫情報導上突然偃旗息鼓。

掩蓋疫情是典型的掩耳盜鈴，雖然消息可以封鎖，病毒卻無法封鎖，廣東的薩斯迅速蔓延開來。自 2003 年 2 月全球爆發薩斯疫情後，世界各地區幾乎每天都在報導新增及死亡病例。而在薩斯發源地的中國，官方媒介一片沉默。

2003 年 3 月初，全國人大、政協在北京開會時，有個爆炸性新聞，廣東一位醫生病情太重去香港治療，很快死在那裡。香港傳媒才注意到薩斯已在身邊，但為時已晚。從那時起，薩斯開始在香港蔓延。

這下全世界都開始恐慌。世界衛生組織（WHO）要求中共立即通報國內的薩斯發病情況和擴散範圍。

3 月 26 日，江澤民私人醫生、衛生部部長張文康在世界衛生組織的壓力下在北京首度公開疫情。但他只說廣東一省有 792 人感染、31 人死亡，對其他各省的疫情一概不提。胡錦濤要求地方政府與官員每天上報疫情，並不得緩報、漏報及瞞報。江的親信張文康公然對抗胡錦濤說，中國沒有法律規定必須每天上報疫情。許多觀察家認為，這種刻意掩蓋造成疫情失去控制，從中國

南方的廣東省蔓延至 20 多個省市，包括首都北京及中南海。隨著進、出國的人流，疫情很快擴散全球多國地區。

實際上，當時北美的獨立華語電視台——新唐人電視台從 2003 年 2 月即開始發布警訊，報導和追蹤薩斯疫情，可惜由於大陸的新聞封鎖，民眾無法獲知這一關係他們身家性命的重要信息。

《大紀元》也率先報導這種不明來歷惡性肺炎，隔日香港《蘋果日報》跟進，世界衛生組織才開始關注。

《大紀元》後來獲得 2005 年度加拿大政府「全國民族新聞媒體理事會獎」，被讚揚在中共政府承認之前，率先報導了薩斯在中國的爆發，對中國人及世界其他人了解薩斯的真實情況起了好作用。

2004 年 11 月《大紀元》發表的《九評共產黨》，在論證中共的洗腦術從「赤裸裸」走向「精緻化」時，這樣寫道：英文雜誌《中國聚焦》（ChinaScope）2004 年 10 月登載了一篇中共如何用更「精緻」的手法製造謊言、掩蓋真相的案例分析。

在 2003 年大陸薩斯病期間，外界普遍質疑中共隱瞞疫情，但中共一再否認。為了了解中共對於薩斯病的報導是不是客觀，作者閱讀了新華網從年初到 4 月初的所有 400 多篇關於薩斯病的報導。

從這些報導中，作者了解到薩斯病一出現，從中央到地方的專家及時會診，給予治療，病人已經康復出院；壞人掀起搶購風，政府及時闢謠，杜絕流言，保障了人民生活秩序的穩定；外國極少數反華勢力沒有根據的懷疑中國政府隱瞞，但絕大多數國家和人民是不相信他們的，廣州國際交流會將是歷史上參展廠家最多

的一次；外國遊客作證說在中國旅遊是安全的；特別是（被蒙蔽的）世界衛生組織專家也出面說中共配合得好，措施得當，沒有問題；（被耽誤 20 多天的）專家還被批准去廣東公開考察。

讀完這 400 多篇報導，作者覺得中共在這四個月的時間裡一切都很透明，對人民健康絕對負責，怎麼可能隱瞞什麼消息呢？直到 4 月 20 日，國務院新聞辦舉行記者招待會，宣布中國薩斯病全面爆發，變相承認一直隱瞞疫情，作者才明白真相，切切實實見證了中共的流氓欺騙手段。

4 月 4 日，中共解放軍總醫院的退休外科醫生蔣彥永率先披露北京瞞報「非典」疫情，國際譁然。

4 月 20 日這天，北京「非典」確診病例從 37 例激增至 339 例。當天，中共國務院召開新聞發布會，向外界公開了「非典」的真實情況，同時將張文康免職，之後時任北京市市長孟學農也被迫引咎辭職。

外界稱張文康是江澤民的鐵桿親信，不過，張只是中共中央委員，他敢於在國際媒體面前公然撒謊造謠，是得到江澤民的最高旨意，張充其量只是一個馬前卒而已，奉命維護老江的形象，而團派的孟學農更是被江派拉去當陪綁的了。

王岐山正是在這個時候被「空降」到了北京。在急赴北京的第二天，清晨 8 點 5 分，王岐山就來到北京急救中心指揮大廳。他一語不發，只是觀察。王岐山面對的是一盤危局。

已退休的呼吸道傳染病專家朱宗涵醫生，被緊急任命為北京市「非典」防治專家組組長。王岐山出任代市長後，朱宗涵接到了讓他去市委開會的通知。會上，王岐山和眾人討論了防治「非典」的初步方案。

「每天都有人死」，朱宗涵並沒有危言聳聽。王岐山上任第九天，病例數就從 339 例暴增至 2705 例。由於恐慌，市民中已出現搶購、囤積物資的現象。在 4 月 24 日的第一次政府常務會議上，王岐山提出：「我就要求你們匯報的時候，一就是一，二就是二。軍中無戲言。」「困難要向人民群眾講清楚。」

王岐山將原來五天公布一次疫情的慣例，改為每天公布一次。因此，北京感染「非典」的病例和死亡人數比此前成倍擴大，他說：「我可以負責任地講，我上任以來公布的數字都是非常準確的、坦白的。」

在媒體的報導中不難發現，「說句實話」似乎是王岐山的口頭禪。4 月 30 日上午，王岐山出席北京防治非典型肺炎聯合工作小組的第二次新聞發布會。會後，他在接受央視半個小時的採訪中，一共說了 18 次「說句實話」、「說實在的」。

6 月 24 日，王岐山到任第 65 天，世界衛生組織宣布，解除對北京的旅遊警告，將北京排除出疫區名單。

王岐山在代理市長十個月後，在中共北京市十二屆人大二次會議上，高票當選北京市市長。王岐山留在北京市委，直到 2007 年奧運召開之前。

與江派劉淇結怨十多年

在北京這段日子，王岐山的日子也不好過，在艱難處理薩斯危機的同時，還受到江派劉淇的誣陷與攻擊。

在 2003 年「薩斯」病流行時期，王岐山調任中共北京市委副書記、北京市長，而北京市委書記劉淇，是江澤民的親信，他按

照江澤民的意思，力主對外封鎖疫情，以免影響「首都形象」；王岐山則認為，越是掩蓋，疫情會發展愈嚴重，外界也就愈多猜測，結局愈會令人擔心。於是兩人矛盾爆發。

劉淇為了排擠王岐山，命人暗中向中共政治局寄發舉報王岐山「罪證」的匿名、假名信 700 多封，堅決要把王岐山「搞掉」。王岐山也不示弱，亦發信向中共中央歷數劉淇的貪腐等罪行。

王岐山告知中紀委，自己住宅的電話和市長專用電話都被竊聽，時間已長達二年多。經有關部門查證，竊聽器是劉淇授意安裝的。

當時王岐山和劉淇兩人各有自己的人馬，在一棟樓裡工作，但老死不相往來，「當時北京市委內打成了一鍋爛粥，無法正常工作」。據稱最後胡錦濤等不得不介入，出席北京市委常委會議，責成劉淇在黨內做檢查。

直到中共十七大後，王岐山出任中共副總理，胡錦濤把郭金龍調入北京，接替王岐山出任中共北京市長，並擔任北京奧運會組委會執行主席、黨組副書記。劉淇和王岐山這對冤家才算分開。

拆彈專家 國際形象好

2007 年王岐山當選為中共中央政治局委員，在四大副總理中排名第四，主管金融和商貿工作，同時還負責質檢、工商管理、海關、旅遊等。

王岐山是眾所周知的開明派，他從一個歷史專業的學生，到專注農村經濟研究，再成為活躍的青年知識分子，甚至參與過編寫後來被禁的《走向未來叢書》，後來成為經濟專家和金融改革

的倡導者。他曾經參與過呼籲中國證券交易所的成立，又曾親自擔任過建設銀行的老總，還是國務院經濟體制改革辦公室的末代主任，並有著廣東、海南、北京等地的地方主政經驗，可以說他的閱歷豐富。

隨著中美戰略對話機制的升級，王岐山作為中方代表團團長，在國際舞台上多有表現，而在國際金融危機尚未過去的時段中，作為中國的金融大管家，其備受關注，以至於有很多人感覺他已經在力壓李克強，有繼任總理的架勢。

王岐山被稱為中共的救火隊員，雷厲風行的工作作風讓人聯想到前總理朱鎔基。王岐山是中共中央財經領導小組的祕書長，是上海世博會相關事宜的負責人，甚至還出任中共中央審計工作小組組長等，顯示出他多面的工作能力。

雖然他排名在主管農業的回良玉和主管關鍵行業（主要是工交壟斷企業）的張德江之後，但他在中共國務院中，和李克強構成了副總理中具有驅動意義的雙引擎。

對於十八大後王岐山的影響力，外媒對他寄予厚望。路透社說，王岐山有句口頭禪是「說句實話」，「現在他需要發揮一貫擁有的直率性格，在錯綜複雜的金融體系改革中披荊斬棘」，並稱他「本身是一位非常有能力的學者型官員」。彭博社也稱他是「行動者，而不是官僚」。

據說美國財政部長保爾森（Henry Paulson）接受採訪時表示，王岐山是個非常有能力的人，他懂市場、懂人，知道如何與人溝通。

2011 年 9 月，王岐山以中共副總理身份訪問英國，英國政府卻用國家元首的規格接待他，不但六輛摩托車開道，還讓他和英

國所有政要會面。英國如此「禮遇」他，根本原因是英國正處在金融危機的困境中，亟待從中國這個外匯存底最多的國家獲得支援。

據英國諾丁漢大學的姚樹潔教授在他的博客中介紹，王岐山說話很幽默，讓人感覺輕鬆愉快。就像一般北京人那樣，他很能侃，經常一個笑話把大家逗得捧腹大笑。

財經網背後的博源基金會

在中共內部，「太子黨」們分屬不同的派別，其政治立場迥然不同，對立由來已久。王岐山也有其親近的「太子黨」小圈子。

2013 年在北京四中舉辦的老三屆成功校友聚會上，代表保黨維穩派的孔丹，指責代表普世價值派的秦曉是給中共添亂。

秦曉質問孔丹：「你們是真的聽不到百姓的呼聲，還是聽到了仍然如此平靜，無動於衷？」孔丹反問：「你的意思不就是要共產黨下台嗎？」秦曉說：「同學啊，你怎麼連我們從小一起長大的同學的話都聽不進去。」孔丹反問：「你還是共產黨員不是了，你還有信仰沒有？」秦再說：「那你有信仰沒有啊，你把你的老婆孩子全放到美國去，那你有信仰嗎？」孔大罵後，兩人拳腳相向。

秦曉出生於 1947 年 4 月，是前中科院黨組副書記秦力生之子。他不但是超大型國企招商局集團的前任董事長，還是英國劍橋大學經濟學博士，在中國的商界、學界頗具「傳奇色彩」和影響力。

2000 年 7 月，秦曉任中信公司副董事長，不到一年就被派往

招商局，而接替他在中信位置的就是孔丹。

當時招商局依然虧損，秦曉從 2001 年任職到 2010 年卸任，據中共官方數據，十年間招商局的總資產從 496 億增長到 3243 億，年利潤總額由 12.91 億增長到 217 億。在國資委的央企評比中，招商局 2010 年母公司淨利潤第九，而且連續六年被評為 A 級企業。

2007 年，秦曉與何迪在香港成立了博源基金會。何迪是前瑞銀投資銀行副主席，前農業部長何康之子，也是秦曉的髮小（是北京話的一個方言詞，就是指從小一起長大的朋友，大了還能在一起的朋友）。在博源，秦曉計畫利用博源的平台做中長期中國社會和經濟轉型研究。

博源基金會理事會由國際知名人士組成，博源的顧問包括美國前國家安全顧問。博源基金會在體制內有王岐山、周小川，還有包括秦曉在內的一批掌管中國金融資產的主要人物，在中共元老中有朱鎔基、喬石等等。大陸媒體財經網背後就是博源基金會。

博源基金會的活動包括：組織與支援研究課題、召集年度論壇、組織年度專題講座及出版專著與論文集等。基金會以自己組織參與研究課題為主，同時也向外部研究機構及個人提供經費，資助符合基金會研究方向的課題。

第三章

權傾一時 險遭暗殺

王岐山掌中紀委是習近平的部署，兩人達成默契開打反腐戰役。首當其衝的是可與中央抗衡的江派政法委「第二中央」。十八大之後，實權落到了王岐山手裡，王成為極具權利的強勢人物。而在反腐的江習生死搏鬥中，王岐山也屢遭暗殺。

王岐山出任中紀委書記後，傳出多次險遭暗殺的消息。（Getty Images）

第一節
權傾一時 習授權反腐

習近平十八大讓王岐山當中紀委書記，目的就是為了配合他在第一任上反腐。（Getty Images）

2012 年 11 月 15 日，王岐山和李克強一樣，沒有懸念的進入了中共政治局常委，成為中國最有權勢的七人之一。不過讓人驚訝的是，預期擔任常務副總理的王岐山，既走出了國務院，又沒擔任人大委員長，而是當了中紀委書記。此前路透社曾透露，王岐山在 2012 年兩會上透露自己「想修改刑法」，並大談法治建設和人大立法工作，他的這番話被媒體解讀為他將「在 2013 年 3 月兩會上接替吳邦國出任全國人大委員長」。

習近平高調反腐「清黨」

習近平上台半個月後，大陸微博就傳聞，「中共醞釀『北京整風』運動將於明年春天在全國全面展開！預計此次運動涉及層面之廣、打查力度之大、持續時間之長將是中共歷史罕見！」《新

紀元》周刊當時在第 304 期（2012/12/06）《習近平「北京整風」
王岐山執刀》一文中分析了習近平為何讓王岐山當中紀委書記，
目的就是為了配合他在第一任上反腐。

十八大後，習近平在 2012 年 11 月 17 日主持中共政治局第一
次集體學習時警告說：「腐敗問題越演越烈，最終必然會亡黨、
亡國。」習也承認，近年來中共發生的嚴重違法案件，「性質非
常惡劣，政治影響極壞，令人怵目驚心。」

隨後習多次強調，要把「腐敗分子清除出黨」。新任中共政
治局常委、中紀委書記王岐山則把反腐稱為「一場鬥爭」。中紀
委發文稱：「任何人觸犯了黨紀、國法，都要依紀、依法嚴肅查處，
絕不姑息。」

當時香港媒體表示，在金融海嘯後遺症還在發展和深化之
際，把王岐山這名老手調離經濟戰線，出掌中紀委，是否「亂點
鴛鴦譜」？還有的說，王岐山掌中紀委，以他與太子黨的關係，
富人和紅色家族可以安心和放心了，因為他們的利益會得到照顧
云云。不過《新紀元》周刊分析說，反腐是習近平能否真正掌權
執政的關鍵，在頭五年中，習一定會把主要精力用在配合王岐山
的反腐上，只有反腐取得成功，新來的執政者才能樹立威信，推
行自己的政策。

「習式五年計畫」反腐成第一首要

2012 年 11 月 19 日，中共官媒新華社全文刊登了 17 日習近
平在其上任後的第一次政治局學習會議上的講話。在談及腐敗問
題時，習說：「物必先腐，而後蟲生。……大量事實告訴我們，

腐敗問題越演越烈，最終必然會亡黨亡國！」

「物必先腐，而後蟲生」，出自宋代蘇軾的《范增論》——「物必先腐也，而後蟲生之；人必先疑也，而後讒入之。」暗指自己先有弱點而後為外物所侵害，長期擔任中央黨校校長的習近平，深知中共官員貪腐現狀。此前《新紀元》周刊報導說，有消息透露習近平的改革方針是：在頭五年，「從上至下，從黨內到黨外，從易到難」，等反腐成功後，再進一步搞政改。

如果說十六大時，中共提出「初步探索出一條適合我國現階段基本國情的有效開展反腐倡廉的路子」，到十七大時宣布「走出了一條中國特色反腐倡廉道路」，那到了習近平的十八大，中共反腐的共識和路子已經很清楚了，然而反腐現狀卻是「越反越腐」。

十八大上，習近平把「加強主要領導監督」首次寫入了黨章，強調「選拔幹部要堅持德才兼備、以德為先的原則」，既然腐敗滋生了蟲子，那先抓出蟲子也就成了反腐第一步，很多人預測，薄熙來案、劉志軍案將是習近平反腐的第一炮。

當時有北京消息人士對《新紀元》周刊透露說，安排王岐山去中紀委是習近平的部署，目前兩人達成默契，要拿反腐開刀。

回顧中共經濟發展以及官員貪腐情況，1980 年代貪官們主要靠批文發財，1990 年代主要靠股市，1990 年代末則集中在房地產、金融等資本密集行業，很多貪官為了洗錢，把錢在幾個戶頭上轉幾個圈，帳面上就難以看出問題，也就把中紀委的調查官員給糊弄過去了。不過王岐山是金融專家，貪官們玩的這些把戲騙不了他。

王岐山監管政法委 楊晶分管政法

十八大後，原周永康負責的政法委被降格，由新任政治局委員、公安部長孟建柱，兼任中央政法委書記、維穩小組組長、綜治委主任。政治局常委分工中，中紀委書記王岐山將兼管政法系統，這類似十五屆的尉健行，二者都以中紀委書記身份兼管政法。習近平還把趙洪祝調回中紀委做第一副書記，給王岐山當助手。

周永康在位時一人獨大，每年支配高達 1100 億美元的維穩經費，該預算超過了中共的國防預算。在江澤民的主導下，周永康將政法委演變成了可與中央抗衡的「第二中央」，成為薄熙來聯合周永康奪權上位逼宮的最大資本。如今這個實權落到了王岐山手裡。王岐山不但管理各級黨官，還管理國內安全，從某個角度看，王岐山將成為中共十八大集團中極具實權的強勢人物。

在中共體制中，最高權力機構「政治局常委」只制定政策，具體如何執行主要靠中央書記處，十八大書記處與往年不同的是由六人增加為七人。常委書記由於地位重要，以前都是由「王儲」胡錦濤與習近平擔任，江澤民第一親信曾慶紅也擔任過這個職務，這次卻是千夫所指的「言論殺手」劉雲山。剩下六人分工，原先由中央政策研究室主任王滬寧擔任的書記處書記，改由杜青林與楊晶來接任。

北京知情者告訴《新紀元》周刊，十八大政法系統將被改「一人獨大」為「三層分管」，即王岐山「領銜」、孟建柱具體負責、楊晶協管，目的就是相互制衡。

楊晶 1953 年 12 月生於內蒙古準格爾旗，中央黨校研究生學歷。除了擔任中央書記處書記外，他還兼任中央統戰部副部長、

國家民族事務委員會主任與黨組書記。楊晶 17 歲在準格爾旗農機廠當工人、27 歲時進入內蒙古大學學習漢語，1988 年 33 歲時擔任內蒙古達拉特旗委書記，2004 年升為內蒙古黨委副書記，2008 年為中央統戰部副部長。

《新紀元》周刊報導了十八大後，中央社會治安綜合治理委員會（綜治委）從政法委中分離，拆分成為平級機構；軍警撤出綜治委，國安也可能劃出政法委，各地政法委書記一般由市常委兼任，而公安局長一般不再染指政法委。

朱鎔基點名 處理粵海風波

在《新紀元》出版社 2012 年 10 月《十八大中南海新權貴》一書中，詳細介紹了王岐山如何從學者變成官員，如何從平民變成太子黨，其強勢的作風和才高氣盛的性格來源於何處。有人預測，習近平利用王岐山反腐，最害怕的就是金融界蛀蟲。這裡簡單描述一下王岐山的辦事作風。

1980 年廣東省政府出資 500 萬元人民幣，在香港註冊成立粵海企業集團，主要負責向海外借錢。當時海外投資者都認定，借錢給粵海實際上是借錢給中共政府，有政府撐腰，對粵海借錢大可放心，於是粵海迅速發展，旗下擁有五家上市公司，其中旗艦「粵海投」還被選為 33 家恆生指數成分股之一。

不過由於經營不善，粵海逐漸出現流動性不足和支付困難的跡象，1997 年下半年開始的金融危機成為粵海敗落的導火線，等到了 1998 年底，國際著名評估公司「畢馬威」對粵海進行重點審計，發現其資不抵債，欠款 46 億美元，負債率高達 74%。

當時朱鎔基總理點名，委任王岐山為廣東省常務副省長，專門處理蔓延全省的金融亂象。王岐山上任第一天就是處理危在旦夕的粵海支付危機，提出重組粵海集團，「誰的孩子誰抱走」，政府不替國有金融機構埋單。當時粵海重組債務近 60 億美元，涉及 200 多家銀行、500 多家企業、1000 多位貿易債權人，規模之龐大，在全球企業重組史上罕見。

那時不少外資銀行還想打官司控告粵海，王岐山非常強硬地說：「你們可以去告，上哪都可以，在國內、在廣東省肯定贏不了，到國外我也願意奉陪！」與此同時，王岐山聘請美國高盛集團為廣東省財政顧問，保爾森對這樁亞洲最大的重組案極為重視，親自出馬，不久高盛投資粵海 2000 萬美元，經過兩年的調整，王岐山化解了廣東金融海嘯。

王岐山獲溫家寶賞識

外界多把王岐山視為朱鎔基的衣缽傳人，因為他倆都有類似的強悍的性格和言論，都有雷厲風行的作風。不過人們往往忽視了溫家寶對王岐山的栽培。

2007 年，王岐山還只是北京市長，按照中共官場規則，他要先升為北京市市委書記之後才能進入政治局，然而受溫家寶賞識，王岐山成為第一個跳過市委書記一級、直接升任政治局委員的人，並在溫家寶手下擔任分管金融的國務院副總理。

中國媒體大多竭力吹捧王岐山，說他治理薩斯高效有力，說他充當救火隊長、上任北京市長後，19 天就基本控制了薩斯疫情，其實那只是官方上報的感染人數開始下降，真實的感染人數絕不

只是官方公布的那幾百人。由於採用嚴格的隔離，具體死了多少人，外界不得而知，王岐山也就順勢成為虛假的非典英雄。

民間給王岐山反腐支招

2012 年 11 月 16 日習近平陣營上任第二天，中國公民甄鵬在網上發表了《致中紀委王岐山書記的公開信》，呼籲王岐山在其職權範圍內做到四點：一、實行官員財產公開制。二、成立獨立的司法人事委員會。三、提名法律專業人士出任最高法院院長、最高檢察院檢察長和司法部部長。四、將中紀委限制人身權利的行為納入法律框架，最典型的就是「雙規」。

有消息稱，王岐山的中紀委有可能採用這些新招，但是否能真正實施，誰也不得而知。當年朱鎔基號稱打造 100 口棺材埋葬貪官，但最後大多變成了空話，因為共產制度產生的新階級，註定要產生腐敗貪官。

對於第三點建議，人們發現，最高法院院長王勝俊，學歷史出身，不懂法律，卻被周永康提拔成了高院院長；而司法部長吳愛英，更是從山東農村的公社書記到婦聯主任，由於會拍周永康的馬屁，拿錢買官，最後竟成了掌管全國律師和監獄的頭號女人。

就在十八大之前的 2012 年 10 月 22 日，吳愛英還逆潮流公開支援周永康，稱要「認真學習貫徹周永康等中央領導同志在全國政法委書記座談會上的重要講話精神」。此次會議還釋放出強烈的反對廢除勞教制度的信號，吳聲稱要強化勞教管理並加大勞教場所建設力度。

很顯然，勞教存廢不僅關涉維穩系統，更關乎司法部的灰色

收入。司法系統「吃黑錢」幾乎是公開的祕密，主要來源有兩個，一是勞教場所提供的非規範收入。到目前為止，中共審計署還從沒對擁有百萬勞力的勞教所進行過審計；二是全國律師協會的繳費，每年司法部利用審核頒發律師執照的高壓手法，強制律師「上貢」，其數額驚人。

法外授權 早該廢除的勞教所

中共的勞教所可謂中國最黑暗的地方。任何人可以不經審判就被警察隨意逮捕，隨意毒打折磨、隨意決定關押一至三年，隨意強制勞動。據 2012 年 4 月統計，中國大陸有 681 所監獄、職監獄警察 30 萬名、在押犯人 164 萬。這上百萬的無償勞動力，是中共手工出口產品的主力，國際社會一直呼籲禁止奴役勞工。

據人權組織調查，從 1999 年 7 月 20 日中共迫害法輪功以來，至少有 30 萬法輪功學員先後被勞教，警察不但用最繁重的體力勞動和洗腦等精神折磨摧殘他們，還喪盡天良地活摘法輪功學員的器官。中共的勞教所監獄裡，每個法輪功學員一進勞教所就被「體檢」，抽血化驗登記，隨時準備被摘取器官，而普通刑事犯則不做這類體檢。

中共體制內很多人都呼籲廢除勞教制度，因為其存在本身就是非法的，是法外授權，但由於江澤民、羅干、周永康之流的阻撓，勞教制一直在大陸存在，因為這是江澤民迫害法輪功的最賣力的機構。

不准念稿 繞開財產公開

王岐山的特立獨行不光體現在他的衣著上,也體現在開會上。中共十八大常委第一次亮相時,就只有王岐山一人打藍色領帶,第二次集體亮相參觀復興之路展覽時,就王岐山一人穿牛仔褲運動鞋。在中紀委開會時,他也要求:「參加王某人的會,不准念發言稿,要學會深刻思考。」

2012 年 11 月 30 日在中紀委與專家的研討會上,王岐山要求與會者盡量少用講話稿,要多提觀點,因為上報資料他都看過了。他說:「說長話容易,說短話不容易。」他還拿邱吉爾一段話說:「如果給我五分鐘,我提前一周準備;如果是 20 分鐘,我提前兩天;如果是一小時,我隨時可以講。這個演講就是屬隨時可信口聊的水準。」

研討會上,與會者力主盡快建立領導幹部財產申報制度。早在 1994 年《財產收入申報法》就已列入全國人大常委會立法項目,但卻始終未進入立法程式;1995 年中共發布了《關於黨政機關縣(處)級以上領導幹部收入申報的規定》;2006 年發布了《關於黨員領導幹部報告個人有關事項的規定》;2011 年發表了《關於領導幹部報告個人有關事項的規定》,首次將領導幹部本人、配偶及子女的房產列入報告範圍。但事實證明這些「內部公開」對於反腐無濟於事。

由於房產價值高,專家建議以公布房產來發掘腐敗,不過王岐山並沒有在這一問題上跟進,他只是重複自毛澤東以來官員們反覆講的話:「黨的作風關乎人心向背,關乎黨的生死存亡。」相反,王岐山在座談會上講話的重點卻是:各級紀檢要以身作則。

他認為，各級紀檢不但形同虛設，在重大違規問題中，更是監守自盜，越反越腐。

從紀檢開刀 從金融高管下手

這次無論是習近平還是王岐山，都從「自先腐後生蟲」的角度，強調先從自身做起，具體到紀檢領域，就是先整頓紀檢人員本身。

在百姓眼中，中紀委早已是一個利益集團，一些反貪官員其身不正、通過反腐來斂財已是公開的祕密，尤其是一些省部級官員的重大案件，經辦人員上下其手，對貪官及其親屬敲詐勒索，往往一個項目辦下來，很多經辦人員已成為千萬富翁。在這樣的體制下，要想徹底根治腐敗根本是與虎謀皮。

比如 2010 年 12 月 30 日遭到槍決的原湖南省郴州市紀委書記，掌控紀檢大權 11 年，但他本人卻在 1997 年到 2006 年期間，受賄索賄 30 多萬人民幣，還有近千萬不明財產。

另外有消息稱，王岐山在金融機構高層會議上也先聲奪人：「金融機構，特別是上層，不是全部也差不多九成已是千萬富翁，借 1 億元收 2000 萬私人回傭，每月薪金 5000 元，獎金四、五萬，這是哪家訂立的，夠黑、太黑。」於是人們預計王岐山的到來令國營金融大佬的日子很不好過。

中國銀行高級官員可以隨意將數額巨大的資金借貸出去，並暗中撈取個人的巨額好處。這種坑害國家和人民的利益、肥了自己腰包的腐敗醜聞比比皆是，導致民不聊生，怨聲載道。

2012 年 7 月有報導稱，中國金融系統已經岌岌可危，總計爛

帳至少已經高達 26 萬億，相對於 7.5 萬億的淨資產，中國所有的銀行已經破產，留下一堆爛帳。

不過不少人對王岐山的高調表示質疑。回想朱鎔基上台時也是慷慨陳詞，他曾當著各國記者的面誓言：「不管前面是地雷陣還是萬丈深淵，我都將一往無前。」「我這裡準備了 100 口棺材，99 口留給貪官，一口留給我自己。」然而，面對中共整部專制機器的全方位制度性的腐敗，一個小小的人又能發揮多大作用呢？事實是，朱鎔基任職期間以及之後，中共腐敗現象益發嚴重。

中紀委曾寫文章反駁民眾提出的「越反越腐」現象，並給出數據說 2010 年有 1 萬 9527 人受到黨紀處分，其中縣處級以上幹部 5098 人，移送司法機關的 804 人。但相對於無官不貪的局面，800 人在中共 7000 萬黨員中的比例微乎其微，這說明絕大多數貪官是非常安全的。再比如中紀委處罰賣官的官員，但從未處罰買官的官員，因為幾乎人人都在買官，法不責眾，法律都變形了。

毫無疑問，等待王岐山的也同樣是反腐的萬丈深淵，無法飛越。

第二節

掀反腐風暴 反腐立法成熱點

反腐要消滅哪些蒼蠅、搗毀哪些虎穴，是人們拭目以待的關注熱點。
（Getty Images）

王岐山講話 話裡有話

2013 年 2 月 25 日，就在一年一度的中共人大政協兩會召開前夕，官媒新華社發布了一個月前的 1 月 22 日習近平在北京召開的第十八屆中紀委第二次全體會議的消息以及王岐山的報告全文。

在新華社公布的王岐山的 6000 多字講話中，王岐山表示2013 年中紀委要做好反腐工作，要「嚴肅查處違反政治紀律行為，絕不允許公開發表同中央決定相違背的言論，絕不允許『上有政策、下有對策』，絕不允許有令不行、有禁不止。」

在具體內容中人們發現，王岐山的講話中有幾點特別有針對性的話語。如他強調「個別高級幹部嚴重違紀」，令讀者都在猜測這些高級幹部指的是誰。報告還說「嚴禁以公款互相宴請」，要「規範幹部退休從業行為」，要「糾公務員考錄不正之風」，「紀

檢幹部不准辦人情案」等。

大陸很多媒體把王岐山的講話解讀為「王岐山要加強對裸官的監管」，有人表示，王岐山此次劍指「裸官」，找到了將反腐敗深入延續下去的良好突破口。首先，「裸官」的負面影響力極大，民眾對於家人都變成外國人的「裸官」深惡痛絕。其次，「裸官」的出現更多的是監管制度存在問題，在中國嚴密的戶口制度下，對「裸官」的查處成本應當是相對較低的。

但王岐山的講話，不但針對裸官，更針對那些退了休的，喜歡公款宴請的個別高級幹部，細心品味海外流傳的王岐山的講話稿，人們還發現王岐山提到「路線鬥爭」的問題，從中人們能看到更多的意涵。

官員財產公開和反腐立法將成兩會熱點

對於 2013 年 3 月 5 日召開的兩會，當時很多媒體解讀說，反腐立法將成為兩會熱點，有人還預測習近平與李克強將在公布官員財產和人大確立反腐法律這兩方面著手，不過，根據各方情況分析，中共要真正實施這兩點的現實性並不大，無論兩會上這兩個話題討論得多麼熱烈，最後結果都會不了了之，中國現有法律再完備，不具體落實執行，一切都是空話。

20 多年前中共就提出了反腐，一方面是加大力度反腐，另一方面卻出現了腐敗越來越嚴重的現象，老百姓說，「中共是越反越腐」了，根本無法標本兼治。

早在 2009 年就有人大代表呼籲出台反腐敗法，全國人大也曾將修改完善反腐敗方面的有關單行法律，列入立法計畫，但四年

過去了，無論專家學者和民間如何呼籲，反腐法的立法進程都「難產」了。究其根源，因為中共已經成為一個特權「新階級」，假如沒有腐敗的特權，中共這個新階級就會被消滅，就會自動消失。反過來也就是說，中共不可能不腐敗，腐敗已經成為中共存在的一個「生存支柱」，中共黨員就是靠腐敗凝聚在一起的，腐敗消除了，中共也就滅亡了。

據 2012 年底「全國人大法律委員會關於代表議案審議結果的報告」顯示：「2008 年至 2012 年，十一屆全國人大常委會曾將涉及反腐倡廉制度建設的修改刑法、刑事訴訟法、行政監察法、預演算法等，以及研究論證建立國家公職人員財產申報方面的法律制度等，列入立法計畫和年度立法工作計畫。」但上述立法內容並未完成，在該份報告中，全國人大法律委建議，將「修改完善反腐敗方面的有關單行法律」列入下屆全國人大常委會立法規劃中，就這樣一屆推一屆。

外界認為，反腐敗國家立法的第一步，應是制定官員家庭財產公示制度，目前《中國共產黨紀律處分條例》和《行政機關公務員處分條例》，這些規定還只停留在中共內部監督層面上，沒有具體實施的配套規定，民眾也無法監督，這等於形同虛設。

如何公布官員財產呢？2012 年 11 月，汪洋在廣東試行了官員財產公示制度，一些地區準備將配偶、子女的財產情況納入公開範圍。不過有官員聲稱，「短期內，全國性的官員家庭財產公示制度還難以出台」，如何讓民眾或各級人大，有效地監督同級官員的財產申報，這成了很多媒體熱議的話題。

開局反腐 「習八條」特有所指

　　每年兩會，反腐都是各界關注度最高的話題之一。習近平上台後，先是強調「打鐵還須自身硬」，一天後又說「物必先腐而後蟲生」，隨後他發誓要「把權力關進制度的籠子裡」，在短短100天的時間裡，至少有27名廳級以上幹部被處置，其餘級別的官員則更多。

　　特別引入注目的是周永康的馬仔四川省委副書記李春城、中央能源局局長劉鐵男、中央編譯局局長衣俊卿這幾位副部級官員的落馬，用往年的標準來看，王岐山掀起的已是一場反腐風暴。有人猜測說，相對於以後打大老虎的驚險，目前這三名副部級的馬仔落馬，可能也只夠稱之為毛毛雨了。

　　很多政治敏感人士在閱讀了王岐山的講話稿後發現，王岐山的話中有話，矛頭直指江澤民派系，因為王岐山強調的那幾點，正好點在江澤民的腦袋上。還有傳言說，王岐山把反腐上升到「路線鬥爭」的高度來對待。

　　十八大後，胡錦濤以全退來阻斷江澤民的老人干政之路。2012年12月4日，習近平在中共政治局高調推出「習八條」，即有關「改進工作作風」的八項規定，被認為是從政策法規層面鞏固胡錦濤終結「老人干政」，其中「除中央統一安排外，個人不公開出版著作、講話單行本，不發賀信、賀電，不題詞、題字」，被認為是直接針對最喜歡到處留言題字的江澤民。

　　然而江澤民不甘心就此退出權力舞台，從2012年12月22日至28日，六天的時間裡四次公開露面題詞作賦等，公開叫板「習八條」。習近平團隊也不甘示弱，在2013年1月21日，習近平

臨時改變主意，突然參加原中共中央軍委祕書長、總政治部主任楊白冰的遺體告別儀式，官方公布的領導人排序名單上，江澤民第一次出現在第 12 名上，前面 11 名依次為中共七名新任常委，外加還有政府職位的胡錦濤、吳邦國、溫家寶、賈慶林。

而在此前兩個多月，中共官方對丁光訓去世「表示慰問」的時候，江澤民仍然排名第三；再往前推，中共十八大前，江澤民的名字一直排在胡錦濤之後，名列第二，儘管江不再擔任任何實際職位。有外國記者戲稱，從江的排名上，就能看出胡錦濤時代中國有兩個權力中心，江澤民「不在其位，卻謀其政」，這跟慈禧太后有何差別？

在楊白冰追悼會之後的第二天，即北京時間 2013 年 1 月 23 日凌晨，新華社還專門發布簡訊，證實江澤民今後排名都會在時任常委之後。新華社在簡訊中極為罕見地將江澤民的生平履歷詳細列出，外界解讀說，即使這不是「定論」，也算是「蓋棺」之舉，意味著江的政治生涯到此結束。這時很多人才驀然醒悟，胡錦濤的全退，真的就像《大紀元》此前報導的那樣，是學了董存瑞捨身炸碉堡，徹底炸毀了江澤民干政；若胡不這樣做，江恐怕還會一直賴下去。

在《新紀元》出版的《習近平對江澤民亮出殺手鐧》一書中，講述了 2013 年元旦，《南方周末》新年獻詞中原本強調習近平的「憲法夢」等內容，遭廣東宣傳部長庹震操刀刪改，隨後事件不斷發酵。「南周事件」向外界曝光了中南海二大機密：第一，習近平正遭遇來自江派薄黨的攻擊；第二，雙方在相互搏擊的過程中洩露了江澤民陣營的最大恐懼點、也是習近平針對江澤民的「殺手鐧」——中國勞教所。

　　2013 年 1 月 7 日，中共突然宣布年內取消勞教制度，同時習近平高調講話，更加強調他所提出來的「憲法夢」。勞教制度是中共整個政法委的核心，很多法輪功學員都在被勞教之中。過去十幾年裡，政法委的頭目從勞教制度中獲取了很多經濟利益，還涉及活摘器官的問題。習近平針對勞教所開刀，變相針對政法委和周永康等人開刀，實際上撬動了江澤民的根、江的恐懼點。

　　「南周事件」的核心涉及江派劉雲山、庹震等封殺習近平的「憲法夢」，江派恐懼習近平實施憲法治國、打擊腐敗，也因此，代表江派的劉雲山在「南周事件」上一直與習近平公開唱反調。

江澤民貪腐生活正是中紀委目標

　　就在江澤民公開挑釁「習八條」時，《動向》雜誌報導了江澤民退休後的貪腐生活。江澤民 2012 年在上海居住 150 天，除其住宿、交通等開支由市政府列作行政開支外，僅宴請簽單 237.7 萬，即相當於上海市 34 個中等職工的總收入。

　　2008 年就有人爆料說，中共中央委員以上離休高幹，每年公款開銷就高達 1000 億人民幣；僅中共前黨魁江澤民、前總理李鵬等高級離休官員 11 人，每年公款消費達 10 億元，平均每人近一億元！江澤民等享受的特權待遇，包括各地行宮、專機、專列、高級轎車、專家醫療組等。

　　上行下效。《南方都市報》2012 年 3 月 4 日報導稱，中共三公消費（公車消費、公款吃喝、公費旅遊）在 2006 年就達千億元，相當於全年財政支出的 30％。2008 年 3 月，全國人大常委會辦公廳研究室特約研究員王錫鋅在《新聞 1+1》中披露，他估算中共

官員用於公款吃喝、公費出國、公車開支的花銷一年有9000億人民幣。9000億相當於30艘航母的造價，儘管每年百姓納稅，但至今中國沒有一艘真正的航母。

王岐山在中紀委第二次會議上強調「個別高級幹部嚴重違紀」，「嚴禁以公款互相宴請」，要「規範幹部退休從業行為」，「紀檢幹部不准辦人情案」等，是否針對江澤民派系來的還難說，但有一點是非常清楚的，江澤民在位十多年，一手扶植了大量貪官，而江澤民本人也是中共現行官場上很多特大老虎的保護傘和黑後台。

《財經》曝光江派鐵桿黨羽的驚人黑幕

2013年2月24日，就在官方發表王岐山講話的前一天，《財經》雜誌發表文章《連氏無間道》，報導了江家幫的腐敗鏈條和江澤民鐵桿黨羽的驚人貪腐；同一天，新華網頭條是習近平針對江澤民的「腐敗治國」而發出的「依法治國」。外界稱，這些舉動給人「開弓沒有回頭箭」的感覺。

《新紀元》周刊315期封面故事《習近平的太子黨盟軍》，介紹了王岐山和他的密友王波明，利用《財經》雜誌充當中紀委反腐先頭兵。

2月25日，被稱為香港央視的鳳凰網轉載《財經》的《連氏無間道》文章，標題改為《「公海賭王」被指涉薄谷開來案曾為黃光裕洗錢》。此文在兩會前，在薄熙來進入司法程序倒數計時的階段，發出強烈的對以江澤民為首的「挺薄黨」的嚴肅警告。

據《財經》報導，新近調查的薄谷開來及其家人的經濟帳目，

也與「公海賭王」連卓釗的連氏賭廳及其地下錢莊網絡存在交集。後者與大陸腐敗鏈條存在多大範圍的網絡，或許只有連氏清楚。

文章還稱，連卓釗、前內地首富黃光裕、「南粵政法王」陳紹基、深圳市原市長許宗衡、粵浙原省紀委書記王華元、公安部原部長助理鄭少東等在內的政商權貴，形成超級分利聯盟，並通過公海賭船、洗錢網絡等方式，將贓款聯於貸款、地下錢莊聯於境外銀行，黑道與白道互為利用、商界與政界交相滲透，大量走私、洗錢、行賄，安然往來於其間，進而在國家秩序之外構建了強大而有力的次級秩序。在這一秩序中，黑道幫派則大行其道，社會公共秩序毫無尊嚴。

上面提到的人全部是江澤民、周永康的鐵桿。此文在兩會前夕出來，傳遞重要信息，習近平的反腐討伐，正逼近江澤民。此文的作者之一羅昌平，時任《財經》雜誌副主編，曾於 2012 年 12 月 6 日，微博實名舉報時任國家發改委副主任、國家能源局局長劉鐵男，涉嫌偽造學歷、與商人結成官商同盟等問題。劉鐵男被稱為江澤民的財務大管家。

文章還寫道，回望十年，這宗南國大案與上海陳良宇社保案；北京劉志華城建案；天津李寶金、宋平順、皮黔生案；重慶薄熙來、王立軍案，構成中國地方官場強震的四極。而該案主要發生於廣東，且勾連起北京、深圳、香港、澳門等地的商脈，亦映照出開放之區的隱祕一角。

《財經》比喻江派的黑色聯盟是：「游弋在法外公海之上的『海王星號』，儼然是一個隱密而龐大的特殊人際網絡樞紐。」「政商之間，真實版的連氏無間道，超越電影劇本，折射出一個缺乏法治的市場，在原罪與共罪間鞏固著無間環境，其必然導致

自由市場、法治正義與執政倫理的多重損毀。」

　　兩會上官方公布王岐山的反腐講話，矛頭直指中南海高層，接下來的戲各方正拭目以待。

第三節
暗殺不斷 習王「輸不起」

自王岐山 2012 年擔任中共中紀委書記以來曾先後多次遭到暗殺。中共十八大後，大批江派官員落馬，江澤民、曾慶紅、周永康等，對習近平陣營不斷發起攻擊、多次尋機暗殺政治對手。據中共內部通報資料顯示，2013 年到 2015 年之間，中紀委主要官員在工作期間遭遇暴力攻擊、暗殺等事件 40 餘次，其中針對王岐山的有 12 次以上。

據港媒消息，2013 年 8 月下旬，王岐山到江西、南昌等地，期間有兩名「上訪」人士向王岐山遞交「申冤狀」，後被王隨行警衛抓個正著。據知，兩名遞狀者並非受迫害冤民，而是被開除出公安系統的警官，查證是被僱用的殺手。被抓時曾企圖自殺。

2014 年中國新年前夕，王岐山還收到含有劇毒「山埃」（氰化鉀）的賀年卡。中南海方面即展開追擊、偵查，但線索又被擱置。

2014年3月初，王岐山到天津查案，車隊開往現場途中，隨行第三輛旅遊車突然起火焚燒，車上載著警衛、工程人員，而王岐山是乘坐第二輛旅遊車，算避過一劫。

2014年3月中旬中共「兩會」後，王岐山在吉林長春準備按行程乘車出發時，安全部門告知車隊多輛車後輪胎發現螺栓鬆動，被人為破壞。

2015年習近平當局進入反腐關鍵年，王岐山也成為中共內部腐敗集團仇視的目標之一，多次遭遇暗殺。

如2015年2月下旬至3月初，王岐山先後到山西、天津調研。王岐山在山西省委常委會上稱「山西官場是腐敗墮落重災區，根深蒂固，積重難返……」發言的主題大多和反腐敗相關。

有媒體報導，當天安排王岐山到中共山西省黨校、省警官高等專科學校視察的行程取消。消息稱，這是臨出發前省保衛部和中央保衛部交換情報後決定。在前往中共山西省黨校、專科學校必經之路查獲兩名職業槍手，他們正部署針對王岐山為下手目標。

槍手是兩名被開除的省武警官員。據稱，殺手在被攔截時，得知事情要敗露，嚼食衣領內早已準備好的劇毒身亡。中共中央保衛部門已就暗殺事件展開專案調查。

緊接著，在2015年3月中共「兩會」前夕，王岐山抵天津調研天津開發資金的流失、負債近3萬億的問題。王岐山在市委、市政府召開的會議上要求天津當局必須保留好自2007年以來的天津高層會議的會議紀錄、政府工程開發資金借貸等原始單據……不准延誤、不准有人干預等。王岐山還說，天津當局過去與現在是否有問題、問題是否嚴重，大家都心知肚明等。

有報導稱，會議當天傍晚，王岐山推辭了天津市委、市政府給其安排的便宴等活動。原來當天在天津市委、市政府保衛人員查獲三名「上訪人員」，他們稱要向王岐山請願告狀，但從他們隨身物品中搜到手槍，而且子彈上了膛。消息表示，他們選擇傍晚混入市委後，伺機對王岐山下手。被逮捕的人是河北省委辦原保衛人員，曾因犯罪被判刑，服完刑後搞運輸。

2014 年 3 月 27 日至 28 日，王岐山赴河南省調研期間，儘管做了周密保衛工作，仍遭遇有內線的暗殺行動。而王岐山對此次活動的行程提前採取「空城計」，在 27 日早上啟程前告知河南省委、省紀委，但沒告知調研活動日程；並由中央警衛局、總參保衛部安排專機，著陸地點臨近鄭州軍用機場。原定 27 日至 29 日的三天活動日程改為二天，原安排在鄭州省委大樓召開座談會改在開封市委大樓召開。原安排的調研地點全部做了調整。

據稱，28 日清晨在河南省委招待所還是發生兩宗涉及針對王岐山的暴力攻擊、暗殺事件。包括省委招待所凌晨兩次停電，而同一時間三輛省委保衛部專用車在停車房起火爆炸。

王岐山再三強調反腐「輸不起」

2014 年 11 月 3 日，中共官媒刊發王岐山 6000 餘字的長文。文中提到中共腐敗問題，並稱反腐敗「是一場輸不起的鬥爭」。大陸媒體紛紛以《王岐山在人民日報撰文：反腐是一場輸不起的鬥爭》為標題轉載。

此前 10 月 25 日，王岐山在中共十八屆中紀委第四次全體會議上聲稱，反腐「是一場輸不起的鬥爭」，一旦反彈，後果不堪

設想。8月在中共政協常委會議時也提到:「八項規定的成功與否,已經變成一場輸不起的戰鬥。」

2014年11月12日,港媒《東方日報》刊發署名評論文章稱,北京當局反貪腐、「打老虎」舉大旗的是習近平,具體操刀、衝鋒陷陣的是中紀委書記王岐山。當時50名省部級貪官被拿下,周永康、徐才厚兩大貪腐集團被搗毀。但王岐山面臨巨大壓力。

評論稱,中共內部存在大大小小的利益集團,貪官污吏的勢力極為龐大,一有機會,他們的反撲將十分可怕和瘋狂。習近平輸不起,王岐山更輸不起。

評論認為,王岐山反腐的重點是十八大之後形成的「領導班子」、特別是「還要提拔使用的領導幹部」,這些官員自恃「後台」夠硬,誰也動不了,而且還有「年齡優勢」,幾年後更上層樓,到時誰勝誰負未可知。

第四章

強控中紀委
立家規清門戶

圍繞著周永康案，王岐山將江派暗藏在中紀委系統的「釘子」一一拔出，清理門戶。王岐山不懼江派權勢，是一個讓中共黨員幹部心驚膽顫的人。原本在中共政治局七大常委裡排行倒數第二的王岐山，成了主管中共貪官生與死的「小閻王」。

王岐山清場不手軟，將手術刀對準中紀委自己內部的違紀、違法現象，剔除「內線」、清理門戶。（新紀元合成圖）

第一節

中紀委擴權內幕

中紀委權力擴張,中南海要達到的目的是:王岐山以反腐為推手,實際控制無官不貪的中共官員的人事任命。
(AFP)

中共十八屆三中全會召開後,有人說最大的贏家就是王岐山,此話不假。王岐山執掌的中紀委(管黨內紀律)和監察局(負責政府反貪)權力大增,打破原來的平級管理,所有地方反貪的官員,都由中紀委任命,向中紀委負責。原本在中共政治局七大常委裡排行倒數第二的王岐山,成了主管中共貪官生與死的「小閻王」。

因為中共無官不貪,每個人都有把柄,如果北京想要整誰,就查他的貪污問題。王岐山坐大中紀委書記,以「反腐」為李克強經改開路,習近平以國安會及軍權做後盾,其目的都是為了從江派利益集團手中「奪權奪財」。

自從 2012 年 11 月中共十八大召開後,以前主管金融的國務院副總理王岐山,出人意料地被習近平任命為中共中央紀律檢查委員會(中紀委)的書記。在習近平不斷高喊「腐敗亡黨亡國」

的提醒下，王岐山在反腐中手段強硬。據不完全統計，王岐山上任以來，以薄熙來事件為主線，相繼打倒了以江澤民派系為主的 10 隻小「老虎」，2013 年拍打的「蒼蠅」超過 3 萬多，平均算起來上任後前八個月每兩天就有一名廳級高官落馬。

中紀委擴權 紀檢入駐各級黨委

在 2013 年 11 月 12 日結束的中共十八大三中全會上，王岐山的「打老虎捉蒼蠅」行動得到進一步背書。中共三中全會的《決定》稱，要「全面落實中央紀委向中央一級黨和國家機關派駐紀檢機構」，這等於更加明確宣布了王岐山在中共最高一級的中央部委機構的監察地位。全會決定同時還規定，「各級紀委的負責人的任命不再由同級的黨委提名，改由上級紀委機構直接任命」，也就是說，王岐山不但縱向管理各級地方紀委，同時橫向覆蓋了中共各級政府機構和國營企業，橫向縱向全方位地介入了監察管理中。

三中全會結束後的翌日（11 月 13 日），王岐山在北京召開中紀委會議，就中紀委的全面管轄作出部署。王岐山將向有中共中央四大直屬部之稱的中宣部、中組部、統戰部和中共中央對外聯絡部派駐紀檢組，取代原有在編制上隸屬於各自部門的紀檢人員，並將繼續推進近年收回省委書記對地方紀委書記任命權的做法，將「紀檢雙重領導制」具體化。

有媒體報導說，目前大陸有 16 名省級紀委書記從外省或中央部委直接「空降」，包括北京、天津、山西、內蒙古、吉林、江蘇等，其中 12 位從外省調任，四位從中共中央下派。任職短、

鮮有連任也是「空降」紀委書記們的一大特點。2006 年「空降」
上海任紀委書記的沈德詠只任職 17 個月，陳良宇案判決生效後
即離任。更多的「空降」省級紀委書記一屆任滿後即轉赴他任。

「大諸侯」也被中紀委管轄

　　十八大三中全會不久，中共中組部和中宣部共同出版了《三
中全會學習輔導百問》一書，對中紀委權力的擴張作出了進一步
解讀。

　　比如過去擔任上海市委書記的陳良宇，和直轄市重慶市委書
記的薄熙來，他們由於同時是中共中央政治局委員，按照以往，
不歸上海市或重慶市的紀委監督管理。他們權傾一方而缺乏監督
制約，直接對中南海形成威脅，於是鬧出了很多政變貪腐醜聞。
據《學習輔導百問》透露，此後包括中共中央政治局委員兼任地
方黨委書記的幹部在內，均納入中紀委的巡視監督範圍內。

　　與此同時，王岐山還強化了「中央反腐協調小組」的作用。
當時中共中央反腐敗協調工作小組由中紀委書記王岐山擔任組
長，中組部部長趙樂際、中紀委副書記趙洪祝任副組長，成員包
括公安部部長、最高法院長、最高檢檢察長等。

　　1996 年，中紀委提出建立由紀檢、法院、檢察、公安、行政
監察、審計等單位主要領導參加的反腐敗協調小組，之後中國大
陸縣級以上黨委基本都建立了該小組，但在江澤民貪腐治國的大
氣候下，特別是江澤民違背中共自己的法律，發動對法輪功的鎮
壓後，凡是支持江鎮壓法輪功的官員，江都賞給他法外貪腐的「好
處」，從而更令反腐機構有名無實。習近平上台後，借三中全會

「中央紀委向中央一級黨和國家機關派駐紀檢機構」。此舉使得中共省級以上部委及黨務部門都被王岐山安插了「釘子」，這是習近平陣營收復實權的一大步驟。

王岐山強硬回應阻力

2013 年 12 月，北京消息人士對《新紀元》周刊說，中紀委權力擴張引起了不小的反彈。有「黨內元老」向習近平提出意見，認為中央部委的紀檢部門由中紀委派駐，會對部委工作造成干擾，形成兩個中心，形成一種中央對下級單位的不信任感。據說這位元老提出了具體案例，某單位黨委書記和紀委書記不和，相互拆台。

消息說，習近平對此表示此為中央決定，絕不退讓。

這位人士透露，王岐山上任中央紀委書記曾經和習近平達成默契，在紀檢和監察部門有百分之百的決定權。他提出的第一個措施，就是所有省部級以上的紀委書記，原則上應該由外地或者外單位調任，任命權和考察權在中紀委。

這一措施在三中全會的「若干重大問題決定」中獲得了正式背書。

王岐山在 2013 年全年約談了所有省部級紀委書記。三中全會的「決定」規劃了中央部委的紀委書記由中紀委考察任命和指揮，徹底脫離同級黨組的平級領導。

2013 年 11 月下旬，王岐山在紀委監察工作會議上，要求各級紀委「眼睛要亮一點，耳朵要長一點，鼻子要靈一點」，希望各級紀委能夠真正對同級黨委和行政官員進行「徹底監督」，「絕

不留情」。

　　針對有人對中紀委權力擴張的意見，王岐山表示中紀委向中央部委「派駐工作只能加強不能削弱」，態度極為強硬。

　　除了中央部委之外，各省紀委書記也將由中紀委考察提名和（交由中組部）任命，名義上的雙重領導實際是中紀委主導。在隨後的改革中，很可能會把縣級市以下的局級紀委取消，全部由縣紀委和監察局負責監督。

　　中紀委將隨時向各地派出紀檢組和紀檢監察組進行巡視工作。北京的一位分析人士介紹說，紀檢組是派往黨的機構，主要是中央部委機關，而紀委監察組是派往政府部門的機構，以監察局的名義運作。實際上紀委和監察是一套班子兩個牌子。

　　中紀委權力擴張，中南海要達到的目的是：王岐山以反腐為推手，實際控制無官不貪的中共官員的人事任命，不聽命習李的，都將被以反腐之名而拋出。對於無官不貪的中共官員們來說，反腐就成為權力轉移的「潤滑劑」和「調節劑」，從而使中共官員們的人事任命的實權掌控在王岐山手中。

　　現在中共所做的一切，出台的所有政策都是為了死保政權，防止中共本身立即崩潰。在中央與地方越來越分裂的情況下，保持權力的延續成為中共第一要務。

中紀委辦公室罕見曝光

　　要說中共貪官最怕啥，最怕的可能就是中紀委了。中紀委全稱：中共紀律檢查委員會，屬於中共黨委系統，並不隸屬於政府機構。1993 年 1 月，中共中央、國務院決定中紀委與監察部合署

辦公，實行一套工作機構、兩個機關名稱，中紀委也就有了對外見人的門面了。這個被貪官形容為類似明朝東廠特務機構的中紀委，卻一直是個非常神祕的機構，人們一直都充滿好奇。

據山東《齊魯晚報》報導，中共中央紀委監察部 2014 年 1 月 10 日舉行新聞發布會，通報 2013 年的反腐結果，央視對此進行報導時，插入了相當數量的中紀委辦公樓的內外景鏡頭，撩開了這個執行中共黨內家法或幫規的神祕機構的一角。

中紀委地址位於北京西城區平安里西大街 41 號，樓高十多層，視頻中曝光的辦公室基本上兩人一間辦公室，其中某辦公室有三台印表機。報導表示，中紀委辦公所在地在地圖上沒有標注，沒有門牌，電信局查號台也沒有電話登記。整個大院被四米多高、一米多厚灰色磚牆包圍。雖無軍事禁區標誌，卻由中共軍隊負責保衛。

據公開的資料，中紀委最初是在中南海辦公。1978 年，中紀委曾經在中組部所屬的辦公樓辦公，1993 年 1 月，中紀委和監察部合署辦公，中紀委監察部便搬遷到如今這座帶著神祕色彩的大院。其中監察部在西院辦公，中紀委在東院辦公。

龐大院落內，坐落著兩棟十多層高的灰黑色建築，內設 20 多個職能部門。其中最引人注目的，便是負責高官貪腐案件查處的紀檢監察室。據稱，王岐山出掌中紀委後大擴軍，最惹人注目的是將原來八個監察室增至十個，分管全國 31 個省市自治區和中直機構、央企等。

曾有親共港媒報導中紀委原來的八大紀檢監察室的分工有著特定的安排：第一室到第四室主要負責中央各部委副部級以上中共官員案件的查處，由監察部四位副部長分管；第五室至第八室

主要負責查處地方副省級以上中共官員。

很多人都在猜測，王岐山上任後，新增的兩個室，是否就是專門針對政治局委員一層的大案要案呢？比如針對薄熙來、周永康．江澤民之類的大老虎呢？因為原來八個室都有各自原定的工作．新增的大案就得需要成立新部門來負責了。

王岐山在中紀委內多次擴編

2014 年 1 月，《爭鳴》雜誌報導說，王岐山上任後，中紀委架構編制已第二次擴編，2013 年 3 月增加 270 多人，主要來自中組部、總參保衛部、政法大學；10 月中旬又增加 125 人，主要來自中直機關、地方紀委。到 2013 年 12 月中旬，中紀委編制人員有 1270 多人，借調人員 416 人，培訓人員 340 多人，已向中央軍委借用了在近郊平谷區、延慶區、房山區三個營地作為中紀委的工作點。

中共三中全會後一個突出現象就是，習近平、李克強和王岐山形成了三權聯盟的格局，王岐山執掌的中紀委（管黨內紀律）和監察局（負責反貪）的權力大增，打破了原來的平級管理，所有地方反貪的官員，都由上級紀委任命，實行「紀檢雙重領導制」。也就是說，王岐山不但縱向管理各級地方紀委，同時橫向覆蓋了中共各級政府機構和國營企業。

截至 2013 年 10 月 14 日，中央紀委監察部對外派駐的紀檢組為 51 個，分布在最高法院、最高檢察院；47 個「國務院組成部門、直屬機構、辦事機構、直屬事業機構、直屬特設機構」。王岐山自己的地位，也從政治局常委最後一名，躍升到實權最大的第二名。

第二節

清理內鬼

王岐山內部清場瞄準江派人馬,已落馬者由左至右為:金道銘、李崇禧、王偉。(新紀元資料室)

中紀委副書記王偉洩密案

2013 年 5 月 21 日,大陸財新網發表《中紀委副書記王偉證實被降職保級》,不過海外消息透露,王偉是因為捲入薄熙來案才招致此禍。

王偉時年 53 歲,遼寧建昌人,23 歲自中國人民大學畢業後留校,曾任校團委書記;33 歲時正式步入政壇,曾任北京市西城區區長助理、副區長;38 歲時進入中央紀委任職;45 歲時任中央紀委、中央組織部巡視工作辦公室主任,並明確為副部長級;兩年後任中央紀委常委、監察部副部長、新聞發言人;2012 年 11 月任中央紀委副書記(排名最後)。

不過六個月後,王偉被貶到國務院三峽建設委員會辦公室當副主任、黨組成員,但保留了正部長級待遇。說他被貶,一是在三峽辦現任領導中,王偉排名位於 60 歲的黨組書記、主任聶衛

國，和 58 歲的黨組副書記、副主任盧純之後；二是相對於三峽辦這個閒職，中紀委可謂權力極大。

王偉長期任職中紀委，先後跟過兩任中紀委書記，其中吳官正時代他是中紀委辦公廳主任，號稱吳的「大內總管」；賀國強時代他又是中紀委常委，直接聽命於賀。中紀委名義是黨紀監察部門，但權大如明朝東廠，中共各級官員，特別是貪官，最想巴結討好的就是中紀委官員，紀委官員藉此搞腐敗的也大有人在。

對於王偉的遭貶，香港《蘋果日報》報導稱，有傳聞指王偉在主責調查薄案時，涉嫌違反規定及洩露機密。消息指王曾是中紀委調查薄熙來案的主要成員，多次與薄「談話」。王在跟薄交手時，涉嫌沒按要求完成對薄的調查工作，且涉嫌洩露中央有關機密，於是中紀委書記王岐山藉機清理門戶。

據港媒透露，北京政壇一直傳說，習近平上台後對前屆中紀委在 2012 年 9 月 28 日作出的《關於薄熙來嚴重違紀案的審查報告》所定「六宗罪」不滿，習有意推翻定論。

海外把這次的審查結果稱為「七宗罪」，因為在六宗罪之後還留有一個尾巴：其他罪行。據新華社報導，中共中央政治局在宣布十八大召開日期的同時，通過了中紀委的審查報告，並決定開除薄熙來的黨籍和公職。中紀委給出薄熙來違法亂紀「七宗罪」是：

「一、在擔任大連市、遼寧省、商務部領導職務和中央政治局委員兼重慶市委書記期間，嚴重違反黨的紀律；二、在王立軍事件和薄谷開來故意殺人案件中濫用職權，犯有嚴重錯誤、負有重大責任；三、利用職權為他人牟利，直接和通過家人收受他人巨額賄賂；四、利用職權，薄谷開來利用薄熙來的職務影響為他

人牟利，其家人收受他人巨額財物；五、與多名女性發生或保持
不正當性關係；六、違反組織人事紀律，用人失察失誤，造成嚴
重後果；七、調查中還發現了薄熙來其他涉嫌犯罪問題線索。」

毫無疑問，這七條迴避了薄熙來案的核心問題：薄熙來夥同
周永康計畫發動政變，推翻習近平。有人猜測王偉是受了江澤民
派系官員的委託，特別是周永康之流的收買，才故意給薄熙來洩
露祕密，以便裡外配合，串通口供；否則，假如沒有來自最高層
的壓力，憑藉王偉幾十年在中紀委摔爬滾打練就的保密本事，他
不會犯洩密這類低級錯誤的，除非他有意為之。

有趣的是，王偉被調職後，有關薄案將開審的消息隨之傳開。

治理「燈下黑」 緊盯中紀委內賊

2014年5月9日，中央紀委第四紀檢監察室主任魏健受調查。
魏健是中共十八大後首位落馬的中央紀檢系統高官，外界認為此
舉是王岐山在緊盯內賊、剔除「內線」、清理門戶。

大陸媒體財新網報導，魏健與周永康的四川幫可能有牽連。
四川警察申勇微博稱：「吃裡扒外，為李春城同夥通風報信並收
受巨額賄賂。堅決支持中紀委嚴肅內鬼！」

魏建是中紀委資深官員

財新網稱，中紀委將手術刀對準自己內部。消息人士稱，魏
健在2014年5月4日上班後，從辦公室被帶走。

魏健在中紀委內部資歷頗深，曾任中紀委案件審理室副主

任，2008 年接任第五紀檢監察室主任，五室主要是負責聯繫西南片區（雲南、貴州、四川、重慶和西藏）的紀檢監察工作。這些區域都是江派勢力活躍的地方。消息人士稱，魏健被查可能與他曾分管四川有關，被外界認為是王岐山在剔除「內線」。2012 年底原四川省委副書記李春城被查，之後四川多個高官落馬，成為反腐的風暴眼。

魏健 2012 年調任第二紀檢監察室主任，分管財政部、商務部、央行、審計署、稅務總局、工商總局、海關總署、銀監會、保監會、證監會等 26 家機構。中紀委 2014 年 3 月進行機構改革後，魏健改任第四紀檢監察室主任，負責聯繫金融口的相關單位。

其實中紀委早有意清理門戶。2014 年 3 月其機構改革，新增三個內設機構，其中之一就是針對紀檢監察官員的監督室。

江派攪局 操縱金融以威脅

中紀委高官落馬，引起大陸媒體和官場很大反響，擁有註冊記者 3000 名的中國最大財經記者社區「藍鯨財經記者工作平台」第一時間在官微表示：查自己人了！第四監查室主要負責金融口。這麼說得盯金融口的新聞了。

2014 年 5 月 7 日，與王岐山關係密切的財新網報導稱，5 月 5 日中信銀行行長換人，李慶萍接替朱小黃擔任中信行長。5 月 5 日，港媒《東方日報》引述消息披露，王岐山要整肅並審計香港華潤、中銀、中信、光大國際及招商局這五大央企。

江派人馬長期把持中國金融系統。隨著習江鬥加劇，江澤民集團用其所把控的大型央企與習近平陣營對決，甚至不惜毀掉中

國經濟。據悉，薄熙來案開審前一周，江派操縱股票攪局，導致大陸股市暴漲暴跌，引發中國證券史上最大錯帳交易糾紛。

2014 年 1 月 28 日，《南華早報》援引消息人士稱，由習近平領導的「國安委」將把工作重心放在應對「各種已顯露出來和新形成的威脅」，而金融業的安全問題將被歸類為「已顯露出來的威脅」。報導稱，主要負責經濟金融事務的總理李克強擔任國安委副主席。同時，當局將任命一位有金融業背景的官員出任國安委內「金融安全委員」一職。

王岐山清場不手軟

2014 年 5 月 6 日至 12 日，王岐山先後四次召集部分中共中央政府機關和中央企業、國有金融機構官員開會。王在會上表示，將重點查處「現在重要崗位且可能還要提拔使用」的中共官員。

5 月 9 日，中紀委通報稱，第四紀檢監察室主任魏健被調查，成為中共十八大後中央紀檢系統首個落馬的高官。有陸媒報導稱，魏健與周永康老巢四川幫可能有牽連。

5 月 12 日，中共官媒報導稱，中紀委幹部室主任張立軍出任中紀委組織部部長。公開資料顯示，張立軍原任中紀委幹部室副主任，正局級，2009 年 5 月被提為副部級，2012 年 11 月 14 日成為中紀委委員。

2014 年 3 月，中紀委網站稱，其內部進行機構調整，重新組建了組織部和宣傳部。外界認為，這是王岐山執掌的中紀委進行反腐的新動作，中紀委架構出現異動，或表明「老虎窩」龐大。

五周通報案件近千

2014 年 5 月 12 日，中紀委監察部網站集中通報 237 件案件，是中紀委自 4 月 8 日實行「每周通報」制度以來的第五次通報。

此前四次通報的日期分別為 4 月 8 日、14 日、21 日和 28 日，共計通報 719 起典型案件，共處理官員 823 人，其中鄉科級 692 人、縣處級 122 人、廳局級 9 人。

5 月 12 日通報的 237 件典型案件中，至少有 300 人被點名處理。溯自 4 月 8 日，已有超過 1100 人被通報，其中鄉科級官員成為高危群體，占比超過八成。

外界分析，王岐山掌管的中紀委大規模通報中共官員的案件，令中共官場風聲鶴唳，使習近平陣營在中南海博弈過程中占據強勢地位。

習近平、王岐山討厭「燈下黑」

2014 年 1 月 14 日，中共七常委悉數參加十八屆中紀委第三次全會。習近平在會上問：「你們監督別人，誰來監督你們？」

1 月 19 日，中紀委即發出通知，要求各級紀檢監察機關要「切實解決『燈下黑』問題」。之後發出三大動作：一、中紀委網站公開通報紀檢監察系統「違紀」官員；二、成立紀檢監察幹部監督室，並由中紀委排名第一的副書記、中央書記處書記趙洪祝分管；三、接連查處中紀委內部官員。

王岐山內部清場瞄準江派人馬

2014 年 2 月 27 日，山西省委副書記、人大副主任金道銘落馬。金曾長期在監察部任職，1997 年任中央紀委副祕書長。據報，呂梁市長丁雪峰賣官案，金與周永康之子周濱均在其中。2006 年金道銘調任中共山西省委常委、省紀委書記後，因其投靠周永康，2011 年兼任省政法委書記時，即稱「徵得中央政法委同意」。

中紀委內部清理的江派人馬還有：曾在紀檢系統工作近 18 年、周永康前大祕李崇禧；原中紀委副書記王偉被貶職，調任三峽辦當副主任。王偉被貶據悉是其參與調查薄熙來案，卻被周永康收買，給薄熙來通風報信。

王岐山心腹屢降上海

2014 年 3 月 31 日上午，第 12 巡視組召開巡視復旦大學工作動員會。巡視組組長董宏會上講話強調，當前反腐形勢依然嚴峻複雜，「對腐敗問題零容忍」，「敢於碰硬，巡視出威懾力」。

董宏曾長期擔任王岐山的「大祕」。王岐山擔任廣東省副省長、國務院體改辦主任、海南省委書記、北京市長期間，董宏一路跟隨並擔任過廣東省政府副祕書長、國務院體改辦產業司司長、海南省委副祕書長、北京市政府副祕書長等職務。如今董宏再次成為王岐山的手下。

早在 2013 年 11 月 19 日，中紀委常委、審計署副審計長侯凱空降上海，出任市紀委書記、兼任上海市委委員、常委。

第三節

王說：「我不是賀國強！」

　　2014 年 10 月，圍繞著周永康案，王岐山將江派暗藏在中紀委系統的「釘子」一一拔出，包括長期任職中紀委副書記的王偉被貶，曾任中央紀委副祕書長兼辦公廳主任的金道銘接受調查，曾任四川紀委書記的李崇禧被撤職。另外，2014 年 4 月，中紀委委員申維辰被宣布接受調查。

　　有港媒曾分析王岐山不懼江派權勢，敢打「大老虎」三大原因。首先，王岐山屬於太子黨，後台很硬；其次，王岐山無兒無女，不用貪污受賄留後路，不怕被人打擊報復，故其反腐無後顧之憂；第三，江派害怕背負「反黨」罪名，不敢公開反對王岐山的反腐。

　　大陸媒體澎湃新聞在一篇專訪中，引述北京航空航太大學廉潔研究與教育中心主任任建明的話說：「那些中央紀委副書記自己都半開玩笑地說，王書記讓去不敢不去啊！」顯示王岐山強硬掌控了中紀委。德國之聲中文網發表一篇題為《無所不能的王岐

山》文章，同樣形容王岐山是一個讓中共黨員幹部心驚膽顫的人。

王岐山拔掉吳官正安插的心腹

隸屬江派的吳官正在 2007 年中共十七大時，因權鬥失利被迫退休，由賀國強接替其中紀委書記的職務。之後，有多家媒體報導，吳官正在當時的交接儀式上很沒風度地上演了一齣「不告而別」的戲碼，以此表達不甘心退休和對賀國強的敵意。

據報導，在交接儀式上，吳講完話之後，理應由新任中紀委書記賀國強發表演講，但出乎意料的是，正當賀國強接過麥克風準備開口之際，吳官正卻收拾起皮包突然起身離開。面對台下 100 多名中紀委委員和工作人員，賀國強送也不是，不送也不是。猶豫之際，賀下意識起身朝門口走去相送，但這時吳官正已經大步走出門外，上車揚長而去。無奈走了一半的賀國強只得趕緊回身，繼續他的就職演說。台下所有人都眼睜睜地看著這一幕發生。

吳官正退休後，在中紀委以人事布局架空賀國強。中共十八大後，吳官正故技重施，繼續在王岐山接掌的中紀委中安插自己的心腹，但僅僅半年，吳的心腹就被王岐山踢出，因為王岐山說：「我不是賀國強。」

2013 年 5 月，吳官正心腹、中紀委副書記王偉被調到中共國務院三峽建設委員會辦公室當副主任，保留正部長級待遇。由實權機構調到三峽辦這個冷衙門，由正部級出任副部級職務，被貶意味明顯。

據悉，王偉長期任職中紀委，先後跟過兩任中紀委書記，其中吳官正時代他是中紀委辦公廳主任，號稱吳的「大內總管」；

賀國強時代他又是中紀委常委。

王岐山拒絕江澤民建議

2014 年 4 月，港媒報導江澤民建議將現任中紀委副書記全部升格為副國級，以示中共「對反腐敗的重視並推進紀檢監察決策的民主化」。

報導稱，王岐山作為原中紀委書記吳官正、賀國強等爛攤子的接手人，強硬表態不同意中紀委副書記升格如人大、政協副職一樣全為副國級，仍只由常務副書記一人在副國級之列。在副書記的人選上盡量從地方與系統外調入，而減少從監察部及中紀委內部直提的比例。

文章稱，在北京官場尤其紀檢圈子裡面流傳著「干於理論」。前中紀委副書記干以勝與其當時的下屬於春生兩人主張「不是腐敗越反越多，而是舊案發現很多」。這個理論始於 2008 年 12 月 26 日的中紀委新聞發布會。干以勝說：「落馬的腐敗分子與全部官員之比不到萬分之一，所以，中國腐敗很輕，幾乎為零。」

據稱，這種詭辯得到已退休的吳官正等人的歡迎，也讓時任書記賀國強「心裡舒坦」，更讓開創「以腐敗換團結」政治模式的江澤民歡喜。但是，「干於理論」引發了網路輿論的巨大不滿，導致干以勝以副國級待遇卸任未得批准，而於春生至今亦未進入中紀委常委。

2014 年 3 月 26 日，中共官媒《廣西日報》在頭版發布消息稱，中共原監察部副部長於春生「被空降」任廣西自治區常委和紀委書記。

第四節

推兩個獨立 扶持兩局一院

　　中共十八大三中全會的司法改革包括將各地法院剝離出地方
政府和地方政法委的管轄，由北京通過最高法直接領導。而早在
2012 年 3 月薄熙來案還處於朦朧階段時，《新紀元》周刊就在 3
月 29 日出刊的第 268 期焦點文章《喬石痛批政法委周永康》中，
獨家報導了中共不得不面對的法院改革，這可能是最先預測法院
獨立這個習近平司法改革新舉措的報導。

喬石曾上書建議法院獨立

　　《新紀元》周刊當時報導：「北京消息人士說，中國政法界
元老喬石 2012 年 3 月致信胡錦濤和習近平，建議不要由公安部長
當政法委書記，並抽掉政法委對法院的管轄權。胡習雖未表態，
但王立軍、薄熙來事件後，改革建議很可能成為整治周永康治下

政法委的借鑑。」

文章說：「喬石過去長期執掌中共政法機關，並受到彭真的長期栽培。重慶李莊律師案發生之後，北京康達律師事務所負責人傅洋，即彭真之子，託情薄熙來達成妥協。傅洋也把李莊案件的一些情況轉交給喬石，希望這位已經『處江湖之遠』多年的老政法代為說情。北京消息人士透露，喬石對過去十年中共政法委的很多做法非常不以為然，而對王立軍和薄熙來在重慶處理李莊案手法尤為憤怒，他曾去電某位中共最高層，直斥王立軍『太不像話，不是個好人』。」

「知情人士透露，喬石雖然退休不理政事，但一直對國家大事頗為關心，尤其對長期執掌的政法系統情況仍很了解。他對周永康執掌的政法委非常不以為然。中國有關部門的內部統計，至 2012 年，中國大陸每年近 30 萬群體性事件，有一半和政法委管控的執法機關有關，中國約有 800 萬『長期上訪民眾』，其中82％是因為公檢法處理案件不公而上訪。

另外一方面，地方政府在拆遷和國企改革過程中，對付不滿民眾常常動用政法系統，包括公安、武警和法院，喬石對此非常不滿。他對身邊人士說，這是在走回頭路，鄧小平倡導的改革主要精神是黨政分家，現在不但黨政不分，而且是以黨代政甚至以黨代法，公安、檢察院和法院成了地方官員看家護院。他說：『鄧小平那麼大權威，當年要嚴打刑事犯罪還受到彭真的抵制，現在居然沒有人敢堅持原則了。』

彭真文革中遭長期關押，痛定思痛，復出後認定要建立社會主義法制，而不能再搞以黨代法和行政代法。80 年代和 90 年代，中共改革之一是逐步完善法制體系，包括律師制度的建立等等。

過去幾年，不少律師因為案件辯護和當地政法委意見不同而遭到
打擊，甚至律師執照也無法延期，明顯破壞了中共當年司法體系
改革的初意。喬石批評這是一種倒退，他認為還是要以法律治國，
不能假借政法委之手回到人治制度。

喬石也認為，現任政法委主要是維穩，但其實本身已經成為
製造不穩定的一個因素。除了公檢法司之外，現在又有維穩辦、
綜治辦，人員越來越多，經費越花越多，但這種單純高壓不是解
決問題的辦法。

北京消息人士說，喬石寫信給胡錦濤和習近平，就改革政法
委提出建議。第一個建議，是以後最好不要由公安部門第一把手
當政法委書記。他認為，公安局或公安廳第一把手執掌政法委，
容易導致各類冤案，糾正起來也非常困難。第二個建議，是把法
院從政法委管轄權下抽出去，使政法委不能干預法官具體案件的
審判。

這位消息人士說，胡錦濤和習近平對此都並未表態。他分析
說，喬石的建議如果實施，中共高層將面臨一個被提出多年的難
題：法大還是黨大？如何在司法系統內堅持黨的領導？」

法院、監察局、反貪局的獨立

目前中共主要有五大類反腐機構：一，中共中央紀律檢查委
員會（中紀委）及各級紀檢委，這屬於黨務系統。二，檢察院系
統的反貪污賄賂總局及各級反貪局。三，檢察院系統的各級職務
犯罪預防廳（局），這是屬於司法系統的半獨立機構。四，隸屬
於國務院的監察部及其下屬的監察廳（局）。五，隸屬於國務院

的國家預防腐敗局及其下屬局。這兩個屬於行政系統。

　　這五類機構從中央、省區市到縣，層層都設有相應的機構，形成了無所不在的網絡結構，中共官方稱是布下了天羅地網，但百姓發現，中共這幾十年反腐，結果是「越反越腐」，光是被曝光出來的貪官數量和貪腐金額都是逐年呈幾何指數的暴漲。

　　在這五大機構中，中紀委由於是黨務機構，因而具有最高效應。由於老百姓沒有多少機會和權力去貪污，大陸腐敗一般都和官員相關，在大陸要想當官，入黨是第一步。於是，這五大機構管理的對象大多是相同的人群。人們不禁要問，為何要設立這麼多性質雷同、重疊管理、辦事效率極低的機構呢？

　　這裡面最根本的原因是權力的歸屬。中共各派一貫利用反腐來打擊競爭對手，誰的手上有反腐工具，誰就在內鬥中占上風，於是各種勢力相繼找藉口，成立各種反腐機構，比如胡溫時期成立的監察部和預防腐敗局，都是為了從江派手中奪回權力，藉反腐懲治江派官員。

　　比如薄熙來案件中，最初審查薄熙來的就是曾任監察部部長，兼預防腐敗局局長、國務院糾風辦主任的馬馼。馬是家寶的親信，在江派反撲中，一度呼聲極高的馬最終沒有進入中共中央政治局。

　　王岐山接管中紀委後，不斷收權，把這五大反腐機構都整合在中紀委的控制之下。比如前不久人們看到，中紀委網站開通當天被打爆停頓五次。2013年9月2日，中央紀委監察部網站（www.ccdi.gov.cn）正式開通，當天有近38萬次舉報，使網站癱瘓五次。發動民眾舉報貪官，是王岐山的建議。據說原來中央紀委監察部的多個網站比較分散，力量不集中，資源浪費。王岐山到了中央

紀委之後，提出整合新的網站，把五網合一網。

國家發改委副主任、國家能源局局長劉鐵男；原四川省委常委、副省長郭永祥；時任四川省委副書記李春城等多名高官落馬均與大陸民眾舉報有關。此外，原政法委書記周永康、華潤集團董事長宋林都遭到網路實名舉報。

在此基礎上，三中全會後王岐山進一步搞出來兩個獨立：一是各地法院獨立出地方政府和地方政法委，由北京通過最高法院直接領導，撥款和人事都由最高法院決定。大陸觀察人士認為，這種中央垂直領導，可打破長期以來各地法院和檢察院無法擺脫地方政府轄制的僵局，司法改革或可邁出實質性的一步。不過實際能否真正做到，還是個問號。

第二個獨立是把監察局和反貪局從行政序列中獨立出來，變成一個由上至下的獨立機構，由中紀委垂直領導，不受地方政府和黨委領導，從而提升紀檢監察機構的權重，從同級監督變為提級監督，省級領導由中紀委監督，市級領導由省紀委監督。據說這樣做的好處在於，可令現有紀檢監察機構擺脫地方掣肘，同時可以改變紀檢監察系統授權不足的情況，把原本疲弱的力量整合起來形成反腐合力。

自從王岐山擔任中紀委書記後，除了建立網路實名舉報，讓百姓能夠隨時舉報貪官外，還加強了中紀委的紀檢巡視能力，官方報導說，為了提升查辦案件的能力，中紀委把紀檢監察室從八個增加到了十個，同時還開展了一些試點。

三中全會前的 10 月底，最高法院下發通知，在上海、江蘇、浙江、廣東、陝西等省市部分法院開展深化司法公開、審判權運行機制試點，宣稱主要目標是建立符合司法規律的審判權運行機

制，優化配置審判資源，嚴格落實獨任法官、合議庭、審判委員會辦案責任。

據《東方早報》報導，重慶江北區法院嘗試對審委會職責，院長、庭長職責做出明確劃分。審委會只討論決定法律適用，包括非法證據排除和證明責任適用，對事實認定，即證據的綜合認證只提出指導意見，貫徹直接言辭規則。院長、庭長等對案件審理的指導和監督，都要在案卷中留下痕跡。

儘管中共紙面上提出了很多改革措施，不過在行動中卻往往是一紙空文。最典型的例子是中國的憲法，中國憲法在條款的制定上可以說是「趕超國際水準」，但在實際中卻背道而馳，這樣的法規、這樣的改革又有什麼用呢？無論中共如何宣傳其司法改革，無論中紀委、政法委和法院如何上演新型「三國演義」，重慶李莊案至今沒有平反，這不是絕好的諷刺嗎？

取消雙規 王岐山扶持兩局一院

2013年底，中共三中全會《決定》提出要在法律基礎上健全反腐機制，早已被人詬病的中紀委「雙規」政策再次遭受質疑，取消雙規呼聲不絕。

北京大學憲法與行政法研究中心主任姜明安對媒體表示：「今後領導幹部涉及職務犯罪，將不再由中紀委先介入辦案，涉及到追究其刑事責任的問題，將由檢察院直接介入辦理。」而知名反腐專家、清華大學廉政與治理研究中心主任程文浩也證實，中紀委已經作出決定，查處發現領導幹部的違法犯罪事實，都回到司法途徑，移交到檢察院。

當時《新紀元》周刊獲悉，中紀委將廢除雙規，取而代之的是強化各地政府的監察局和反貪局，按照法律程式，由檢察院直接起訴，法院獨立審理。

雙規家規凌駕於國法

按照中共黨內文件《中共紀檢機關案件檢查工作條例》第28條第三款定義，「雙規」是指「要求有關人員在規定的時間、地點就案件所涉及的問題作出說明」。也就是說，「雙規」只適用於中共黨員，屬於中共的家規，而非國法，沒有法律條款支撐。如今大陸貪官落馬，一般流程是先行初步內部調查，調查基本屬實後再由中紀委進行「雙規」深入調查，之後對其進行「雙開」（開除黨籍、公職），然後移交國家司法機關審理。薄熙來案子就是這樣走的。

雙規本來是紀委的一道工作流程，但在實踐中卻往往演變為變相的隔離審查甚至刑事偵查。被調查人事實上處於一種類似被拘留或者逮捕的狀態，而且被「雙規」的期限也不明確。比如薄熙來在2012年3月15日被免去重慶市委書記之前就已失去人身自由，到2012年4月10日新華社發布消息稱薄被中紀委立案調查，9月28日中共中央決定開除薄的黨籍和公職，第二天薄被正式逮捕。比薄熙來雙規時間更長的還有前北京市委書記陳希同，他從1995年7月被中紀委審查，直到1997年8月才被立案偵查，「雙規」長達兩年多。

大陸《憲法》第37條規定：「中華人民共和國公民的人身自由不受侵犯。任何公民，非經人民檢察院批准或決定或者人民

法院決定，並由公安機關執行，不受逮捕。禁止非法拘禁和以其他方法非法剝奪或者限制公民的人身自由，禁止非法搜查公民的身體。」這裡的公民既包括被無辜勞教的弱勢群體，也包括後來被法院確定有罪的貪官污吏。在人權保障上不能實行雙重標準，否則無異於飲鴆止渴。

王岐山祭旗 再提「生死存亡」

2013 年 11 月 24 日，新華網頭條報導，王岐山 22 日下午在湖北省武漢市調研期間，專程去 1927 年誕生的中央監察委員會舊址，向第一屆中央監察委員會 10 名成員的雕像獻花籃。中央紀委的前身則是中央監察委員會。

報導引用王岐山的話說：「忘記過去就意味著背叛。我這次來就是尋找中央紀律檢查委員會源頭和根脈，尋根溯源。」王岐山還說：「在當時極端嚴峻、惡劣環境下，決定成立中央監委，就是為了嚴懲叛徒。」同時，報導更是罕見強調：「在血雨腥風的鬥爭中，在生死考驗的抉擇前，10 名中央監委委員沒一名叛徒。」

中共黨內經常出現叛徒，參加中共一大的 13 名中方代表中，死的死，逃的逃，有人投靠日本人做了漢奸，有的脫黨投奔國民黨。到 1949 年中共掌權時，只有毛澤東和董必武兩人還留在中共黨裡。這也是王岐山這位曾經的歷史學者所感慨的。

報導還罕見稱，當時是在中共「生死存亡的關鍵時刻」，中共五大在武漢召開，大會選舉產生了中央監委。此時的中共也面臨生死存亡的盡頭。此前王岐山推薦高官們閱讀《舊制度與大革

命》，中南海深知中共統治已經快走到盡頭了，而且中共高層分裂成習近平和江澤民兩大陣營，大陸社會也處於動盪顛簸之際。2013 年三中全會剛結束，新疆就發生了激烈的警民衝突，隨後在中石油貪腐窩案開始指向前政法委書記周永康和「江澤民大管家」曾慶紅之際，11 月 22 日，青島中石化油管爆炸，屍橫遍野，被稱為「災難大片」再現。中南海高層會議也多次提到中共的「生死存亡」，新華網對王岐山的報導中再次出現「生死存亡」的說法，顯示中共三中全會出台的所有「改革」，都是為了防止中共立即崩潰，只是死亡手術台上幾針強心劑而已。

中國二號人物王岐山

第五章

作風強硬 百虎落馬

王岐山在習近平和一些黨內大佬的支持下，發動前所未有的打虎戰役，幾年內眾多重量級老虎落馬，其中大部分為前朝江派高官。江派也對習王發起殊死反抗，包括恐襲、暗殺。但習王誓言將反腐進行到底，個人生死無所謂。

王岐山「老虎蒼蠅一起打」，落馬的腐敗官員大多是江澤民集團官員，江派對習王發起殊死反抗，包括暗殺。（大紀元合成圖）

第一節

老對頭劉淇公款旅遊傳被雙規

劉淇（左）是王岐山（右）的
對頭冤家。（Getty Images）

　　王岐山和劉淇可謂一對冤家對頭。在 2003 年「薩斯」病流行時期，北京市委書記劉淇力主對外封鎖疫情，而王岐山這個副書記堅持通報實情。劉淇為了趕走王岐山，命人暗中向政治局發出舉報王岐山的匿名、假名信達 700 多封。並對王岐山的住宅電話和市長專用電話搞竊聽，長達二年多。

　　2012 年 7 月 3 日北京市委十一屆一次全會上，郭金龍成為市委書記，王安順、吉林成為副書記，外界一直以為十八大後才會下台的劉淇的名字卻未出現在新一屆市委名單中，這意味著劉淇已被提前趕出局了。

　　但是劉淇退休後又惹出事端。2012 年 7 月 15 日周日中午，據《新維月刊》報導，劉淇來到長白山散心，吉林省高官為拍馬屁，在遊客高峰期封閉整座長白山，數千名遊客被逼滯留景區外四、五個小時，引發抗議。劉淇回程時，大批憤怒的遊客包圍車

隊，投擲塑膠瓶，高喊「反對特權」，又與警察、武警發生推撞，更有遊客稱遭武警毆打。糾纏一番後，最後由吉林省官員出面道歉，且安排遊客全部退票，事件才告平息。

對於劉淇這些做派，王岐山早就看不慣。2013 年 7 月 12 日，就在習近平、王岐山高調反腐、搞群眾路線教育實踐活動時，北京市委也搞了很多活動，但人們看到在幾次重要活動中，前任北京市委書記劉淇的大祕、市人大常委會主任杜德印卻多次缺席，在市人大的官方網站上，主任依然是杜德印，但活動內容有兩個月沒有更新了，5 月 27 日後舉行的第九次、第十次人大常委會主任會議，都由市人大副主任梁偉主持，杜德印均未參加。有消息稱杜德印已被中紀委調查。

杜德印作為劉淇的大祕，知道劉的很多黑幕。民間廣泛流傳的是，劉淇藉奧運貪腐了幾十億。

劉淇全家三代公款旅遊激民憤

2016 年「十一」期間，劉淇全家公款出遊西藏被曝光後，引發強烈民憤，據報導，中紀委收到五千多封舉報信或電話，王岐山下達三點批示。最新消息稱，劉淇已被「雙規」。

2016 年 10 月 5 日，大陸網路曝光，劉淇 10 月 1 日至 6 日攜全家出遊，並附有一張接待細化方案（其中有其家人名單）的圖片，從中可見，劉淇攜其妻子、兒子一家四口、女兒一家四口，及其秘書、警衛、隨員等，甚至還有北京市委辦公廳副主任張利民等十多人，到西藏林芝市巴宜區、米林縣、工布江達縣等地「視察」。

西藏林芝南部與印度、緬甸兩國接壤，被稱為西藏的江南，有世界上最深的峽谷——雅魯藏布江大峽谷。

港媒隨後披露，劉淇全家此行，僅交通，住宿、餐飲便花費納稅人 42 萬 7000 餘元人民幣，超過 2015 年北京市職工年均收入的 6.2 倍，掀起極大民憤。

據報導，中紀委收到社會各界的強烈反響和舉報信函、電話共有 5277 件（次）。為此，中紀委下達通知至省部一級黨委、紀委，內容是：關於嚴格執行退離休幹部參觀、休息、視察等活動接待規格待遇，不准超標，不准搞特殊，不准搞下不為例，有關待遇應當公開。

王岐山並作出三點指示，責成有關部門提交有關劉淇舉家三代到西藏事件的報告及對事件的處理意見；高幹退休後待遇標準及規則沒有得到認真全面落實、執行，甚至另搞一套，應予嚴肅糾正。劉淇 2012 年退休以後，舉家「視察」23 次，橫跨 20 省區近 70 個地區，「視察」報告在哪？開支又是多少？

據美國之音 2016 年 11 月 8 日報導，一位北京資深媒體人、專欄作家透露，北京圈子裡在傳說劉淇已經被「雙規」的消息。

劉淇家人被「人肉搜索」暴露更驚人黑幕

網民還依據劉淇一家 10 口人的名單進行人肉搜索，發現其妻汪聲娟持有北京百能電氣技術有限公司的股權達 6800 萬元（人民幣，下同），還有「金時百德」的股票等。

據消息人士透露，汪聲娟在上市公司或擁有超過 5% 的股份，價值上億元。外界質疑，劉淇利用其特權和影響力，為其家人牟

取私利。

劉淇是江派地方大員，主政北京時，曾與時任北京市長王岐山不睦，一心要「搞掉」王岐山。另外值得注意的是，劉淇任北京奧運籌備小組組長時，籌備組工作開展兩年來，考察與交際開支已達 21 億 6000 萬元，僅劉淇個人的招待費就高達 2 億多。

劉淇是中共前黨魁江澤民的心腹。劉淇因積極參與迫害法輪功而得到江澤民賞識和提拔，一直替江派把守北京，曾力挺周永康、對抗胡錦濤、排擠王岐山，被視作江澤民的鐵桿親信。

據海外明慧網資料，劉淇執政的北京市是全國迫害法輪功最嚴重的直轄市，被證實迫害致死的北京市法輪功學員多達近百名；據中共內部資料顯示，實際死亡人數遠高於這個數字。

2002 年 2 月，時任中共北京市委書記劉淇因為參與和指令警察迫害法輪功學員，在美國被法輪功學員告上聯邦法院。2003 年 6 月，劉淇被認定罪名成立，而且不能享有外交豁免權。

2015 年 11 月 11 日，北京市委副書記呂錫文因為涉嫌嚴重「違紀」被調查，成為北京「首虎」。呂錫文上升和發跡主要在中共原市委書記劉淇的任內，是劉淇一手提拔的。而劉淇又與中共江派前政治局常委賈慶林、曾慶紅關係密切，網傳劉淇是曾慶紅的同學。

當時外界關注，呂錫文是個突破口，拔出蘿蔔帶出泥，或延燒到劉淇等江派高官。

第二節

抓雲南副省長 回擊昆明血案

雲南昆明慘案發生後一周，2014 年 3 月 9 日，雲南副省長沈培平被抓。（資料圖片）

習近平陣營深知昆明血案主使者為江澤民集團，但唯恐共產黨即刻垮台，只能噤聲；掌握雲南省委書記秦光榮與周永康案之間的瓜葛，卻礙於兩會政局敏感不便抓捕，於是改以王岐山主導的中紀委抓捕雲南副省長沈培平，予以回擊。

陸媒踢爆沈培平 瞞上「調動警力」

2014 年 3 月 9 日，雲南昆明慘案發生後一周，中共中紀委監察網站稱，雲南省副省長沈培平正在接受調查。時年 51 歲的沈培平是地道的雲南人，2003 年至 2004 年曾在雲南省政府任副祕書長，其後長期在思茅市（後改名為普洱市）工作，先後任市委副書記、代市長、市長、市委書記，2013 年 1 月又升為雲南省副省長。

　　沈培平在任普洱市委副書記、市長期間，2008 年 7 月 19 日，孟連傣族拉祜族佤族自治縣發生群體性事件。

　　《新京報》引述普洱市一名退休老幹部的話說，針對當地膠農的合理訴求，沈培平背著省裡下令出動武警和警察，才導致事件升級。但一年後，沈培平升為普洱市委書記，老幹部說，「這是明顯的帶病提拔」。

沈培平的後台是誰？

　　有消息稱，沈培平的靠山是雲南原省委書記白恩培，而白恩培則是周永康的大馬仔。白恩培曾與原雲南省長徐榮凱共同主導，將雲南寶貴的蘭坪鉛鋅礦，低價賣給了周永康的黑社會頭號馬仔劉漢。

　　中共官方資料顯示，白恩培曾在 2011 年陪同周永康出訪老撾，2007 年周永康考察雲南時，白恩培和時任省長的秦光榮相伴左右。而且，白恩培與周永康兩人在很多方面都十分相似，都積極參與迫害法輪功，如「雲南省法輪功轉化基地」就是白任期內實施的。此外，雲南也是開展人體器官移植手術醫院最多的省份之一。

　　據陸媒報導，沈培平和雲南省委書記秦光榮向周永康家族輸送數百億的利益，秦光榮給了周永康上千億錫礦資源。

　　曾任雲南政法委書記、省長的現任雲南省委書記秦光榮，也是憑藉鎮壓法輪功而高升，他亦曾涉足薄案，因積極投靠薄熙來並稱要「把雲南打造成支持薄書記的堅實基地」，受到中共中央的調查，其腐敗問題也頻頻被海外媒體曝光。

　　中國時事評論員周曉輝分析：沈培平、白恩培與周永康因某種利益存在不可分割的關係，發生在昆明、被報導有江系馬仔主使的殺戮案，應該與他們有關聯，也很值得探究。或許沈培平的落馬正是習近平陣營向江系以黑社會手法攪局的高調回應。

江澤民試圖再次發動政變

　　《大紀元》獲悉，由於軍權和黨務的權力被大量削弱，江澤民集團已經失去了在政治上直接與習近平對抗的能力。自原「610」頭目李東生被抓後，因為擔憂習近平碰觸法輪功問題，並公布周永康的反人類罪，江澤民集團繼續試圖利用另類政變辦法，把習近平趕下台。

　　消息稱，之後發生的幾起重大事件，都是江澤民集團在背後策劃。江澤民集團通過收買武警和黑社會暴徒，還精心安排了系列的「報復社會」的行動。當多個省份都發生這樣的慘劇，所有的國際和國內輿論都會譴責當權者。習近平會因此倒台，江派會順勢上台，「糾正習近平的錯誤」。

　　消息還指，江澤民集團正動用海內外所有的特務力量，散布習近平的負面消息，用殺戮百姓的方式，推倒習近平。江澤民集團海外的特務點也開足馬力運作，散布消息，這也是習近平擔任網路安全小組組長的真正用意。

中南海掌握周薄聯手政變證據

　　消息稱，中共當局是在 2013 年 12 月初軟禁周永康時掌握周

薄聯手政變的關鍵證據的，其中包括一份最「高規格」的組閣名
單。據悉，周永康夫婦被軟禁後，住處被搜查，調查周永康案的
專案組從眾多的文書材料及周永康私人物品中發現一份名單，上
面是周薄篡權成功後可以利用的黨政軍人選及相關職位，也就是
政變成功後的組閣意向名單。這份名單成為周永康案政治定性的
關鍵證據。

　　名單中不僅有薄熙來出任中共總書記、國家主席和中央軍委
主席的內容，還有：原國資委主任蔣潔敏（2013 年 9 月 1 日已遭
調查）出任國務院副總理，時任江蘇省委書記羅志軍出任公安部
長，時任河北省委書記周本順（原政法委祕書長，2015 年 7 月 24
日已被調查）出任最高法院院長等。據稱軍方名單中包含了與薄
熙來相熟的幾名人員。

　　文章表示，從這份名單可以看出，周薄政權結合了周永康在
政法、中石油系統的主要人馬。

　　當年中共兩會進行時，外界聚焦習陣營將何時且以何罪公開
周永康案。中南海早已掌握周永康的政變和活摘法輪功學員器
官的反人類罪。當時中國政局博弈點在於「周永康案公開定性
內容」。

第三節

太子黨內訌 定「六不准」

　　中共紅二代、紅三代內訌局面一度惡化，超乎想像。港媒曾曝光中共政治局常委會 2014 年 2 月不惜下重本，請中共元老、軍頭親自出馬試圖擺平。據悉擺平分三步驟。中紀委書記王岐山則針對紅後代提出「六不准」。

擺平太子黨三步驟、「六不准」

　　港媒文章披露，擺平太子黨分三步驟。

　　第一步是由中共中央政治局出面，藉黨內、社會上層對紅二代、紅三代內鬥、內訌、內亂的強烈反應為依據，要求離退休副總理一級老同志都簽名表態支持中央政治局的決定和行動。

　　第二步是由中共中央書記處出面，分批召集擔任黨政省部軍一級或以上紅二代、紅三代參加組織生活會議，對照十八屆三中

全會精神和黨章作反思，習近平、李克強、范長龍、許其亮和栗戰書出席主持。

第三步是由中共中央辦公廳、國務院辦公廳和中央組織部出面，邀請已退離休及從黨政軍第一線退下的紅二代出席座談會，名為「交換意見和看法」，宋平、王岐山、張萬年、曹剛川出席座談會。喬石、趙南起分別在杭州、北京邀請已退下的紅二代活躍分子「談話」。

元老宋平在紅二代座談會上斥紅後代沾了父母不少光，享有了不少特權，搞了不少特殊化。他警告中共紅二代、紅三代不要搞權鬥拆台。

王岐山則在座談會上提出六「不准許」：不准許紅後代在黨內外搞拉幫結私活動；不准許搞非組織性活動；不准許與中央路線、方針、政策唱反調；不准許在政治上、經濟上、社會上、生活上搞違紀、違規、違法特殊化；不准許在社會活動上出現干擾、影響、危害中央戰略部署事件發生；不准許把內部問題帶到國際上。

有分析稱，偌大中國，有已經移民的「紅二代」，有仍駐留中國的「紅二代」，有贊成政治體制改革的「紅二代」，有堅持「毛家王朝」思想的「紅二代」；薄熙來案發後，有保薄的紅二代，有打薄的紅二代；有隸屬江派陣營的紅二代，有攀附習派陣營的紅二代；還有代表不同利益集團撈權撈錢的紅二代。無處不存在著強烈的利益衝突。雖然中共中央下大力氣擺平內訌，但大家都看得到，這種「共識」很可能被各人、各集團的切身利益隨時撕碎。

數百名太子黨向習近平表態

2014 年 2 月 15 日，在北京延安兒女聯誼會組織舉辦的新年團拜會上，有數百名中共「紅二代」太子黨力挺習近平。該聯誼會會長、中共元老胡喬木之女胡木英在會上發言：「多年積累的問題絕不是一朝一夕能夠解決，特別像打虎、拍蠅的對象都是黨內幹部、政府官員。他們掌握執政大權，編製了各種關係網，形成了多個利益集團，盤根錯節，這場鬥爭極為複雜艱難，是一場你死我活的鬥爭。」

同時，她鼓動「『紅二代』認清形勢，在這場鬥爭中，支持習近平，不打橫炮、不幫倒忙……」

外界認為，隨著薄熙來被囚禁、孔丹和秦曉的吵架、曾慶紅的醜聞不斷被揭露，太子黨內部早已嚴重分裂。前政法委書記周永康案已被中南海坐實，曾慶紅被認為是下一個被打的「老老虎」。在新一輪政治風暴來臨之前，太子黨也在選邊站隊。

2 月 18 日，《炎黃春秋》雜誌社在北京舉行新年團拜，百多位退休高官、學者、律師等自由派人士齊聚聯誼會。一名與會的維權律師表示，前社長杜導正對他說，「改革的阻力在黨內很大很大很大，可能各方面的分歧、鬥爭呢應該說也比較激烈，說明很多問題領導層的意見還不一致吧。」

太子黨激烈爭吵 「中共該下台了」

習近平執掌中共最高權力的前後，太子黨內部已嚴重分裂。這包括以胡耀邦之子胡德平為代表的「改革派」，陳毅之子陳小

魯參與的「中間派」，還有以權貴利益為代表的「保守派」等。

在 2013 年 4 月 13 日的《炎黃春秋》研討會上，胡耀邦的二兒子胡德華曾披露，孔丹、秦曉 2013 年在北京四中舉辦的老三屆成功校友聚會上吵了起來，質疑彼此的政治信仰和個人操守，甚至大爆粗口。

據多方報導，孔丹指責秦曉「給領導添亂」，雙方你來我往一番爭論，最後孔丹爆粗稱：「你他 X 還是共產黨員不是了，你還有信仰沒有？」秦稱：「那你有信仰沒有啊，你把你的老婆孩子全放到美國去，那你有信仰嗎？」孔急眼大罵，隨後兩人拳腳相加。

《新紀元》評論稱，在中共內部，特別是習近平身邊的太子黨內部，左右派別的觀點之爭早已不是新聞了，雙方立場對立由來已久。著名政論家胡平曾對此表示，這場爭吵的潛台詞是「中共該下台了」。

曾慶紅發動另類政變 醞釀更大風暴

在中共太子黨的分裂當中，習近平與薄熙來的分裂最為激烈，突顯中南海高層搏擊升級。王立軍事件曝光了薄熙來與周永康密謀政變奪權陰謀，掀起中南海高層分崩的政治海嘯。薄熙來的倒台，也表明習近平與江澤民和曾慶紅兩人已經決裂。

2013 年 10 月 15 日，習近平的父親習仲勛百年誕辰座談會在北京人民大會堂舉行，紅二代們紛紛前來參加，但獨缺薄熙來和曾慶紅的「紅色家族」。外界認為，這是曾慶紅與習近平公開分裂的信號。

1999 年「7‧20」開始，中共前黨魁江澤民一意孤行，發動對上億修煉「真善忍」的法輪功群眾團體鎮壓以來，在江的「打死算白死」、「打死算自殺」、「不查身源，直接火化」等滅絕人性的政策下，經由曾慶紅等人的策劃，以及先後兩任政法委書記羅干、周永康的直接指使，數百萬法輪功學員被迫害致死，數萬法輪功學員的器官被活摘。

由於國際國內一億法輪功學員堅持 16 年之久的傳播真相，中共活摘法輪功學員器官的驚人罪惡在國際上廣泛曝光。

江澤民、曾慶紅、周永康、薄熙來等人在法輪功問題上欠下血債，擔心一旦失去權力後會被清算，因此早就密謀制定出一個針對中共未來接班人習近平的政變奪權計畫，以延續鎮壓政策。而計畫因王立軍逃館而破局。

2014 年 2 月，繼中共公安部前正部級副部長李東生落馬後，從冀文林到四川首富劉漢，以及之後的梁克、張東陽、李文喜等高官密集落馬，標示周永康案被一步步坐實，目前只待官方正式公布。周永康政法幫的崩塌，直逼周永康的核心罪行——活摘法輪功學員器官。

恐懼遭清算的中共江澤民集團在薄周政變密謀破產、周永康案公開定性後，因此策劃了昆明血案等系列暴力恐怖襲擊活動，製造大陸社會全面混亂，捆綁、威脅現當權者，企圖用另外政變方式逼其下台。

法輪功問題成為中南海高層搏擊的主線。面臨執政和自身安全雙重危機的現任當權者，與江澤民集團在圍繞法輪功受迫害問題上已逼近攤牌。

第四節

當眾羞辱吉林書記

王岐山（左）公然羞辱王儒林（中），是對「吉林幫」的敲打，而吉林幫頭目正是張德江（右）。（新紀元合成圖）

王儒林遭王岐山羞辱 惱羞成怒

2014 年中共兩會期間，大陸媒體競相報導，王岐山在參加中共人大吉林代表團的審議時，當面「叫停」吉林省委書記王儒林的發言，指斥其搞「形式主義」，令其下不了台，顏面盡失。

3 月 10 日，王岐山以政治局常委和中紀委書記的身份參加中共人大吉林代表團的審議。在他發言結束後，王儒林正想總結發言，王岐山要求他「講短點」，王儒林回答說，可能短不了。王岐山則看著王儒林手中的稿子說，「我剛才又沒稿子，你怎麼知道還事先打印出來那麼多呢？這不是形式主義麼？你不用念了！」

王岐山直接強硬、不留情面的「叫停」，近似羞辱。王儒林只好收起講稿，強忍怨氣，草草講了幾句話即宣布討論結束。

這場並非公開的代表團討論會細節，被香港媒體曝光之後，大陸各大網站紛紛轉載。港媒消息說，得知情況後的王儒林惱羞成怒，暴跳如雷，勒令全團上下，一不准任何人出外應酬，以防

再度發生意外；二要求手下嚴查究竟是誰洩露了這一細節。同時也透過宣傳系統，要求刪除這一消息。

張德江是吉林幫頭目 王不留情面

《新維月刊》的報導說，王岐山公然羞辱王儒林，是其性格使然，同時也是對「吉林幫」的敲打。由於江澤民曾經在長春一汽工作，對吉林「有感情」，因此「吉林出幹部」，除了張德江，還有王剛、杜青林、蘇榮都成為「國家領導人」。

文章稱，中共第三號人物的張德江成為「吉林幫」頭目。打狗還要看主人，王岐山就是不給張德江面子。而中共政協副主席蘇榮妻子當時正被獄中官員實名舉報。之後「吉林幫」風雨飄搖。

事實上，自 2013 年深圳航空資金黑幕大案拉開以來，張德江便醜聞纏身，其是深航幕後老闆李澤源的大後台一事，到如今也只隔著一層窗戶紙而已。據稱，張德江壓力極大。

2013 年 4 月 9 日，中共官方曾突然推出深航資金黑洞大案，此後深航案不斷升級，2013 年 6 月 5 日最後一次庭審中，深航幕後老闆李澤源在供述當年深航競購內幕時表示，曾向廣東省政府的領導「打招呼」。外界認為，李澤源所稱的「廣東省政府領導」即為張德江，習近平藉此案警告張德江。

王岐山「叫停」王儒林發警告

2014 年以來，習江鬥進入全面升級的激烈對抗階段，江澤民集團策劃的昆明血案促發中國時局急遽升溫，面對曾慶紅正在策

劃更激烈的恐怖襲擊事件，習近平陣營將被迫再與之一決勝負。

　　中國時局評論員夏小強認為：王岐山在兩會上「叫停」吉林省委書記王儒林的舉動，不是針對王儒林一人，是習近平陣營與江澤民集團徹底決裂矛盾公開化的表現，也是王岐山向追隨江派的高官發出強烈警告的政治信號。兩會後，習近平陣營與江澤民集團的勝負對決之前，中共官員們將會完成選邊站隊，隨後大量的江派要員還將會被清除落馬，最後直到曾慶紅和江澤民。

王儒林追隨江澤民迫害法輪功

　　綜合官方資料：1998 年 4 月，王儒林任吉林省委常委、延邊州委書記；2001 年 1 月擔任吉林省委常委、政法委書記。十個月後任吉林省常務副省長，三年後任吉林省省會長春市委書記。

　　2009 年 12 月，王儒林被提拔為吉林省副省長，代理省長；2010 年 1 月任吉林省長；2012 年 12 月任吉林省委書記；2014 年 9 月任山西省委書記。王儒林 2016 年 6 月 30 日被免職，7 月 2 日被調任中共人大農業與農村委員會副主任委員閒職。陸媒 7 月 6 日刊發署名文章稱，時年 63 歲的王儒林被免，「有所蹊蹺」，並且在標題上以「王儒林『不正常』卸任」予以突顯。

　　王儒林擔任吉林省政法委書記之際，正是迫害法輪功最嚴重的年代，因此按照江澤民集團升官發財的慣例：緊跟江澤民血腥鎮壓法輪功才會被提拔。有評論稱，王儒林可能步前遼寧省委書記王珉的後塵。王珉 2015 年 7 月從遼寧省委書記被調任人大，2016 年 3 月被調查。

第五節

遼寧省長換人內幕

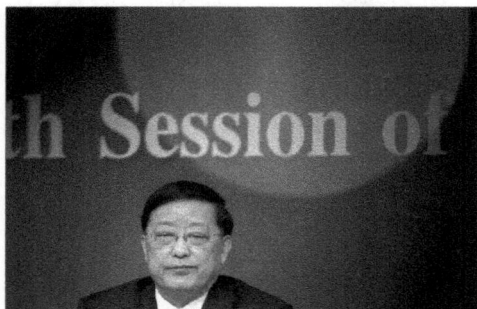

薄熙來舊部陳政高 2014 年被調離江派
勢力長期把控的遼寧，調任住建部。
2018年中共兩會後，陳政高去向不明，
處境不妙。（AFP）

　　2018 年中共兩會結束，盤點全國人大與政協高層名單，幾乎
所有從中央部委卸職的省部級高官都被列入人大副委員長、政協
副主席，或者人大與政協的常務委員、主任或副主任委員等序列。
但 66 歲的前住建部長陳政高卻未入選全國人大或政協委員名單。

　　2017 年 6 月 27 日，陳政高被免去住建部長職務，之前 5 月
31 日被免去住建部黨組書記職務。

　　陳政高被視為江派「遼寧幫」的主要成員。他是江派大員薄
熙來的舊部，曾任遼寧省長近七年，2014 年調任住建部長。近年
來其負面消息不斷，處境不妙。

中紀委調查遼寧後　省長迅速換人

　　《遼瀋晚報》2014 年 4 月 29 日報導了當局對遼寧省長進行

「人事調整」的消息：陳政高不再擔任省長職務，李希出任遼寧省副省長、代理省長。

《中共紀檢監察報》4月29日消息稱，中紀委書記王岐山從4月18日到25日派出七名中紀委副書記帶隊到遼寧、河南、天津、浙江、貴州、廣東、甘肅等省市進行「調研」。其中，中紀委第一副書記趙洪祝於4月18日至19日到遼寧，十天後，遼寧省長換人。

現年58歲的李希被認為是習近平的人馬，深獲習近平信任。

陳政高曾在薄熙來手下幹了十多年

遼寧一直是江派勢力長期把控的地盤，江澤民集團核心人物李長春、周永康、薄熙來、江澤民的外甥等都先後盤踞遼寧官場。陳政高一直在遼寧任職，曾在薄熙來手下幹了十多年，是江派人馬一手「培植」起來的馬仔。

從1992年到2004年2月，陳政高基本一直是薄熙來的部下。薄主政大連時，陳任大連西崗區長、副市長；薄任遼寧省長時，陳又任副省長、瀋陽市長。2004年薄熙來調任商務部後，2007年年底陳政高任遼寧省代省長，2008年升任遼寧省長。

作為江派人馬的陳政高，一直在遼寧省充當中共前黨魁江澤民殘酷迫害法輪功的劊子手。

陳政高督辦人間地獄馬三家勞教所

明慧網報導，陳政高在遼寧省親自督辦馬三家勞教所，可謂

罪惡累累。僅舉幾例：2000 年 10 月，馬三家勞教院將 18 名女法輪功學員扒光衣服推入男牢，此事震驚國際。殘酷的迫害導致至少 5 人死亡、7 人精神失常、多人致殘。法輪功女學員孫燕，不但被扒光衣服毆打、電擊，還被用辣椒插進下身，用繩子打成結在她下身來回拉，出血不止。

2005 年 6 月，年輕姑娘高蓉蓉在遼寧省龍山勞教院被警察電擊臉部七小時毀容。在法輪功學員的幫助下擺脫非法監禁，她的毀容照片在海外曝光，引起國際社會關注。之後她再次被中共警察綁架到馬三家教養院祕密關押，後被迫害致死。

2008 年 6 月，陳政高直接下達命令指揮迫害遼寧省法輪功學員于溟，一個年輕的服裝企業家。在馬三家教養院裡，警察們對于溟進行毒打、強烈電擊、吊銬數天，用電棍電擊他的生殖器；將他綁在特製的大鐵籠子裡三個月，不能站、不能躺；往身上潑涼水之後，用繩子將他固定在一個位置，用烙鐵烙他的下體；鐵棍擊頭致其昏死數日，意圖陰謀虐殺他、並偽造自殺聲明書以掩蓋酷刑的罪惡。

2008 年 9 月在馬三家勞教所，張連英被女警用鐵杓子撬開嘴灌食，吊銬三天三夜，還被電棍電擊、長時間罰站、木棒擊打等。邱淑琴被女警用手銬吊，用電棍電擊，她頭痛難忍，被連夜送醫住院多日……

馬三家事件後 習近平訓斥遼寧政府

2013 年 4 月初，大陸《財經》旗下的《Lens 視覺雜誌》刊登長篇報導《走出馬三家》，記者走訪多位曾被勞教的人員並採集

相關物證等，披露了遼寧馬三家勞教所對女性勞教人員使用老虎凳、電擊、黑小號、縛死人床等怵目驚心的酷刑，數年間該所已經有數千人遭受這樣對待。2013 年初，在國內外對中共勞教所的強烈譴責和巨大壓力下，當局宣布要廢除勞教所。

4 月 19 日，遼寧省當局宣稱，經過十天的調查，發現「《走出馬三家》一文存在嚴重失實的問題」。新華網和法制網引述遼寧調查組的結論稱：「《走出馬三家》一文歪曲事實」。外界認為，遼寧當局的污蔑，是在與習近平廢除勞教制度問題上對抗。

《走出馬三家》的作者袁凌針對遼寧當局的調查報告，在新浪微博發表聲明：「建議遼寧教養院起訴本人，雙方當庭對質，出示人證物證。若我果然造謠污蔑，盡可追究刑責。若報導屬實，也請法庭追究教養所虐待者以及包庇的司法廳官員刑責。」

2013 年 8 月 28 日至 31 日，習近平到遼寧視察期間，曾嚴厲批評遼寧省長陳政高「欺騙中央」、「糊弄百姓」、「問題嚴重」。

陳政高是活摘罪行的第一行政領導

1999 年 8 月 20 日，前中共黨魁江澤民為強推迫害政策，連續 10 天到大連市視察，時任大連市長薄熙來與江澤民做了一個「心照不宣」的黑幕交易：只要拚命鎮壓法輪功，薄熙來就可以升官發財。

薄熙來擔任大連市長和遼寧省長期間，大連最先發生活摘法輪功學員器官、盜賣被殘害的法輪功學員屍體的罪惡；之後活摘罪惡最嚴重的城市是瀋陽，最嚴重的省份是遼寧省。作為薄熙來的搭檔和部下，陳政高是犯下累累罪惡的一員。

　　2006 年 3 月 9 日，一位資深媒體人向《大紀元》披露：中共在瀋陽市蘇家屯區設立祕密集中營非法關押了 6000 多名法輪功學員，許多法輪功學員被活體摘取器官後死去，器官被高價出售和移植，而屍體在該祕密集中營裡的「焚屍爐」裡被焚屍滅跡。

　　消息披露以後，國際社會譁然。3 月 14 日，公眾尚在震驚之中，「追查國際」組織公布了與其有關的系列調查報告的第一部分。報告證實，在遼寧省瀋陽市蘇家屯區，確實存在一個龐大的人體器官「市場」。從關押「器官供體」的集中營、組織配型、手術摘取、屍體處理，到使用器官的醫院形成了程式化操作。蘇家屯集中營的操作從 2001 年就開始了，2002 年達到高峰。

　　3 月 17 日，中共活體摘取器官的第二位證人現身，進一步指證追查報告中提及的醫院就是瀋陽蘇家屯的遼寧省血栓病中西醫結合醫療中心醫院。此醫院發生了大量活體摘取法輪功學員腎臟、肝臟和眼角膜等器官的駭人罪惡，此證人的前夫是主刀醫生之一，負責摘取法輪功學員的眼角膜。

　　3 月 31 日，中共瀋陽軍區一名老軍醫公開指證，蘇家屯的醫院地下集中營活體摘取法輪功學員的暴行的確存在，焚燒屍體甚至直接焚燒活人也很普遍。而蘇家屯地區的集中營僅僅是全國 36 個類似集中營的一部分，目前全國最大的關押法輪功的主要地區是黑龍江、吉林和遼寧，其中一個最大的法輪功學員關押地關押人數超過 12 萬。

　　同日，追查國際公布其第二份調查報告證實，蘇家屯血栓醫院非法私設焚屍爐，涉嫌避開公眾視線自行處理相當數量屍體；瀋陽地區的確存在一個異常龐大的活體器官供體群；蘇家屯式集中營不止一個，至少在八個省市發現大量活體摘取法輪功學員器

官以供移植的案件。

2001 年，遼寧省瀋陽市蘇家屯集中營開始實施滅絕人性的活體摘取法輪功學員器官的罪行，在 2002 年達到高峰時，陳政高正是遼寧省瀋陽市市長。明慧網評論稱，從某種意義上講，陳政高正是這個人類歷史上前所未有的罪大惡極罪行的直接第一行政領導。

陳政高在台灣遭到起訴

進入 2014 年，遼寧省仍然在迫害法輪功學員。2014 年 1 月，大陸法輪功學員被非法判刑（庭審）人數計有 67 人，而遼寧省就有 25 人之多。

2011 年 2 月，陳政高到台灣訪問，因迫害法輪功嚴重涉嫌殘害人群罪，而遭到刑事控告。據明慧網報導，2011 年 2 月 15 日晚間 11 點 10 分陳政高一踏入台灣桃園機場大廳，有五、六十位法輪功學員當面告知他已被刑事控告。陳政高等人則倉皇跑上遊覽車，隨即飛速駛離機場，全程不超過五分鐘。

第六節

王反腐 多次遭暗殺

2015年以來王岐山多次遭遇暗殺，習、王反腐成為生死大戰。圖為 2015 年 3 月 5 日王岐山參加中共「兩會」。（Getty Images）

除習近平外 王岐山還有強硬後台

人們一般認為，王岐山反腐，就是得到習近平全力支持，據說他們兩人每周都要見面，探討對每個大案的掌控處理程度。但王岐山的反腐，不光只靠習近平，他還有另外的靠山。

2014 年 9 月 23 日，中紀委監察部機關召開會議向離退休高官通報當年委部機關工作情況。中紀委副書記趙洪祝出席會議並講話。中紀委副書記楊曉渡通報了 2014 年以來查辦腐敗案件、巡視等情況。據稱，定期向離退休高官通報情況，在中紀委監察部機關已形成制度。

這是中紀委首次披露向中共離退休元老通報反腐工作，表明王岐山的反腐運動不僅有習近平的強硬支持，背後還有元老級人物支持。

2014 年 8 月底，大陸媒體密集報導退休後「不問政事，安享

晚年」的前中共元老，藉此批評「老人干政」。在這些報導中，萬里和田紀雲告誡退休高層「不問事、不管事、不惹事」，「千萬不可對現在的領導人指指點點」，因為「地球離了誰都照樣轉，而且轉得更好！」與此同時，華國鋒抓捕江青等「四人幫」的事被熱炒，華國鋒更因當年淡出權力中心而被吹捧為「功成身退，君子風範」、「有陶潛古風」。而大陸微博驚現敏感帖文稱，習近平可能以抓捕「四人幫」的方式突剿江派。

2014 年 9 月 16 日，BBC 中文網發表評論文章稱，作為「紅二代」，習近平在不到兩年時間裡成為繼毛澤東和鄧小平之後權力最大的領導者，這讓他能頂住江澤民派系的影響力，「江澤民操控中共政壇十幾年的時代應該結束了」。

反腐 習王都把生死置之度外

2015 年習近平當局進入反腐關鍵年。

王岐山成為中共內部腐敗集團仇視的目標之一，2015 年以來多次遭遇暗殺。習、王反腐中，落馬官員大多是江派人馬，江澤民曾用軟招為其餘黨求「特赦」，不過均被拒絕。而反腐亦成為習、王生死大戰。

2014 年 8 月 5 日，據吉林《長白山日報》頭版報導，習近平早前在一個會議中講話，指肅貪形勢嚴峻，呈「膠著狀態」，但他矢言：「與腐敗作鬥爭，個人生死，個人毀譽，無所謂。」

不過這篇文章很快被從網上刪除。

習近平反腐，個人生死都無所謂了，命都不要了，可見習的反腐決心之大，同時也可以反映出王岐山這個反腐總司令，也同

樣存在生與死的選擇，能夠放下個人生死，才能堅定地跟隨習近平把反腐進行到底。

這次反腐主要監督和查辦四類官員：一、民眾對之強烈不滿的；二、十八大後不收斂、繼續貪腐的；三、目前正在要樞位置受重點「培養」的；四、有更高願望的官員。

王岐山當時說，反腐形勢依然嚴峻複雜：「這是一個立場問題、態度問題、站隊問題、定力問題，也反映了背後是對黨、對中國特色社會主義道路的決心問題。」

對這四類官員，王岐山要求中紀委主要突出重點，就是著力發現和查處領導幹部及其親屬子女經商辦企業、插手工程項目、頂風違反八項規定精神，買官賣官、帶病提拔等問題。要突出重點領域，就是突出礦產資源、土地出讓、工程項目、惠民資金、專項資金等領域，堅決遏制腐敗問題易發多發趨勢。

2015 年前王岐山遭到 12 次暗殺攻擊

由於王岐山的強力反腐，遭到腐敗分子的瘋狂反撲和攻擊，王岐山多次遭到暗殺。

暗殺最早發生在 2013 年。據中共內部通報資料顯示，2013 年到 2015 年，中紀委主要官員在工作期間遭遇暴力攻擊、暗殺等事件 40 餘次。當中，針對王岐山的有 12 次以上。

據媒體報導，王岐山在 2014 年中國新年前夕收到含有劇毒「山埃」（氰化鉀）的賀年卡。當局曾展開追擊、偵查，查出賀年卡是從石家莊火車站郵局寄出，但線索又被擱置。

山西前武警暗殺王岐山 事敗自殺

2015 年 2 月下旬至 3 月初，山西系統性坍塌式腐敗引起外界高度關注。當時王岐山先後到山西、天津調研。王岐山在山西省委常委會上稱「山西官場是腐敗墮落重災區，根深蒂固，積重難返……」

有媒體報導，當天安排王岐山等到中共山西省黨校、省警官高等專科學校視察的行程取消。消息稱，這是臨出發前省保衛部和中央保衛部交換情報後決定。在前往中共山西省黨校、專科學校必經之路查獲兩名職業槍手，他們正部署針對王岐山為下手目標。

槍手是兩名被開除的省武警官員。據稱，殺手在被攔截時，得知事情要敗露，嚼食衣領內早已準備好的劇毒自殺身亡。

傳有人帶槍混入天津市委伺機下手

緊接著，在 2015 年中共「兩會」前夕，王岐山抵天津調研天津開發資金的流失、負債近 3 萬億的問題。王岐山在市委、市政府召開的會議上要求天津當局必須保留好自 2007 年以來的天津高層會議紀錄、政府工程開發資金借貸等原始單據……不准延誤、不准有人干預等。

王岐山還說，天津當局過去、現在是否有問題，問題是否嚴重，大家都是心知肚明的，矛頭對準了曾在天津當市委書記的張高麗。

有報導稱，會議當天傍晚，王岐山推辭了天津市委、市政府

給其安排的便宴等活動。有消息稱，當天在天津市委、市政府，保衛人員查獲三名「上訪人員」稱要向王岐山請願告狀，但從他們隨身物品中搜到手槍，而且子彈上了膛。消息表示，他們選擇傍晚混入市委後，伺機對王岐山下手。被逮捕的人是河北省委辦原保衛人員，曾因犯罪被判刑，服完刑後搞運輸。

王岐山河南採「空城計」躲暗殺事件

此外，有媒體披露，2015 年 3 月 27 日至 28 日，王岐山赴河南省調研期間，儘管做了周密保衛工作，不過王岐山仍遭遇有內線的暗殺行動。

王岐山對此次活動的行程提前採取「空城計」。在 27 日早上啟程前告知河南省委、省紀委，但沒告知調研活動日程。由中央警衛局、總參保衛部安排專機，著陸地點臨近鄭州軍用機場。

原定 27 日至 29 日的三天活動日程改為兩天，原安排在鄭州省委大樓召開座談會，改在開封市委大樓召開。原安排的調研地點全部做了調整。

就這樣嚴密防範，28 日清晨在河南省委招待所還是發生兩宗涉及針對王岐山的暴力攻擊、暗殺事件。包括省委招待所凌晨兩次全部停電，而同一時間三輛省委保衛部專用車在停車房起火爆炸。

習王拒特赦 打擊江派成生死戰

當時外界分析，習、王聯手反腐中，落馬官員大多是江澤民

派系人馬，兩大陣營明暗搏弈日漸激烈。除了暴力恐嚇襲擊，江澤民屢提特赦，但均被習、王拒絕。

有媒體還報導，2014 年底 2015 年初，王岐山曾列出涉及江派骨幹的四大案上報中共中央。江澤民知悉後，在一次會面中對著王岐山破口大罵：「搞什麼名堂？黨的形象還要不要？」場面極其火爆。

江澤民利用中共建政 65 年前後藉常委出面秀團結之機，提出包括「如本人沒有在中共組織上和經濟上有新的大問題，原則上不再搞審查、追究。」等六條提議，以此希望習近平赦免對其勢力的以往罪責。但江的提議未獲通過。

針對江派餘黨在海內外頻頻釋放的「特赦」言論，2015 年 2 月 13 日，王岐山控制的中紀委網站曾明確發聲，指出「特赦」者用心險惡。

《東方日報》早前刊發評論文章《武松本意非打虎》稱，中共當局「打虎」消息高頻率使用「怵目驚心」，可見現實遠遠超出「打虎」者原來的預估。隨著反腐「打虎」的層層深入，這場反腐「打虎」戰變成了習近平的新政權能否存活下去的生死之戰。

中國二號人物王岐山

第六章

中國的核心問題

中國社會的核心問題，是法輪功問題，這已被海內外主流人士公認。中共迫害法輪功至今 18 年，江澤民下令活摘法輪功修煉者器官的滔天罪惡，已引起國際社會一致譴責。法輪功為什麼如此堅韌，從修煉者的故事中或可了解一二。

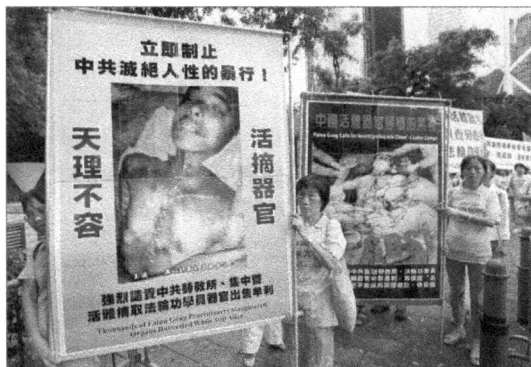

2006 年 6 月 28 日香港遊行隊伍中展示黑龍江法輪功學員王斌遭活摘器官的事實。（AFP）

第一節

周永康想出國 被王岐山嗆住

6月11日傍晚，中共原政治局常委、政法委書記周永康一審被宣判無期徒刑。（視頻截圖）

　　時間到了2016年10月，王岐山辦的最大案子就是把人稱「維穩沙皇」的前政治局常委周永康判無期徒刑關進了秦城。在這過程中，經歷了很多曲折和艱險，詳情請看《新紀元》出版的中國大變動系列叢書第17、18本。

　　據《周永康與薄谷開來》一書披露，周永康聽說政治局常委會討論公審薄熙來後大驚，立即去找王岐山和習近平做檢討，喋喋不休講了三個多小時，最後提出自己退休後精神和身體很差，患了嚴重的抑鬱症，因為國內不能自由活動，因此申請到澳洲、加拿大等國養病，並保證自己按期回國。

　　習近平未回應，王岐山接過話題說，此舉「恐怕多有不便」。周永康聽了有些不高興。

　　王岐山接著說：「法輪功學員在澳洲、加拿大、美國和歐洲等西方國家都向法庭起訴了你和政法系統的一些領導幹部，你知

道西方國家實行司法獨立，政府不能管法官判案。你一旦到了那些國家，又沒有外交豁免，法院給你送一張傳票你接還是不接？法庭去還是不去？這不是很大的麻煩嗎？」

周永康被王岐山一席話說得張口結舌，無言以對。

杜絕了周永康出國之路後，周在 2013 年 12 月被當局祕密調查；2014 年 7 月，周永康案被正式公布；2015 年 6 月，周永康被判處無期徒刑。

王岐山為什麼說法輪功要起訴周永康，周永康到底犯了什麼罪，會這麼害怕呢？

周永康仕途與迫害法輪功有關

1999 年 7 月，中共前黨魁江澤民一意孤行發動對法輪功的殘酷迫害；同年 12 月，江澤民就調與曾慶紅同是石油幫的周永康任中共四川省委書記。到任後，周永康利用各種重大場合部署對法輪功的鎮壓，用鮮血為其累積政治資本，使得四川這個擁有近億人口的大省，成為迫害法輪功最嚴重的省份之一。

由於周永康迫害法輪功手段殘忍，讓江澤民大為高興。2002 年 12 月，毫無公安、政法經驗的周永康被調任中共公安部長，隨後兼任政法委副書記。周永康對法輪功的鎮壓即變本加厲。

中共 17 大，江澤民又把周永康塞進中共政治局常委會，接替羅干政法委書記的職位，周此後成為江澤民集團迫害法輪功的直接代言人。

周永康積極追隨江澤民殘酷迫害法輪功，但其惡行也被海外法輪功學員以「反人類罪」、「群體滅絕罪」、「酷刑罪」告上

多個國家法庭。截至目前，周永康已被美國、加拿大、法國、澳洲等國家的法輪功學員起訴。

另外，江澤民、羅幹、周永康、薄熙來、蘇榮等 50 多名迫害法輪功的中共高官，也被全球法輪功學員起訴到 30 多個國家及地區的法庭。

3 月 15 日，中共兩會一結束，鳳凰衛視播出黃潔夫受訪時傳遞一個驚人的信息：周永康就是中國器官移植黑幕的主要直接凶手。（視頻截圖）

黃潔夫披露周永康是活摘凶手

在 2015 年 6 月 25 日出街銷售的第 434 期《新紀元》周刊，總結了在習近平與江澤民的激烈交鋒中，周永康案經歷了馬上就要重判到突然輕判的急轉過程，可謂「形勢急轉，輕判周永康，拉出了曾慶紅」。

周永康 2014 年 7 月 29 日被立案審查，四個多月後的 12 月 6 日凌晨被開除黨籍，當時官方給周列出了七方面的罪行：嚴重「違紀」、巨額受賄、濫用職權、洩露機密、收受財物、通姦、權色錢色交易、其他犯罪線索。

人們都在猜測什麼是「其他罪行線索」，是薄熙來、周永康

等人搞的政變？還是活摘器官的反人類罪行？

2015 年 3 月 15 日，中共兩會剛一結束，鳳凰衛視播出了對中共前衛生部副部長、器官移植界發言人黃潔夫的採訪，最初的標題為《黃潔夫：周永康落馬打破死囚器官移植利益鏈》，後來被改成了《黃潔夫：公民自願器官捐獻是陽光下的生命延續》。

採訪中黃潔夫說，是因為「打大老虎」的氛圍下，所以才有現在宣布取消死囚器官移植。當記者追問：「為什麼『打大老虎』就能把這個死囚器官這個事情推翻呢？這個『大老虎』到底是指什麼人呢？」

黃潔夫回答：「太清楚了，周永康是『大老虎』，周永康是我們政法委書記，原來的政治局常委⋯⋯那死囚器官的來源是從哪裡來的，不是很清晰了嗎？」他還稱，是在上一屆胡溫及這屆的習李的支持下，作出取消死囚器官移植的決定。

訪談中黃潔夫猶猶豫豫但最終還是清楚地傳遞了一個驚人的信息：周永康就是中國器官黑幕的主要直接凶手，這等於是中共官方變相第一次回應了《新紀元》周刊等海外媒體幾年來的指控，等於點明了周永康的主要罪行就是反人類的強制摘取販賣器官罪。

黃潔夫是中國器官移植業的代言人，他本人就做了幾千例器官移植手術，對於中共非法活摘器官是知情人和參與者，他因此也被國際人權組織調查。美國華府中國問題專家季達分析說，就黃潔夫本人來說，他既沒有意願，也沒有膽量通過媒體去指證周永康涉及大陸器官移植黑幕，故此黃潔夫在鳳凰衛視的這一舉動，必然帶有高層背景因素，他不得不出面來做這個事情。

《新紀元》文章介紹了隨後十多天大陸媒體都在為重判周永

康輿論造勢，比如 2015 年 3 月 17 日傳出王岐山要訪美、3 月 19 日傳出栗戰書要訪問俄羅斯等。這兩個習近平左膀右臂的出訪，外界猜測是習要採取大行動之前的投石問路，先與美俄通報和協商，以便取得他們的支持。

此前，歐盟在 2013 年 12 月 12 日通過緊急決議，強烈譴責中共活摘法輪功學員器官，而且美國國會也通過議案，譴責中共活摘人類器官、牟取暴利。分析認為，為了給國際社會一個答覆，習近平很可能交出周永康，以平息國際社會的憤怒，同時也與江派切割。

法輪功問題是中南海決戰的核心

《新紀元》周刊在 363 期封面故事《中南海各派決戰開始》報導中介紹，2013 年聖誕節前周永康在公安部的最大馬仔、專職鎮壓法輪功的「610」辦公室主任李東生被抓後，江派狗急跳牆，接連使出三個毒招：一是讓奸商特務陳光標在紐約上演整容鬧劇；二是讓國際調查記者聯盟公布一個所謂的逃稅天堂離案醜聞，使中共六大最高家族捲入其中，以此打擊習近平陣營的「反腐」；三是 1 月 24 日讓大陸絕大多數網站癱瘓近十小時，再度誣陷法輪功。

江派這三招的目的，就是對現任當權者發出警告：若再就法輪功問題清查周永康、江澤民等人的罪行，他們就不惜同歸於盡，「要死大家一起死」。

梳理江澤民和周永康、曾慶紅之間的關係發現：江澤民利用中共體制的特點，大量培養提拔腐敗的官員，為其鎮壓法輪功開

路，周永康、薄熙來、李東生都充當了迫害法輪功的急先鋒。

中共內部已經公開承認：中共迫害法輪功付出了「相當於一場戰爭」的代價。有消息說，在中共鎮壓的最高峰，一年投入到迫害中的經費是國民生產總值的四分之一。僅從經濟角度分析，當今中國經濟已經危機重重，銀行面臨破產，地方債務高達天文數字，通貨膨脹愈演愈烈等。然而所有問題都被這場對信仰團體的迫害拴住了。

1999 年，江澤民發動了鎮壓迫害法輪功的「文革」式運動。更有超過「文革」的活體摘取法輪功學員器官的滔天大罪。據海外獨立觀察人士指出，被殘忍活摘器官殺害的已有超過 200 萬人。

江澤民發起對法輪功持續 18 年的迫害，完全是建立在謊言和暴力之上，是以摧毀法律為代價才得以實施的，這場迫害徹底顛倒了五千年中華民族的是非標準，也一步步把中共拖入解體之中，中共已經處於亡黨邊緣。由此可見，法輪功問題一天不解決，中國一天不得安寧，社會矛盾也無法融合。

王岐山強硬回應江澤民私信

2014 年 4 月，港媒消息說，對於王岐山的強硬，江系大為不滿，更因為曾慶紅、李長春均有「入案」的可能，江澤民不得不親自出馬給王岐山「剎車」。江因曾與王的岳父姚依林有不錯的交情，便給王岐山發出私人信件。

信件要點大體有三：其一，中紀委現在有「謠言反腐」的行為，「甚至根據香港一些『反動』報章『披露』的消息當線索」；其二，自由化勢力在活動，「企圖借我黨反腐『運動』，達到前

蘇聯『公開性』的政治效果」；其三，一些老幹部形象受到了破壞，云云。

文章說，該信件的進一步內容還未見透露，但訊息源稱：「該信是打印件而非手寫件，但最後確實是江澤民簽的名。」王岐山依中共組織程式將該信呈交中央書記處，並在常委會上公開其要點。

對於江澤民的這封私信，王岐山表態稱，反腐與當年蘇共的「公開性」扯不上關係。王岐山早就提出一套反腐之說，似乎表明他對來自江系勢力的指責早有防策。

王岐山敢重手打江的三大原因

王岐山就這樣強硬地回絕了江澤民的求情和干擾。2014 年 5 月 6 日，港媒《東方日報》分析了王岐山敢對江澤民強硬的三大原因。

首先，王岐山是中共大佬姚依林的女婿，屬於太子黨的一員，在江派退休常委周永康等人面前，顯得後台很硬。其次，王岐山無兒無女，不用貪污受賄留後路，不怕被人打擊報復，故其反腐無後顧之憂。最重要的是江派對王岐山反腐雖極為不滿，但害怕背負「反黨」罪名。故王岐山反腐，中共黨內無人敢公開反對。

不過，正因為王岐山敢於動江澤民，王岐山和掌控下的中紀委巡視組，也經常在各地巡視查貪時遭到打擊報復甚至偷襲。

中共內控資料顯示，2013 年 9 月至 2014 年 3 月底，已有近60 名中紀委、地方省紀委一線人員被暗殺或失蹤，30 多名檢察官員被暗殺或失蹤。而王岐山自上任以來也先後四次遭到暗殺。

第二節

一個法輪功學員的故事

鞭桿，是李有甫武功絕技之一，內含刀劍槍棍招式，實用而且動作優美。（新紀元）

李有甫從大師到徒弟的傳奇

《新紀元》周刊第 12 期封面故事講述了中國中醫和氣功領域中的知名人物、曾經是中國人體科學研究中心副研究員的李有甫，在上世紀 90 年代中期，斷然放棄了他那用無數辛苦汗水換來的名利和成就，做了普通的法輪功弟子。這條從大師到弟子的道路，雖然他走得是如此地毅然決然，但顯而易見的是，這不是一個簡單和輕易的選擇。是什麼能有這麼大的吸引力，讓大師級的人物甘拜為徒呢？這裡面到底發生了什麼呢？

李有甫一戰成名，是在 1982 年的全國民族體育比賽上。當年已經 33 歲的李有甫，憑著一支三尺多長、拇指粗的鞭桿，使得

滿堂震驚，並獲得了這次比賽的武術冠軍。

那時李有甫還是山西大學的武術碩士生。在之後的十多年，李有甫從武術，進入了中醫和氣功的領域，逐漸成為中國響噹噹的大師級人物，並且成為中國人體科學研究中心的副研究員。這位師從兩大武術名家陳盛甫、陳濟生的高徒，也是中國少有的既有武術功底和氣功功能，又有理論研究功底的大師，後來更成為中國中醫和氣功領域中的知名人物。

自古英雄出少年

陽春 3 月的洛杉磯，已是花團錦簇。在整潔的家中，李有甫接受了《新紀元》周刊的專訪。李有甫給人的第一印象是和善、謙遜，哪怕是對慕名而來者也是恭敬有加，彬彬有禮。他文氣的外表，儒雅的氣度更像個學者，只是在舉手投足中流露出習武人的陽剛英武。他話不多，不願談論自己，只是在記者的再三詢問下才提起過去的成績，語調平和舒緩，不急不躁。幾次採訪下來，記者也領略到了他太極拳般行如流水，剛柔相濟、孜孜探求的性格。

「鞭桿是中國西北的武術技法，融合了刀、槍、劍、棍的手法創立的，既攜帶方便，又不像刀槍那樣容易傷著人，而且動作多變，技巧高超，既進攻靈活，又防身實用，非常好。」李有甫介紹說，「最早是明朝的一員大將發明的，明朝滅亡後，這位將軍出家當了和尚，後來傳了幾代後就傳到了陳老師，他又傳給了我，非常好的功夫。」

李有甫說的陳老師，是山西大學的陳盛甫教授，也是中國的

第一位武術教授。不過李有甫拜陳盛甫為師，並不是考上山西大學武術碩士之後，而是文革期間的事情了。

李有甫出生在河北大廠縣的農村。大廠雖然離北京不遠，但在60年代初中國大饑荒的時期，民眾生活也十分困難。「我11歲那年遇上所謂三年大饑荒，村裡集體吃大鍋飯。全村一二百人每天到隊裡領取一頓稀粥，稀粥清得就跟洗碗水一樣。我們村有個小個子會計滿臉麻子，為人很凶。他掌杓時說不給誰吃就不給誰，動不動就打人，一次我看見他把一個飢餓的老人家打暈在地，而他自己卻在一旁大吃大喝，既抽煙又喝茶。有次他把我家的那杓稀粥也扣了，我和母親就餓了一天。還有一次我大哥把部隊上省下的生活費寄給母親，卻被會計把錢全搶走了。」

就這樣，麻子會計成了李有甫練武的最初動力。少年李有甫喜歡看書，尤其是岳飛傳和楊家將的故事，經常讓他洶湧澎湃，因而下定決心要習武。

第一位老師是李有甫同學的父親。這位啟蒙老師擅長摔跤，對基本功要求非常嚴格。李有甫每天凌晨五點起床練功，從未間斷。啟蒙老師對武德要求也十分嚴格，不許和不懂武功的人交手，也不許打架。麻子會計後來並沒有挨打，應該感謝李有甫的這位啟蒙老師。

初顯武功救同學

李有甫堅守啟蒙老師的教導，從不外露功夫，直到1968年。

1966年，李有甫16歲，考上了山西太原鐵路機械學校，這是一個中等專科學校。然而很快就到了文化大革命，沉迷於武功

的李有甫，成了一個逍遙派，即不參加任何派系的游離分子。

1968 年夏天，某造反派組織把李有甫的幾個同學堵在了一個街道內毆打。李有甫知道後前往探視，被對方數十人堵截。對方二話未說上來就動手。「我當時並沒有想打架，只是本能抵抗，他們有槍有刀，但很快被我打倒了好幾個人。對方有槍，我跑的時候被一個人抱住了，我沒多想拳頭就上去了，但挨在他的頭停了下來，可能他心有所動，就把我放開了。」

李有甫和人動手的這一次，結果竟然成為當地青少年的傳奇故事之一。「他們傳得很玄乎，但其實也就幾分鐘的事情。」

拜武術教授陳盛甫為師

就在那一年，李有甫在山西大學的牛棚裡，找到了武術教授陳盛甫。「陳老師當時已 70 多歲了，正被關牛棚，每日挨批鬥。聽說我要拜他為師，他很驚訝。他看了看我，叫我第二天早上六點到他家樓下等他。當時我住的學校離老師家要走 40 至 60 分鐘的路程，我擔心遲到，早上四點就起床出發了。等五點多我剛到他家樓下，老師就下樓來了。」

「他讓我演示了一遍我會的東西，說我有基礎，練得也用功，但我的方法不對，於是收我為徒。據後來老師說，他開始也沒指望我什麼，他對每個學生都一樣。相反他表揚過很多人，但從來沒表揚過我。」

李有甫回憶，陳教授經常表揚師兄弟們，這讓他好幾年心裡不好受。後來才知道老師的苦心。「老師說他一直在觀察我，一般來學武的，學了三年、一年或幾個月就走了，可我跟著他堅持

了十年。十年中我一直很尊重老師，練得也很刻苦，無論天寒地凍還是烈日炎炎，我每天一大早風雨無阻的從大老遠趕來學武，儘管幾年裡老師只教了我一套拳法，我就默默地在那練，從不打擾他。」

後來陳盛甫傳授李有甫其他功夫，他不但精練了長拳、底功拳、八掛、太極、刀、槍、劍、棍等功夫，還繼承和研習了老師獨特的功夫——山西鞭桿。練武之餘，老師也教他靜坐氣功、站樁、八段錦、易筋經、五禽戲等氣功養生法。

1979 年，李有甫獲得山西省傳統武術項目業餘組冠軍；1982年憑著鞭桿，獲得了全國比賽的冠軍。

太極高手陳濟生門下高徒

1977 年中國恢復高考，沒有讀過高中和大學的李有甫，自學大學課程，參加了研究生的考試。因為英文不合格，李有甫直到1981 年才考上，成了陳盛甫的武術研究生。陳盛甫教授把這位得意門生，介紹給了自己的結拜兄弟——山東濟南武術協會主席、山東武術館館長陳濟生。

「他的武功很高，據說他年輕時參加全國擂台賽，那些武林高手冠軍們和他比武時根本碰不到他的身體，瞎打一陣，反把自己累倒了。我學的是陳濟生老師的『靜功太極 108 式』。一般的太極拳練數十分鐘，而他的 108 式要練三個小時。練習時老師要求我頭上頂個球，無論怎麼動球不可落地。」

「陳濟生老師還教我打坐，後來還傳了我『活步太極拳』，『遊身八掛掌』、『迷魂掌』、『閃劍』等祕不外傳的高深功夫。

陳老師常說，慢練就是快練，當真的慢下來達到入靜狀態時，在別人眼裡你就快得不行。後來我才明白這是走了另外空間，兩個時空概念不一樣。」

武術是分層次的，最低層武術重點是攻擊，高一層的就是防守，再高一層就是不攻也不防，隨心所欲，出神入化。「陳老師說他收我為徒，一是因為有師兄弟推薦，二是他發現我天性不喜鬥也不驕傲，於是他要傳我祕不傳人的點穴術，一伸手就能把人點死了，非常高超的手法。我聽後說我不想學，老師很吃驚，很多人想方設法求他教這個他都沒傳。我說我想學能救活人的本領，而不是把人害死，於是老師還傳了我解穴的高級手法。」

1989 年快 90 歲的陳濟生老師臨終前要把最後的本領祕傳給李有甫，但他因為工作忙未能及時趕到，老師含著淚對自己的小兒子說：「有甫不來，我將這東西帶走了，從此沒有了。」李有甫現在說起這事，仍然非常唏噓：「遺憾的是老人家連身邊的兒子也未傳。我常常為此感動難過，人們常說學生要尊重老師，其實老師珍惜學生勝過學生自己對待自己。」

遙診功能：手掌觀病

李有甫想要救人的想法，很早就有了。李有甫是孝子，母親多病，他早就開始研究針灸和經脈穴位等書籍，還真的大大減輕了母親的病痛。

「最開始我只是看書，照著書上經脈穴位圖找穴在自己身上扎針，後來認穴和下針的感覺，大多也是從那時開始的。」

太極是內家功法，練到一定層次身體會非常有感覺。李有甫

說，陳濟生老師教的 108 式太極，和別的太極非常不同，內氣在身體經脈中行走的感覺也非常不同。練功之餘，李有甫也攻讀了大量中國中醫書籍，包括《黃帝內經》、《傷寒論》，和道家的《雲集三千》等，並開始了他的「救人」歷程。

找到了獨特的治病方法

「我一般用針灸、點穴和中醫結合的方法給人治病。今天上午還有個美國婦女帶著她剛出生兩個月的兒子來看我。他們夫妻倆 40 多歲了一直沒孩子，丈夫家三代獨子，西醫中醫都試了，還花了幾十萬做人工受孕，兩次都失敗了。後來找到我，我就跟他們解釋，母親就好比土壤，要讓種子發芽就需要合適的陽光水分營養等成分，要按自然規律來調理人體機能，不能強行硬用試管嬰兒的外在辦法。他們接受我的觀點後，經過幾個月的調理她就懷孕了。那孩子長得真漂亮。」

1992 年，李有甫去俄國科學研究中心工作幾個月後要離開時，有一個女孩叫阿琳達，四歲，患有代血病，血細胞壞死，20 項血液指標中只有兩項正常，人瘦得皮包骨，連頭髮都乾枯焦黃。她父母找到他治病，小孩怕疼不能扎針，李有甫就用耳部按摩的方法給她調理，兩個多月後她的血液檢查全正常了。

另外一個男孩患有嚴重的癲癇，每天發作五次以上，正吃飯時發作了，把舌頭咬傷了，正走路突然就倒下了，沒法正常生活。李有甫給他治了幾個月後，基本上不發作了，發作起來也很小。

「關於點穴，我也是把武術、氣功和中醫結合在一起用的，給很多人治好了病。比如懷柔職工大學有個人上山打獵，不小心

從山上摔下來，骨頭沒壞，但整個人就是動不了，像植物人一樣昏死過去了。我一看就知道是閉了穴道，用手點了幾下，那人就站起來了。1990 年《中國青年報》，《中華兒女》等報導我之後，全國很多人來找我治病，效果都不錯。」

「2004 年，有個基督教的牧師，58 歲，他也是我家人的朋友。一天夜裡 12 點了，他太太打電話說他有中風跡象，當天晚上就病重了，送醫院急診，第二天早上醫院說腦死亡了，沒救了，連他姐姐和兒子都同意醫院的說法，準備火化了，但他太太還想試試，就悄悄找到我，我就以朋友的身份進到急診室給他扎針，兩周後他沒生命危險了。醫生很吃驚，她太太就跟醫院講了實話，說她請了中醫給他治療。醫院說中醫效果這麼好，那就繼續治療吧。我給他全面治療幾天後，他就從危重病房換到普通病房，後來到了護理中心。他身上連著的七八條管子，什麼氧氣管、輸液管、導尿管等，醫生說他一輩子都摘不掉的，我扎針後全撤了，現在基本恢復正常了。」

遙診功能的掌上乾坤

1987 年，經朋友介紹，在山西大學當講師的李有甫到北京參與了由錢學森主持的人體科學研究，並在中國人體科學研究學會下屬的研究中心擔任副研究員。

「當時中國，能搞科研的很少有武術功能底子，而有武術和功能的人，卻很少能搞研究的，所以我就成了少有的又有功能，又能搞研究的一個人。」李有甫的功能，是「遙診」，即不接觸，甚至不見面就可以知道別人的疾病。

　　由於苦練太極，李有甫掌上的感覺十分敏銳。當他看到掌上五行八卦分布的說法後，發現如果自己想像把別人放在手中，手掌上會有不同的感覺。「手掌上的各個部位，和人體器官相對應，又有冷熱脹痛痲等九種不同的感覺，所以就可以知道別人的病症所在。」

　　這樣的功能，在目前講究「科學」的中國，不但科學人員難以相信，就連中醫都持懷疑態度。李有甫在北京骨科醫院進行合作研究，一位老中醫當場讓他演示。這位老中醫曾經留美，歷來不信氣功和功能。結果李有甫告訴他說，老人有冠心病、十二指腸潰瘍，右腿有關節炎。「老中醫半晌不出聲，最後一拍桌子說，從今天開始我相信氣功了。」

　　「我主要是從科研的角度，測試人體功能的準確性。我有遙診功能，一般我坐在房間裡，讓人從屋外進來，我把手一伸或看他們一眼，不用任何儀器，也不用接觸他們身體任何部位，我就能說出這個人有什麼病，他現在身體的感受。旁邊該單位的醫生幫我做紀錄，事後對照這個人自身的感受和他的病歷卡，發現我的診斷很準確。」

　　「一天我能這樣遙感診斷十幾個人。我先後在北京積水潭醫院、262 醫院、中國科學院民族所、清華大學等單位對共計約4000 人進行了遙診，準確率幾乎百分之百。後來不少北京高層，包括國家主席，部長、將軍一級的，也請我去幫他們診病，他們都覺得很好奇，花幾十萬元才檢測出來的病，我看一眼就能說出來，於是不少人都相信了氣功是真正的科學。」

　　中國空軍中將劉亞洲，也曾經見過李有甫，讓他遙測夫人、前中共國家主席李先念女兒李小林的健康。李有甫告訴他說，李

小林有失眠症，而且右腿受過傷，劉亞洲證實了失眠症，但卻否認腿傷的事。在李有甫的堅持下，劉亞洲打電話給夫人，最後證實他夫人前一年被車撞傷右腿，但沒有告訴劉亞洲。

「人的大腦就像一池清水，靜下來就可以看到反射的景物。」

見證轉世輪迴

「由於我對武術、氣功、中醫這三方面都有親身實踐和切實的研究，1987 年我被聘為北京傳統醫學研究所常務副所長，中國人體科學學會研究中心副研究員，開始與中醫醫院、北京中醫大學的研究人員一起研究氣功和特異功能現象。我接觸了很多具有特異功能的小孩，證實他們真的能看到過去發生的事，能透視人體看病，能具有搬運功能。」

「舉個輪迴轉生的例子。我曾在人體科研中心對特異功能的青少年進行雙盲測試，分別讓他們看同一個人的前世，接受測試的這三四個少年分別在不同的城市，互相之間未見過面，更不認識，但他們看到的結果都是一樣的。」

「比如有個殘疾女青年很出名（這裡就不說她的名字了），兩歲時被火車軋斷了雙手，後來她學會了用腳寫字，還研究甲骨文。我就讓這些特異功能的小孩看她為什麼會沒了雙手。一個北京孩子說她前世是個很惡的動物，用手幹了很多壞事，所以這世得還業。一個在廣州的孩子說的跟北京的一樣，還說她這世比較善良，下輩子還可能修得正果。另外還有個孩子看得更具體，說她前世是個蜈蚣，修得一定的能量，那些觸手都變得白白的，但它害死了很多人，這輩子她生下來時手很白。後來她自己證實說

生下來時兩隻手雪白，很好看。」

「還有位著名編輯，現在已去世了，當時我用天目看他的前生，看到一個好像獅子一樣的動物，但毛比獅子少。那些特異功能的孩子說他是個神仙的坐騎：麒麟。我還遇到一個病人，他從腰以下整個下身到腳後側，每天疼得要命，但怎麼檢查都查不出毛病，就是疼。後來發現他上輩子是個當官的，經常打人，把人屈打成招，所以這輩子輪到他遭同樣的苦了。」

「早在1975年我在一個武術老師家裡看到一本書叫《識天機》，是預言中國每年會發生什麼的。老師只允許我在他家看，不許借也不許抄。出於好奇，我就把第二年（1976年）要發生什麼的描述背了下來，我現在都還記得上面寫著：『人馬聚燕南，金殿王者興。犬吠三千里，骨肉各分帳。』」

「當時不懂這是什麼意思，事後才明白，1976年周恩來死後，有十萬多名學生聚集到天安門廣場搞紀念活動，結果被說成是『反革命暴亂』。天安門廣場就在燕山的南邊。那一年華國鋒當上了國家主席，登上王者寶座。不久發生了唐山大地震，死了幾十萬人。不但北京天津受衝擊，連新疆那邊也鬧地震。地震前動物是很敏感的，狗一直叫個不停。晚上人們不敢住在屋裡，在外面搭起塑料小篷子，一家人分別住在不同的棚子裡，分帳而睡。」

「有功能的人是能事先知道很多事的。1989年六四學生運動前，我就感覺推算出要發生流血事件，但沒想到那麼殘酷。」

上下追尋 苦求正道

李有甫說：「我能感受到很多東西，但我不想看也不想感受，

我也不重視功能，因為這些不足為憑，我重點是在法理上提高，修煉心性。功能只是小能小術，不能解決人的根本問題，只有提高層次才能真正解脫。」

高強的武功，神氣的功能以及響亮的名氣，並不能給李有甫帶來真正的滿足。「我看了很多相關書籍，中醫的，道家的，我感覺到很多書其實講的是修煉，也感覺到應該有更高的層次，但如何提高，卻找不到門路。」

「自從我開始練氣功以後，特別是特異功能的研究，讓我明白人是有過去世的，這世界是有另外空間存在的，另外空間裡有各種各樣的生命，有佛、道、神，也有低靈、爛鬼等，而唯物論否定另外空間的存在，把人的認識完全局限在我們看得見摸得著的物質空間裡，這樣的世界觀是看不到宇宙真相的，於是我開始在宗教中尋找人生真諦，我相信宗教中說的都是真的。

「我有個特點，喜歡鑽研。我不看別人怎麼做，我就願意自己思考，探索事物的真相。來美國後我繼續研究各種宗教色彩的修煉方式，嘗試了許多修佛修道的法門，也有些收穫，但最後總感到這些琳琅滿目的文化在裝飾人類的同時，其基本內涵都失傳了，按照書上講的練，怎麼練也提高不大，書中講的話好像在兜圈子，讓人理解不了背後更深的含義，於是我就不停的尋找，苦苦的探索，最後終於找到了。」

1993 年，兩位美國華僑想在洛杉磯興辦氣功和中醫的康復中心，在北京找到了當時已經頗有名氣的李有甫。後來因為合資人意見不和，康復中心沒有正式開張，但卻把李有甫引到了美國。

「當時我在廟裡教人無數，也看了許多佛經，經常打坐，能夠背《金剛經》。但其中的道理，卻沒有人能夠告訴我。後來發

現，其實那些人自己也不知道。」

喜得大法 熱淚橫流

　　1996 年，尋尋覓覓的李有甫終於找到了他認為是高層次的修煉方法。

　　中國著名歌唱家關貴敏是山西人，和李有甫早就相識。在報紙上看到關貴敏到洛杉磯演出的消息後，李有甫便尋上門去，老友相見，話談得十分投機。李有甫說了到美國之後的情況，也談到了苦於無法可尋的苦惱。結果關貴敏告訴他說，自己已經開始修煉法輪功。

讀完《轉法輪》後，李有甫明白終於找到了真法真道，從一個「大師」成為一名普通的法輪功弟子。（新紀元）

　　「當我第一次拿到《轉法輪》時，我一口氣讀完了全書，一邊讀一邊流淚。48 歲的我激動得淚水直流：我尋覓了半輩子，結果終於在美國找到了答案，李洪志老師在書裡都講出來了。我突然明白了，我過去所經歷的一切，都是為我今天理解法輪功而做的準備。」

　　那種迷途中見到光明的喜悅讓李有甫非常激動，因為他覺得終於在一團迷霧中看到了光亮，找到了一個能實實在在教人修煉的具體方法。「修煉兩個字，修在先煉在後。法輪功直接講出了『德演化成功』、『心性多高功多高』的修煉原理，而且法輪功層次很高，李老師把不同層次不同的法都講出來了。」

剛得法的時候，李有甫每天打坐兩個多小時，抱輪兩小時，讀書兩小時，異常投入。「我覺得能學煉法輪功是件非常寶貴非常幸福的事。我也常給我的武術學生、中醫學生還有我的病人們推薦法輪功，讓他們也來感受法輪功帶來的幸福。

「以前我由於工作忙睡眠時間短，經常頭痛，練了 30 多年的武術、氣功和中醫，也沒治好這個病。剛煉法輪功沒多久，頭痛病又犯了，而且非常厲害，我在給病人把脈時手都疼得直顫抖，回家都開不了汽車。我知道這是在消業，李老師在書中講明了病產生的根本原因，回家後我就打坐，疼得再厲害也不停，就這樣打坐了一宿，天亮時才迷糊了會，從那以後，我再沒有頭疼過。」

不二法門和「捨」的難關

法輪功主要書籍《轉法輪》中，對心性有這樣的解釋：「心性是什麼？心性包括德（德是一種物質）；包括忍；包括悟；包括捨，捨去常人中的各種慾望、各種執著心；還得能吃苦等等，包括許多方面的東西。人的心性方方面面都要得到提高，這樣你才能真正提高上來，這是提高功力的關鍵原因之一。」

對李有甫來說，「捨」是一大難關。

由於法輪功要求「不二法門」，煉法輪功不能同時修練其他氣功，作為內家功法的太極拳，也屬於一種氣功修練。

放棄已經練了 20 多年而且已頗有造詣的太極拳，對李有甫並不是一件容易的事情。「讀完《轉法輪》後，我覺得這才是真法真道，我決定不再練『太極拳』、『遊身八掛掌』、『迷魂掌』了，因為我探求的是真理，誰能揭示宇宙真理我就學什麼。

「當時我正準備出一本關於道家功易筋經的書，馬上就要定稿了，我決定不出了，還有以前我用特異功能給人診病治病的紀錄，厚厚幾本，我通通把它們燒了，因為我不想留這些以後用來顯示，這些都是我要放下的。」

但如此的捨仍然不夠。法輪功要求弟子不能用功能給人看病，李有甫再放棄使用「遙診」的絕技，不再使用功能診病。

李有甫先後被美國加州的 Samra 和 Alhambra 中醫大學聘請為中醫教授和武術教授，主要教授學生太極拳和中醫理論。

「1999 年 3 月我參加了洛杉磯法輪大法修煉心得交流會，會上和大家分享了我初學法輪功的經歷。交流會那天，我感覺到了師父要來，感到了很強的能量。一想到要親眼見到師父了，我的眼淚就止不住的流，以前我見過很多名人，再高級別的人都見過，從來沒有這種激動的心情。這是千萬年的緣分，這是我從來沒有經歷過的殊勝的事。

「師父對人很和善，他聽了我的發言後對我說：『以前練的功，好的都留下了。』我聽了很感動，費了好大勁才忍住不讓眼淚流出來。」

太極拳心法已丟失

「煉了法輪功之後，我發現以前的那些功能都還存在。」李有甫說：「師父處理的都是些不好的東西，原來正法修煉的東西，還保存著。」

對於這位太極高手，如何比較法輪功和太極拳呢？「太極拳的心法已經失傳了，這是師父說的。」李有甫解釋說，太極的煉

法還在，但修法已失。「修煉嘛，修在先煉在後，但如何修心的法則，其實早就不在了。只知道不停的練，以為苦練就可以長功，其實不是這樣的。」

太極拳高手之間，也經常切磋，輸贏勝負之間也經常有爭執糾紛存在，李有甫說，有時候也有很多不好的事情存在，那是修心之法已經不在的緣故。

「以前我練道家功練得好時，晚上睡覺就感到身體在空中飄，很舒服自在，那時候感到飄到雲彩之上。後來煉法輪功後，我也感覺身體上飄，但經常是飄到地球外邊去了，感覺地球越來越小，後來太陽也越來越小。一次衝到銀河系之外了，到了宇宙空間中，周圍黑黑的，速度非常快，當時想說我還得回去修煉，叫起師父的名字，結果一下子就回來了。那種層次是非常不同的。」

「在研究佛經時我看到這樣一個故事。釋迦牟尼佛出生後不久，他父親找來一個相面的人預測他的未來。開始相面的根據三、四千年前古印度的預言推算這位太子是轉輪聖王轉世，但仔細推算發現不對。轉輪聖王是來正全世界的法，教全世界的人向善，締造全人類新文化的，而這個太子的使命只是佛陀。」

李有甫認為，自己以前練過的東西和法輪功不可同日而語，並不在一個境界中，所以不能加以比較。而被人稱為大師，現在也當成了笑話。

「我常感嘆人類還能有這樣美好的修煉機緣，還能有這樣純正高深而又實實在在的高德方法，能修煉法輪功是我一生最大的幸福，那種幸福美妙的感受難以言表。」

珍惜千古奇緣

李有甫是武術和氣功界的名人，不少中醫和武林中人，因為他而開始修煉法輪功，但也有人不願意相信。「關鍵還是看他們看重什麼，有人看重自己那些東西，守著自己的理論和功能不放，當然就不會修煉法輪功。」

「有人說《轉法輪》文字不規範，我就告訴他們，這本書是給全世界每個人準備的，不管男女老少，有知識的還是沒文化的，人人都要能聽得懂，所以師父用了最淺白的語言講了最高深的道理。『大道至簡至易』，複雜了並不一定是好。」

他說以前背過《金剛經》、《楞嚴經》等佛經，但不明白他們講的是什麼，提高不了，而《轉法輪》卻是字字洩露天機，很多高層次的理都講出來了，一步一步怎麼修，遇到問題怎麼按照「真、善、忍」的標準行事，這些《轉法輪》都講得清清楚楚，裡面的內涵極為深刻。

「佛經中早就講過，現在是末法時期，以前的法都度不了人了，要等轉輪聖王傳新法時才能得度。佛陀說：『依法不依人，依意不依語』，靜下心來讀就會有收穫。若有心要修煉，錯過了這千古機緣那太可惜了。」

如今，李有甫已經從一個「大師」重新成為一名普通的法輪功弟子，在 1999 年 7 月 20 日中共鎮壓法輪功之後，李有甫也在街上發真相傳單和參加抗議活動。他在大學的講課當中，也多了一項「講真相」的內容。

「我想不通江澤民為什麼要迫害法輪功。我見過很多不同門派的氣功，為了掙錢，他們玩的那些江湖把戲，他一舉手就能讓

人應聲倒下，這些騙術我都能看穿。法輪功這樣正的法，假如中國多一些人學煉法輪功，中國就會成為君子國，神仙國，法輪功百利而無一害，江澤民鎮壓法輪功，是幹了件最大的蠢事，不但害了百姓，害了國家，也害了他自己。」

「剛才說到我給那個基督教牧師治病的事，事後他的教友們都問我：他當時都被醫院判死刑了你還去救他，你不怕萬一治不好擔責任？要中領館的人趁機誣陷法輪功怎麼辦？我當時沒想這些個人得失，我想到的只是救人。法輪大法好，這是千真萬確的事。迫害持續一天，我們的反迫害就繼續一天，直到迫害結束。」

「我過去所謂的大師，只是常人水準上的大師，在真正修煉者面前，我還是個小學生，在真正修煉層次上我只是剛入門的學徒。而以前走過的所有的路，現在看起來，都是為了最後的得法做了準備鋪墊。」

修煉是人類文明中久遠奧妙的領域

修煉是人類文明中一個淵源久遠、奧妙無窮的領域，通常包括心法（也稱原則）和功法兩部分，其內涵遠遠超出了哲學與健身的範疇。功法一般指用於修身的部分，而心法則是教人修心、使人境界提升的關鍵所在。雖然修煉的精髓自古以來從不在社會上公開進行深入探討與普及，但因為其能揭示人類、物質存在的各個空間、生命及宇宙奧祕的能力，使其仍然在中國文化和西方文明中留下了種種痕跡。

中國古代的太極、河圖、洛書、八卦，印度的古瑜迦，西方的一些靜修方法，都隱含著修煉的奧祕，但隨著歷史的推移及其

心法的失傳，現代人已經很難觸及那些修煉方法原本的深意了。

法輪大法主要著作《轉法輪》被譯成約 40 種語言

法輪大法明慧網介紹，法輪大法也稱法輪功，是由李洪志先生於 1992 年 5 月傳出的佛家上乘修煉大法，以宇宙最高特性「真、善、忍」為根本指導，按照宇宙演化原理而修煉。修煉法輪大法，只要反復靜心通讀《轉法輪》，努力按照書中闡述的真善忍標準要求個人心性的提高並輔以煉功，短時期內就能達到意想不到的高層次，返本歸真。

法輪大法主要著作《轉法輪》已被翻譯成約 40 種語言，並在世界各地出版發行。還有更多語種的翻譯正在進行過程之中；目前世界上有 114 個國家和地區有法輪功修煉者，還有更多地區的民眾正在陸續開始修煉法輪大法。

世界各國政府機構、議員、團體組織等紛紛對法輪大法和創始人頒發褒獎及感謝，已達 3500 多項。自 2000 年起，李洪志先生連續四年獲得諾貝爾和平獎的提名。

法輪大法按照「真、善、忍」為修煉標準，是修善的、和平的，一切活動都是公開的、自願的、免費的。不分男女老少，從幾歲幼童到九旬老人，修煉者每個人都是社會中的一員。對個人來說，修煉法輪功不但能袪病健身，使人變得誠實、善良、寬容、平和，而且能開啟智慧，逐漸達到洞悉人生和宇宙奧祕的自在境界；對社會來說，修煉法輪功能增加社會的穩定、包容與祥和，提高人們的整體精神生活質量。自傳出以來僅憑人傳人、心傳心便修者日眾，目前全球各族裔的修煉者人數超過 1 億。

　　從 1999 年 7 月 20 日起，中共黨魁江澤民出於個人的妒嫉與偏執，開始了對善良法輪功修煉者的鎮壓。他利用手中竊取的權力，脅迫國家宣傳機器漫天造謠誣陷法輪功，製造恐怖、隔閡與仇恨。上億的法輪功群眾被無辜地迫害，近百萬人被送進監獄與勞教所和精神病院，大量的法輪功學員被無辜迫害致死，至今迫害還在繼續著。這場迫害不僅是針對中國的法輪功學員，也是對人類正義、道德與良知的無情毀滅。各國法輪功學員都在極力使全世界人民與各國政府知道這場迫害的真相與迫害的邪惡程度。

　　在異常殘酷的迫害中，法輪功學員表現出令人矚目的勇氣。法輪功修煉所帶給人的純正、受迫害的情況下仍然堅守先他後我的境界，以及全球法輪功學員共同走過的和平歷程，在修煉界樹立了光輝的歷史典範，並為促進人類道德水準的回升起到了至關重要的積極作用。

第三節

一次在舊金山的脫稿演講

2016 年 10 月 25 日，全球各地的部分法輪功學員在舊金山市政廳廣場舉行大型集會。圖為民主大學校長唐柏橋發言。（大紀元）

2016 年 10 月 22 至 25 日，來自世界各地六千多名法輪功學員匯集在美國舊金山，他們用遊行、集會、排字、煉功等方式，向世人展示「真、善、忍」的美好，講述江澤民集團殘酷迫害法輪功的真相。

八九民運學生、民主大學校長唐柏橋出席 10 月 25 日集會活動時脫稿演講，稱中共用金錢收買世界，用武力威脅世界，用謊言欺騙世界，致使整個世界受中共所害。然而，至今仍堅持反抗中共的人，只剩「法輪功」，他要對法輪功學員表達最崇高敬意。

以下是唐柏橋的發言文字整理：

大家好，27 年了，我已經年過半百了。但是我相信很快，我們就會見證到中共垮台的日子。

今天我不準備念稿，這是我第一次在法輪功大型集會上脫稿演講。因為我聽了前面的很多演講之後，我有很多感觸，是我以

前寫的稿子沒有的，所以我必須講出來。

我今天要講三點，第一譴責中共的暴行；第二我要向大家報告國內維權抗暴；第三，向你們表達我們最崇高的敬意。

「納粹沒有中共邪惡」

中共侵犯人權，這是一個我們所有人反覆在談的話題，今天我想要提一個新話題，就是為什麼中共活摘法輪功學員器官，換句話說，中共活摘人的器官！請注意，不是動物的器官，是人的器官。為什麼從 2006 年到現在，國際社會在時時反應，雖然現在國際主流社會有所反應，但是遠遠不夠，什麼原因，是因為中共太邪惡！

二戰以後，納粹很快受到審判，這是因為他們沒有中共那麼邪惡。這就是根本。中共用金錢收買世界，用武力威脅世界，用謊言欺騙世界，最後的結果就是，整個世界受中共所害。

以至於比二戰更為嚴重的罪行——活摘器官的事情發生以後，全世界繼續保持沉默，所以我經常在想一個問題，這個世界，什麼時候，什麼情況下，才會有整體良知發現。我經常問自己，有什麼比活摘器官更嚴重的罪行，如果這世界還不清醒，我真的會非常失望，甚至非常絕望的告訴大家，就是不善良的人，不值得獲得美好的生活。今天很多人在埋怨、在哀怨，這個世界怎麼啦？

這就是因為在良知面前，全世界主流媒體保持沉默。

我今年在台灣，去了同心會，台灣朋友知道，所謂「愛國同心會」，就是中共走狗，他們說，他們在台灣可以攻擊警察、攻

擊法輪功學員，可以攻擊任何「挑釁」他們的人。

然後我想，他們敢不敢挑釁我，結果我去找了他們，因為他們後面是黑社會，當然最終背後的是中共，他們就敢圍攻我。我堂堂一米八的個子，他們幾個老頭、幾個弱不禁風的女人，就要對我進行暴力攻擊，他們哪裡來的膽子？當然他們最後被我制伏了，將他們交給警察。他們哭哭啼啼的說，你唐先生欺負一個老頭，欺負一個女人。我欺負的不是老頭，不是女人，是惡棍！

因此後來黑社會說要追殺我，我告訴黑社會說，我連中共都不怕，我怕你黑社會！我今天很多感觸，我今天為什麼說這些，不是想炫耀我自己，是為了向你們致敬。因為你們是天天面對這些黑社會，天天面對香港的青關會、台灣的同心會、法拉盛的李華紅們，天天面對這些像魔鬼一樣的人，十年如一日，我必須向你們致敬！

1949 年以來中共鎮壓了多少人民，從「三反」、「五反」及各種會道門，到反右、「文革」、迫害知識分子，到「六四」屠殺，我們今天留下來，繼續反抗的，還有哪些群體，還有哪些人，我告訴你，只有三個字：法輪功！

我是八九民運的學生，我們當年的戰友，今天我只見到一位方政。他當年被坦克壓斷雙腿，今天來到現場，我也向他表示敬意。其他同學，你們今天在哪裡？

我們高自聯，我當時也在天安門，我是當年湖南學生領袖，我們的戰友們，我們的同學們，你們今天在哪裡？你們天天在哀怨，你們吃的是有毒奶粉，你們的孩子有各種各樣的病，你們想要移民到海外，你們要向誰哀怨？

你們要問問自己，你們為這個社會做了什麼，你們為法輪功

做了什麼，你們為你們的理想做了什麼，如果你們沒有做，你不值得人家同情你！

所以我今天在這裡，我要對法輪功學員表達崇高的敬意，你們的堅持是我精神的淵源，是我今天能繼續從事民主、人權活動的最大的動力。

這是我為什麼每年都到這裡來，吸收養分，我向你們取經，得到你們的精神鼓勵，繼續保持理想，這是我今天要講的第一點。

「二個信號顯示中共窮途末路」

第二點，我想告訴大家，今天中共已經到了什麼時刻，我舉兩個例子，第一個信號，烏坎維權抗暴，一個村只有萬人，他們的村長林祖戀被抓，他們反抗。中共派出三千武警，被村民打出村外，這是一個信號。1989 年他們可以鎮壓百萬學生，今天他們鎮壓不了兩萬村民。什麼原因？傳《九評》，揭露真相，讓世人都知道中共是什麼貨色，他們不敢輕舉妄動。

第二個信號，兩個星期前，10 月 11 日，1 萬 5000 退伍軍人包圍了中共軍委。不是 1500 人，是 1 萬 5000 人，也就是 1999 年法輪功學員在中南海萬人請願的人數，中共軍委是一個什麼機構，是中共國家鎮壓機器，鎮壓天安門民主運動。保衛軍委的是當年的軍人、退伍軍人，這是一個什麼樣的戲劇性的變化。很可能有的退伍軍人當年鎮壓過「六四」學生，今天他們包圍了中共軍委！

一個星期以前，在廣東省民政廳門口，1500 個退伍軍人，排著隊喊口號，其中一個口號是「打倒共匪」，大家知道，蔣介石當年說共軍是共匪，那些穿著軍裝的人意識到，他們曾經就是共

匪，今天他們跟共匪決裂了，他們要站在人民的一邊，這是他們喊打倒共匪的原因。

共產黨之所以能維持下來，兩大原因：軍隊和謊言。謊言已經被法輪功學員和所有正義人士揭露。有人問我，我們沒有武器，我們怎麼結束暴政？我告訴他，中共軍隊將來就是我們的軍隊，只要他們調轉槍口，中共的末日就到了。那麼退伍軍人喊出「打倒共匪」，也就是說他們隨時準備調轉槍口，向中共開火。

水已經燒到了快要開的臨沸點，第一個氣泡已經鼓出來了。我等這個氣泡已經等了 27 年。高智晟律師說，2017 終結中共暴政，我相信很可能就是這樣，不是 2017，也就是 2018，也就是這樣一個數字。我說，今天的集會很可能是你們最後一次，也可能是你們倒數第二次。

但是我希望我們站到這裡，明年我們再站到這裡，有更鼓舞人心的消息。

第三點，我想說，如果我們的民主維權、抗暴成功，不只是我，全中國人，全世界所有曾經受到中共迫害的人，曾經深受中共其害的人，都會回過頭來，向你們懺悔，向你們贖罪。告訴你們說，對不起，當年沒有跟你們站在一起，你們給他帶來光明，要請求你們的原諒。

我相信法輪功學員會有博大的胸懷，包容所有這個世界曾經做錯事的人，包容所有曾經無所作為的人、所有面對邪惡選擇沉默的人，我們會一起來迎接這個美好的世界。

所有的正義人士，都會跟你們站在一起！

中國二號人物王岐山

第七章

反腐成績與苦惱

習王上任後大力反腐，五年內打下老虎蒼蠅 200 萬，而且所有落馬高官幾乎都有權錢交易、權色交易的共性，更有國級貪官如周永康、徐才厚等患有性病、愛滋病的驚人證據，令王岐山和中紀委疲於奔命而發出中共無法挽救的亡黨感嘆。

中共第十八屆中央委員會中，共有 35 名委員落馬。中共體制已經腐敗到骨髓，不可救藥。（AFP）

第一節

五年生死之戰 反腐戰果累累

習近平近五年的反腐，處理了 200 萬
各級中共貪官。（AFP）

五年反腐 200 萬各級中共官員被查處

2017 年 10 月，中紀委公布的統計資料顯示，在過去五年的「打虎」反腐運動中，235 名省部級以上高官落馬，中國 31 個省市有近萬名廳、處級官員被查，鄉科級基層官員更達 134.3 萬人，加上 64.8 萬名農村黨員幹部，總計近 200 萬「老虎」、「蒼蠅」被打下。中共副國級以上落馬官員就包括：周永康、蘇榮、令計劃、孫政才、徐才厚和郭伯雄。《新紀元》出版社五年來也出版了大量書籍，詳盡報導王岐山反腐的結果。

五年反腐，習近平和王岐山經歷了各種驚心動魄的生死較量。習近平曾說，「與腐敗作鬥爭，個人生死、個人毀譽，無所謂。」

習近平、王岐山的大力反腐，觸動了中共內部多個既得利益集團的利益，得罪了中共內部上上下下一大批貪腐官員。江澤民

集團和面臨清算的貪官們對王岐山恨之入骨，王岐山也因此成為這些勢力首要的報復和打擊目標，包括曾遭到至少 27 次暗殺。但除以上因素之外，王岐山陷入如今的境遇，還有更為深層的原因。

在任何一個正常的國家和政治體制中，如果出現像王岐山這樣大力懲治貪腐的官員，一定會受到體制內外人們的支持和擁護。但是，王岐山面對的，卻是中共這個腐敗到骨髓已經不可救藥的體制。

這樣的一個體制，五年的時間，王岐山就抓出了近 200 萬個貪官，這還是在主要針對江澤民集團「有選擇的反腐」下的成果，其真實情況則是，在中共內部要找到一個不貪的官員，難度很大。

以江澤民家族為代表的中共內部多個貪腐集團，幾乎掌控了中國社會的全部資源，貪腐則成為中共官員在官場生存和晉升的首要條件，與此同時，這個體制只要存在一天，就會自動產生出新的腐敗，就像癌細胞的自動複製和擴散一樣無法救治。

因此，如果動真格的反腐，等於是在向中共的體制挑戰，自然就會被這個體制自動視為最大的威脅，就會成為這個體制的消滅對象。這個體制將會糾集全部力量，來消滅對它的威脅。王岐山，面對的就是這樣的局面。

十八屆中央委員會中 35 人落馬

2017 年 10 月 14 日，為期四天的第十八屆七中全會結束。官方發布的七中全會公報稱，全會審議並通過了中紀委關於孫政才、黃興國、李立國、孫懷山、吳愛英、蘇樹林、楊煥寧、王三

運、項俊波、李雲峰、楊崇勇、張喜武、莫建成嚴重違紀問題的審查報告，審議並通過了中共中央軍事委員會關於王建平、田修思嚴重違紀問題的審查報告，確認中央政治局之前做出的給予孫政才、黃興國、孫懷山、吳愛英、蘇樹林、王三運、項俊波、王建平、田修思、李雲峰、楊崇勇、莫建成開除黨籍處分，給予李立國、楊煥寧留黨察看二年處分，給予張喜武撤銷黨內職務處分。

七中全會確認了對孫政才等 11 名中委、李雲峰等四名候補中委的處分，是十八大以來處分最多的一次中全會。十八屆中央委員會中有 205 名中央委員和 171 名中央候補委員。

10 月 16 日，大陸《經濟日報》盤點，十八大以來，共有 18 名十八屆中央委員落馬、17 名中央候補委員落馬，即十八屆中央委員會中，共有 35 名委員落馬。

至此，十八屆中央委員會 18 名落馬的中委，分別是蔣潔敏、李東生、楊金山、令計劃、周本順、楊棟梁、蘇樹林、王珉、田修思、黃興國、王建平、李立國、孫懷山、項俊波、王三運、孫政才（中央政治局委員）、楊煥寧、吳愛英。

17 名落馬的中候委，分別為李春城、王永春、萬慶良、陳川平、潘逸陽、朱明國、王敏、楊衛澤、范長祕、仇和、余遠輝、呂錫文、李雲峰、牛志忠、楊崇勇、張喜武和莫建成。

中央委員、民政部原部長李立國被留黨察看二年，行政撤職，降為副局級非領導職務。中央委員、安監總局原局長楊煥寧被留黨察看二年、行政撤職，降為副局級非領導職務。中央候補委員、國資委原黨委副書記張喜武被撤銷黨內職務，行政撤職，降為正局級非領導職務。

落馬的中委、中候委，占整個十八屆中央委員會大約一成，

顯示貪腐高官之多。

七名現任中央紀委委員被處分

十八屆中紀委的 120 多委員中，已有七人被處分。分別是申維辰、梁濱、王仲田、李建波、曲淑輝、李剛、劉生傑。其中兩人被雙開，兩人被撤職。中央軍委後勤保障部副部長劉生傑被撤銷中紀委委員職務。

港媒稱，除了七人被處分，十八屆中紀委委員中的 77 人因為屆齡退休或是職務變動，不會再留任紀委。

紀檢系統官員本是習近平所依仗的強力反腐打虎的主力軍，但是紀委系統不斷曝出「內鬼」。

七中全會上查處的中共中央候補委員、中紀委駐財政部紀檢組長莫建成就是其中一個。莫建成此前曾先後在內蒙古、江西兩地任職，歷任內蒙古黨委常委、宣傳部長，江西省委常委、組織部長，江西省常務副省長、省委副書記等職。2015 年 12 月起其轉任中紀委駐財政部紀檢組長、財政部黨組成員，在財政部排在部領導班子第三位。

中共官媒微信公號「長安街知事」曾報導，2010 年後莫建成在江西與時任省委書記蘇榮有多年工作交集。蘇榮任省委書記時，莫建成是組織部長。報導說，莫建成調離江西不久，2016 年10 月 8 日，巡視組「回頭看」反饋中再被提及，要求全面肅清蘇榮「餘毒」影響。

江西是曾慶紅的老家，長期以來是曾的勢力範圍。其中，中共全國政協原副主席、江西原省委書記蘇榮是中共十八大以來被

打下的首個副國級高官，並因此引發江西官場地震。蘇榮是曾慶紅的心腹，由曾慶紅一手提拔。2014年6月蘇榮落馬，之後因受賄1.16億人民幣被判無期徒刑。

中紀委「內鬼」還有：中央紀委第六紀檢監察室原副處長袁衛華，第四紀檢監察室原主任魏健，十一紀檢監察室原副局級紀律檢查員、監察專員劉建營，第九紀檢監察室原副主任、原正局級紀檢專員、監察專員明玉清，第六紀檢監察室副處長袁衛華，第六紀檢監察室原副局級紀律檢查員、監察專員羅凱，第十二紀檢監察室原處長申英，第八紀檢監察室原處長原屹峰等。

據官媒披露，自十八大以來，中紀委機關已有38人被處理，其中17人被立案查處、21人被調職；整個紀檢監察系統共處分7200餘人、處理2100餘人。

港媒則披露，紀委內鬼太多，王岐山對中共腐敗已絕望。

兩上將被查 十七屆軍委幾乎全覆滅

十八屆七中全會確認兩名上將，中共空軍前政委田修思和前副總參謀長（武警部隊原司令員）王建平被開除中共黨籍。這是王建平、田修思分別於2017年12月、7月被調查後首次被當局公開處理。

目前習近平當局公開處理的中共上將已有五名，分別是中共前軍委副主席徐才厚、郭伯雄，空軍前政委田修思，武警部隊前司令員王建平，國防大學前校長王喜斌，他們被稱為中共「五腐上將」。

十九大前，外界紛傳，中共軍委聯合參謀部前參謀長房峰

輝和政治工作部前主任張陽也被當局調查，但官方至今未公開消息。房峰輝和張陽已不在十九大代表名單中。直到 2018 年 1 月 9 日，官方正式公布房峰輝因涉嫌違紀被調查，距離他 2017 年 8 月 26 日最後一次公開露面，在八一大樓會見泰國武裝部隊最高司令素拉蓬已經 141 天。

2017 年 8 月 28 日，中共軍委對其委員張陽談話，調查核實其涉前中央軍委副主席郭伯雄、徐才厚等案問題線索。經調查核實，張陽嚴重違紀違法，涉嫌行賄受賄、巨額財產來源不明犯罪。張陽接受談話期間一直在家居住。11 月 23 日上午，張陽在家中自縊死亡，終年 66 歲。他是 90 年代以來，首個在職接受調查的中央軍委委員，也是中共建政以來首個被證實自殺身亡的上將。11 月 28 日新華社報導張陽死亡的消息後，《解放軍報》鈞正平工作室評論形容張陽是「畏罪自殺」，批評他以自殺逃避黨紀國法懲處，「行徑極其惡劣」。

自徐才厚落馬之後，就不斷有消息稱，前國防部長梁光烈已被長時間調查，之後梁主動退贓才未立即步徐才厚的後塵。

香港《南華早報》2016 年 8 月初曾引述消息人士的話稱，兩名退休上將李繼耐及廖錫龍當年 7 月被帶走，但不確定他們是本人被調查或只是協助調查。

李繼耐和廖錫龍都在 2013 年退休。

2017 年 9 月 1 日，日本共同社報導，中共軍方前海軍司令員吳勝利涉嫌違紀正在接受調查。其案由中紀委負責調查。他於 2017 年 1 月卸去海軍司令員一職。

至此，中共第十七屆軍委當中的副主席郭伯雄、徐才厚，軍委委員梁光烈、李繼耐、廖錫龍、吳勝利或已落馬或傳出被調查，

幾乎全軍覆沒。而當時的軍委主席胡錦濤被江澤民的鐵桿郭伯雄、徐才厚架空。

落馬的上將和被查的兩名上將房峰輝、張陽，多被指是郭伯雄、徐才厚的親信。其中田修思被指是郭伯雄的親信，王建平被指是徐才厚、周永康的心腹。

現年 67 歲的田修思是河南孟州人，曾在蘭州軍區工作近 40 年，而郭伯雄曾任蘭州軍區司令員，在任期間提拔了不少將官。

郭伯雄出任中共中央軍委副主席後，田修思快速升遷，從 2002 年到 2009 年短短 7 年間，就完成了從正軍職向大軍區正職的跨越，他從陸軍第 21 集團軍政委升任為成都軍區政委。

2012 年 10 月，毫無空軍經歷的時任成都軍區政委田修思突然被空降為空軍政委。港媒說，田修思是在郭伯雄、徐才厚的幫助下，前後花了約 5000 萬元人民幣才跨軍種出任空軍政委的。

田修思擔任高級將領後，被曝「脾氣大、嗓門高，一不順心就張口開罵」，據悉曾經有兩名軍官「因為他一句話被勞教兩年」。

徐才厚、郭伯雄分別於 2014 年 6 月、2015 年 7 月落馬；田修思也在 2015 年 8 月轉任中共人大，2016 年 7 月被調查。

2017 年 12 月才滿 64 周歲的王建平，是首名落馬的現役上將。他不僅與「軍老虎」郭伯雄、徐才厚關係密切，還與江派大員、前政法委書記周永康關係密切。

王建平早年在瀋陽軍區下轄的第 40 集團軍服役，而徐才厚曾長期在瀋陽軍區任職。徐才厚落馬半年後，王建平 2014 年底由武警部隊司令員調任副總參謀長。

王建平當時調任副總參謀長時，雖然級別沒變，可他的老家

撫順已有傳聞：「拿掉王建平的實權是為了揭武警部隊貪腐的蓋子。」

王建平從 2009 至 2012 年間任武警部隊司令員時，直接向時任中共中央政法委書記周永康報告工作。

據悉，由王建平把持的武警部隊是周永康、薄熙來政變主要依靠的軍事力量。周永康、薄熙來、曾慶紅、江澤民等人密謀的政變 2012 年 2 月曝光後，薄熙來於同年 3 月 15 日被抓。

就在薄熙來被抓四天後，據悉周永康為了搶奪薄熙來案的關鍵證人、大連實德富商徐明，曾發動「3‧19」未遂政變。港媒稱，周永康當時調動大批武警部隊，還包圍新華門和天安門。胡錦濤急調 38 軍入京，同政法委大樓外的武警發生對峙，武警對空鳴槍示警，但 38 軍迅速將眾武警繳械。當晚不少北京市民都聽到槍聲。

周永康於 2014 年 7 月落馬後，其掌控的武警部隊被大規模地清洗，包括武警部隊前司令王建平、副司令牛志忠、政治部副主任侯小勤、武警交通指揮部司令劉占琪、武警福建省總隊司令楊海、武警江蘇省總隊司令于鐵民、武警河北省總隊司令李志堅等。

更大巨貪江澤民曾慶紅等未被查辦

五年前，江澤民、曾慶紅的勢力仍控制著中共內政外交的一切領域，胡錦濤當政十年，做了十年「兒皇帝」。習近平上台後，殺出了一條血路，打掉眾多江派高官。隨著習近平登頂「習核心」，江派勢力一去不復返。

　　七中全會公報中首次出現「反腐敗鬥爭壓倒性態勢已經形成並鞏固發展」的說法。習近平上台以來發動的反腐運動，從幾年前的「兩軍對壘，呈膠著狀態」到如今的「壓倒性態勢已經形成並鞏固發展」，顯示習近平當局經過五年時間，與江派人馬的鬥爭，已經取得初步成果「壓倒性態勢鞏固發展」。七中全會上，習近平的地位再次得以鞏固。

　　但是至今，習當局的反腐仍未觸及江澤民和曾慶紅兩大貪腐家族。

　　江澤民當政期間帶頭貪腐，其子江綿恆被指為「中國第一貪」。

　　中共內部最大的利益集團就是江澤民集團。江澤民在位期間，把中共內部的腐敗發展成為制度性、系統性和公開性的腐敗，中共官場全面腐敗墮落，無藥可治。江澤民被稱為中共腐敗的「總教練」。

　　江澤民縱容腐敗的政策，使得大量中共官員為權錢聚集在江澤民周圍，尤其是身居中共高位的眾多江澤民親信，其家族都富可敵國，比如曾慶紅家族、劉雲山家族等。

　　外界認為，江澤民家族貪腐所涉金額之巨難以估量。1994年，江綿恆用數百萬人民幣「貸款」買下上海市經委價值上億元的上海聯合投資公司。幾年間江綿恆已建立起龐大的電信王國，並染指上海眾多重要的經濟領域。早在2003年，海外即有報導說，江澤民在瑞士銀行有3.5億美元的祕密存款，江還在印尼的巴里島有一棟豪宅。

　　中共石油、電信、鐵道、金融等利益最豐厚的國企都被江澤民、曾慶紅、周永康、劉雲山、李長春等家族長期掌控。

　　港媒《爭鳴》2017年4月號報導，中共兩會結束後，3月18日，中紀委副書記趙洪祝、中組部長趙樂際在北京玉泉山幹休所，約談曾慶紅及其兄弟、中共前文化部特別巡視員、文化部駐香港特派員曾慶淮，約談內容主要是曾慶紅家族在經濟領域和在境外社會活動的情況。

　　報導說，曾慶紅、曾慶淮兩兄弟的家屬，在國內、港澳、外國持有400億至450億元人民幣資產，其中在香港28億至30億元、澳門10億元。在澳洲、新西蘭、新加坡、馬來西亞、泰國等持有36億美元至40億美元。

　　此外，曾慶紅兒子曾偉在澳洲、新西蘭開設公司都以中資名義，每年貿易額25億至30億美元。曾偉在澳洲、新西蘭持有物業20餘幢，至今和國內企業有商業活動。報導稱，曾偉已四年未回大陸探親。

　　曾慶淮女兒曾寶寶是五家上市公司的副董事總經理、副總經理、執行董事。她在深圳、廣州、南昌、武漢的地產收入就超過400億元人民幣。而她興建的深圳豪華大廈，資金全由銀行借貸買入土地。

　　此前多方報導指，曾慶紅家族的貪腐規模驚人，僅其子曾偉就曾經通過魯能案侵吞700億人民幣。

　　曾慶紅兒媳蔣梅則被指與哈爾濱仁和房地產老闆戴永革相互勾結，大搞非法集資洗錢活動，掠奪和轉移贓款超過千億之多。

　　據報，對上述曾慶紅家族斂財的情況，中紀委已完全掌握。

中共官員不信馬列 黨媒自曝危機

2017 年 10 月 12 日，《人民日報》發表題為《信馬列豈能拜鬼神》的文章，以前四川省高官李春城和江西安遠縣委原書記鄺光華等為例稱，這些官員或濫用職權進行封建迷信活動，公事私事都請風水先生做道場，或常年佩戴「求神避邪」符，把風水先生奉為「座上賓」。

陸媒此前報導稱，十八大以來，落馬官員搞「封建迷信」、不信馬列信鬼神的新聞頻見報端，上至正國級周永康，下至縣委書記邊飛。

2007 年 5 月 22 日《南方都市報》曾發表文章《官員緣何不信馬列信鬼神》。文章說，信馬列和信鬼神不能簡單地對比，但信不信馬列，對許多官員來說，並不對自己的利益產生影響，只有說不說馬列才產生影響，所以他們公開言說馬列主義，私下裡求神拜佛。

港媒 2016 年 4 月曾披露，中共面臨意識形態全面失敗問題，主要徵兆是 90% 的黨員有「第二信仰」。

2015 年中共未完成的一內部調研報告稱，中共司局級及以下離退休幹部熱中「含有宗教信仰內容」活動的比例達 67%。

上述調研的簡報本送到中共書記處，消息人士說，「多數政治局委員被驚呆了」。

當年過年後的情況反饋卻讓北京高層頭疼不已。以湖北武漢歸元寺為例，初一「搶頭香」傳統儀式參加者比前年增加 5.9 倍，外地人數純增 23 萬。依據入住賓館身份證信息，對其中 1000 人在中共組織系統信息庫隨機抽查其身份，黨員幹部與家屬達

710 人。

文章表示，這從一個側面說明，中共以意識形態代替宗教信仰的政治控制政策失敗，面臨政治信仰崩潰危局。

制度性腐敗 習近平王岐山挑戰體制

習近平十八大上任後，發動「老虎蒼蠅一起打」的反腐運動。

據中共官方之前的資料，十八大以來，已在中央、省、地三級立案偵辦 243 萬多個案件，受處分者達 237 萬多人。但外界認為實際數字遠不止這些，更多的反腐數據被中共刻意掩蓋。有消息說：中共紀檢系統壓下不回覆的舉報材料已超過 500 萬份，「一百年也處理不清」。

目前已經被查處的涉貪落馬官員人數之多、級別之高、數額之巨，「登峰造極」。原中共中紀委監察部官員王友群曾對《大紀元》記者表示，中共的腐敗已經達到了人類有史以來「登峰造極」的地步。就像癌細胞一樣，一批癌細胞被殺死了，成千上萬的癌細胞又被複製出來了。防不勝防，無藥可治。究其根源，中共的理論、體制、機制都是滋生腐敗的土壤。

而中共大規模制度性腐敗始於江澤民。江當政期間，中共官場幾乎到了無官不貪的地步。造成這種局面除了共產極權制度的根本因素外，江澤民實行「腐敗治國」政策讓中共官場空前糜爛。

時政評論員夏小強表示，中共體制已經腐敗到骨髓，不可救藥。在中共內部要找到一個不貪的官員，難度很大。而且這個體制只要存在一天，就會自動產生出新的腐敗，就像癌細胞的自動複製和擴散一樣無法救治。

　　夏小強認為，如果習當局動真格的反腐，等於是在向中共體制挑戰，自然就會被這個體制自動視為最大的威脅，就會成為這個體制的消滅對象。這個體制將會糾集全部的力量，來消滅對其的威脅。如今習近平和王岐山，面對的就是這樣的局面。

第二節

徐才厚的死因與王岐山的苦惱

中共前軍委副主席徐才厚並非死於膀胱癌，其實是死於愛滋病併發症。其糜爛生活再被曝光。（大紀元資料室）

江澤民治下的中共腐敗，從前軍委副主席徐才厚和郭伯雄的巨額貪腐中就能看出嚴重程度，2015 年 3 月 16 日徐才厚被宣布因膀胱癌不治而死，不過港媒最新披露，徐才厚其實是死於愛滋病，徐的糜爛生活也再被曝光。

江澤民早年色情治國，中共官場腐敗淫亂驚人，據報八成落馬官員患性病，王岐山對這一難題無計可施。

生活極其糜爛 徐才厚死於愛滋病

據《動向》雜誌 2016 年 7 月號報導，中共內部消息披露，中共前軍委副主席徐才厚並非死於膀胱癌，其實是死於愛滋病併發症。

港媒透露，2012 年 7 月，徐才厚在即將從政治局和軍委退下

的前夕，做年度第二次全身體檢時就被發現染上愛滋病毒。後經三次複查確診，隨後被安排到香山療養醫治。

當時中共僅在政治局和中央軍委內部通知，指徐患「感染性皮膚病症」正接受治療，隨後便傳出徐罹患癌症的消息。消息還稱，當年徐曾通過駐外使館的武官在國外購買過醫治愛滋病的藥劑。

報導說，徐才厚私生活極其糜爛，即便在患性病期間，徐才厚依然尋歡作樂，每周單日晚上除出席中共中央軍委會議及政治局會議外，連其本人主持中央軍委總政會議中，一到某個時刻就會讓總政主任代行主持，藉口有「軍委主席召見」或出席政治局會議等外出「作樂」。

《爭鳴》雜誌 2015 年 4 月號也曾報導，2014 年 3 月 15 日下午 2 時，身患性病和膀胱癌的徐才厚，在被宣布「雙規」前一刻，還在和負責勤衛的女軍人鬼混。

軍中安置 80 多女性 通姦被江包庇

據官方內部材料指控，徐才厚 2000 年 11 月至 2012 年 9 月期間，先後利用職權違規破格提拔、安置了 80 多名女性在國防、軍事部門任職，其中不少女性和徐有過不正當、不道德、甚至違反法規的關係。徐 2012 年 12 月至 2013 年 5 月期間，還給 15 名曾與之發生關係並作出過承諾的女性，總值 2 億 2000 餘萬現金及市值物業。

檔案資料顯示，2001 年 3 月，時任中共中央軍委委員、總政治部主任兼軍紀委書記的徐才厚，曾被軍方內部人士向時任中共

總書記兼軍委主席的江澤民舉報告狀，指控徐才厚與濟南軍區總部女機要員通姦成孕，同時還指控徐對總政醫務所的女護士強行性侵犯等等。

但在江澤民的庇護下，相關舉報被大事化小，僅於同年 6 月給予徐才厚內部嚴重警告處分。一年後的十六大，徐才厚安然升任中共中央書記處書記、中央軍委委員、總政治部主任，更在 2004 年出任中共中央軍委副主席高位。

被色魔控制 落馬高官八成染性病

據外媒報導，早在 2004 年 9 月，中紀委、中組部即下達文件明確規定：凡屬個人行為患上性病、淋病，患上愛滋病毒感染，經查核，一律撤銷中共黨內外職務。但由於調查發現中共黨政官員患性病人數大幅上升，中紀委和中組部又轉而採取姑息政策，結果是官員性病以更大規模蔓延。

據港媒《爭鳴》2015 年 5 月號報導，近三年落馬被判刑的地廳、省部二級高官 1470 多人，其中有 1200 多人患有不同程度性病在接受治療，包括剛被判刑的前國資委主任蔣潔敏、前四川人大主任郭永祥、前廣東省政協主席朱明國。

2014 年 7 月 12 日病亡的雲南省副省長孔垂柱，被指早於2009 年就染上愛滋病，和他共用三個情人的，除了雲南省副省長沈培平，還有很多其他官員。在湖北武漢女子監獄服刑的「公共情人」湯燦，也是愛滋抗體呈陽性。

在中南海高官中，除了徐才厚患有愛滋病，周永康、令計劃也有性病。周永康從 2005 年 3 月以來長期患有性病，但他至少與

包括女主播、模特兒等約 400 名女性有染。令計劃被指有 27 名情婦及 5 名私生子。

人們不禁要問，為何中共貪官們用這麼一種近乎病態的瘋狂來從事淫亂活動呢？民間高人分析說，中國古人一直把色魔稱為魔鬼，那個魔鬼在另外空間是真實存在的。那些被色魔控制的人，真的是身不由己要去搞這些事，不搞，控制他身體的那個魔鬼就不會讓他消停，如同毒癮一樣。而色魔就是靠淫亂來獲取能量、繼續存活下去。

王岐山的無奈與苦惱

據香港《動向》雜誌 2015 年 6 月號披露，中紀委書記王岐山在一次中紀委常務會議上，談到中共黨政官員搞婚外情和嫖娼、權色交易問題的嚴重性、泛濫性、複雜性和危害性。他無奈地說：「怎麼辦、怎麼辦？這類狀況能容忍持續下去嗎？」

在王岐山列出的 2013 年、2014 年黨政官員的腐敗案件中，涉及婚外情、權色交易方面占 65％，其中在經濟領域腐敗案中，85％都涉及婚外情、權色交易。在接獲舉報的公職人員腐敗案件中，涉及婚外情、權色交易的近 70％。

報導指出，王岐山的困境，主要在於此類行為在中共體制內不涉及違法犯罪，而如果嚴肅處理，一大批高官將下台，中共黨政機關將面臨癱瘓。

第三節

最後通牒逼公布財產 終無效

王岐山出強招 逼中央委員公布財產

　　據《動向》雜誌 2016 年 9 月號報導，8 月 28 日召開的中共中央政治局生活會，因爭議激烈而罕見長達八小時。

　　報導透露，中央書記處書記、中辦主任栗戰書等 22 名中央委員及 12 名中央候補委員，聯署提出了《關於第十九屆中央委員準候選人、中央候補委員準候選人在十九大召開前期公開公示個人、配偶財產，直系親屬工作，經濟來源、國籍及境外國外居留權狀況》、《關於本屆中央委員、中央候補委員及中紀委委員在十八屆六中全會上公開公示個人、配偶財產，直系親屬工作、學習狀況，有否持外國國籍、居留權狀況》的議案。

　　這等於是逼現任三個江派常委劉雲山、張高麗、張德江，以及中央委員中的江派人馬，公布其家庭財產。目前中共十八屆中央委員有 200 多名、候補委員 170 多名。加起來一共近 400 人。

這 400 人基本占了中國最富裕的頂級階層的絕大多數。

據說王岐山為了強力推行這一財產調查，還特意立下軍令狀，要求中共黨政國家機關、部門公職人員，最遲要在最後警示後，「無條件、無任何藉口公開公示本人及配偶的經濟狀況，直系親屬的財產、國籍、外國居留權的情況，不辦理好一律不能晉升、提拔，一律不辦理退休手續。」王岐山強調，要在 10 月召開的六中全會前後執行，最遲在明年七中全會前落實。

王岐山對江派大佬發出「最後通牒」

據《動向》雜誌 2016 年 8 月號披露，7 月 26 日，中共政治局舉行會議決定於 10 月在京舉行十八屆六中全會。會後，政治局常委會作出決定，由王岐山出面分別約談前中共政治局常委曾慶紅、李長春以及賀國強。

王岐山在約談時指出，政治局常委、委員以及已退離休的政治局常委，必須高標準遵守、執行相關紀律、規矩和政策。王岐山對曾慶紅、李長春等人明確提出四點必須申報並接受監督審查的內容：

一、申報個人、配偶和子女直系親屬財產及財產來源；二、子女和直系親屬在境外、外國有否居留權或外國國籍情況；三、子女和直系親屬在境外、外國的財產包括公司企業、債券、物業等情況；四、在境外、外國外資企業擔任高管或在其名下隸屬公司任高職的情況。

王岐山在約談中亮出底牌，明言這是本屆中紀委的工作重心，是一塊啃了近四年並一定要在本屆任期內啃下的「硬骨頭」。

王岐山甚至坦然放話稱，如果這個硬骨頭啃不下，反腐工作將遭遇重大挫折甚至夭折，這是自己不敢承擔的「罪責」。

言外之意，王岐山是志在必得。其實江派人馬的貪腐情況，王岐山早就心裡有底。這些年反腐抓來的各級貪官的行賄受賄舉報，加上「巴拿馬文件」曝光的一些材料，很多都指向曾慶紅、李長春和賀國強等人。

習近平、王岐山這次藉公布財產向江派大員逼宮，一是真的要拿下一些人，二是讓這些人閉嘴、讓路，不要再阻撓習的改革，兩種目的都有。從王岐山的這番話來看，很可能習陣營要藉六中全會要求的公布財產，狠狠打擊江派：凡是那些財產超過正常合理範圍的，都得去投案自首，否則嚴懲不貸。

江派多次反對申報制

「官員財產公開」這一被全世界認為是行之有效的防止官員腐敗的手段，但在中國長期遭遇到強大的阻力。早在 1994 年就被列入立法規劃的《財產收入申報法》，歷經 20 年仍未能進入實際立法程式。

胡溫時期的 2010 年 5 月 26 日，中共中央辦公廳、國務院辦公廳印發《關於領導幹部報告個人有關事項的規定》。要求副處級以上官員每年如實向組織報告婚姻、出國（境）、收入、房產、投資、配偶子女從業等 14 個方面的個人有關事項。

習近平上台後，更是竭力推動此事。據中共官媒 2016 年 1 月 25 日報導，2015 年，因不如實報告個人有關事項等問題被取消提拔資格的副處級以上官員有 3900 多人，被調離崗位、改任非領導

職務、免職、降職等處理的 124 人，因抽查核實發現問題受到處分者 160 人。

然而在中共高層，「官員公布財產」卻成了行不通的事。

2014 年 8 月 15 日，習近平讓李克強的國務院公布《不動產登記暫行條例（徵求意見稿）》，試圖嘗試官員財產公開制度，但遭到既得利益集團阻撓而遲遲未能推行。據港媒報導，在中共十八屆政治局常委中，張高麗抗拒財產申報。

外媒曾報導說，中共十八屆七常委要公布財產的消息傳出後，有前任政治局常委強烈反對，並有人誓言，如果七常委公布財產，就讓他們難堪，最終讓他們下台。

這些反對者就是江派新老常委曾慶紅、周永康、張德江和張高麗等。

第四節

絕密：習王都對反腐絕望

江澤民掌權時以「貪腐治國」，致使中共整個官場腐敗橫行，呈塌方式潰敗。習近平、王岐山已看透中共，並徹底絕望。（大紀元合成圖）

　　2016 年 10 月《大紀元》獲悉，習近平、王岐山已看透中共，並徹底絕望。他們知道中共已無可救藥，無論做什麼，老百姓都不再相信。據悉，習不想指定接班人，他希望自己能做民選總統，從而徹底改變中國。

　　中共的腐敗在江澤民「貪腐治國」的政策下四處蔓延，雖然習近平掌權後實行「依法治國」，並大抓貪官，但是中共官場的各類表現顯示中共已經無可救藥。

中共腐敗案太多 王岐山已絕望

　　就在習、王上任以來的反腐成果被集結成紀錄片，2016 年 10 月在六中全會期間播放時，卻有媒體報導王岐山對中共腐敗已經感到絕望。其實近年來諸如此類說法並不新鮮，除海內外皆有

相關輿論，就連中紀委甚至王岐山本人都曾經不只一次類似表述。

《動向》9月號報導稱，北京當局反腐反不過來已是事實。全國紀檢系統積壓的舉報材料已超過500萬份，「100年也處理不清」。

當然100年是誇張說法了，有人把20年前的政治段子稍加修改後說：「把領導幹部全抓起來肯定有冤枉的，排成隊隔一個抓一個絕對有漏網的。」

報導稱，習近平2016年5月下旬曾與王岐山交流，再談「微腐敗」可能成為「大禍害」。「打蒼蠅」無法收實效，表面看是繫於紀檢人力資源有限，其實是體制問題。有人調侃說：「全國三分之二的公職人員進紀檢，『打蒼蠅』才有可能。」在另一端，「全國三分之二公職人員進紀檢」等於紀檢系統永無實現淨土的可能。

人們都知道，腐敗問題的根源是一黨專政的中共體制。網上有帖子說：「反腐不反體制（中共），累死老王（王岐山）」。不光輿論這麼看，王岐山方面亦流露出同樣的力不從心，正如中紀委文章說：「8000多萬黨員光靠辦幾個案子是管不住、治不好的。」

王岐山2014年11月在《人民日報》撰文稱，「反腐敗是一場輸不起的鬥爭」，當時外界注意到並分析稱，反腐成效如此顯著，其用詞不是肯定的「一定贏」，卻是輸不起的保守說法，這說明王岐山深知反腐是多麼的艱難，深知江澤民貪腐集團的反撲會多麼囂張。

王岐山「氣在心裡」 中共已沒治

早年大陸流行的一個政治段子說：「對於反腐，有人一臉悲觀：查再多也沒啥用，隱藏的貪官更多，查得完麼？」

2015 年 7 月，廣東省國資委前主任劉富才出國後長期不歸，面對省紀委下達的「最後通牒」，他卻說，「我當這麼大的官，你們要調查的那些事都不叫事，要查，每個人都有事，比我事大的也有，紀委該先查他們才是。」

2016 年 9 月，港媒的報導稱，現在，中共紀檢人員違紀違規情況十分普遍且消極怠工，已經到了王岐山「看在眼裡，氣在心裡，落個沒治」的地步。據悉，2015 年下半年以來，中共黨政官員的變相公款吃喝呈復熾之勢，私人會所生意再度上升。不過，他們約定好只吃喝而不談官場見聞，在飯後可能的私人茶敘時才說一些，這個規則被稱為「放開味蕾管住嘴」，還帶有幾分神祕，如會所的菜名均用代號。根據江西省的通報：一位由縣委書記任上調升省紀委黨風政風監督室的官員，由於受邀到私人會所吃「代號菜」而被終止副廳級試用期。

中國二號人物王岐山

第八章

設監察委 為王留任準備

2016 年底，經過四年反腐，王岐山作為習近平的最高反腐刀手，能否在中共十九大續任，成為各界關注的焦點。值此之際，中共展開國家監察體制改革試點，等於把反腐敗的監察大權從中共黨務系統轉移到國家政府系統。此舉引人聯想。

2016 年 11 月，大陸展開國家監察體制改革試點。此舉或要增加國家管理制度「第四權」：監察權。（Fotolia）

209

第一節

2015 年王岐山談退休

習近平當局的反腐行動帶有王岐山很強的個人色彩，王岐山 2015 年談退休，引起不同解讀。（Getty Images）

　　2015 年 2 月 7 日上午，中紀委書記王岐山發表退休相關言論之後，引起外界的紛紛解讀。有的認為王岐山是在暗示將加速打「大老虎」，有的認為習近平的親信栗戰書會接王岐山的班。如果王岐山真的退休了，由誰來接班？

王岐山談退休 兩種解讀

　　據港媒報導，2015 年 2 月 7 日上午，出席中共紀檢監察系統退休官員新年團拜會的王岐山對在場的退休官員說：「今天的你們就是明天的我，我這個歲數也很快到老幹部的隊伍了，如果不是因為職務的原因，我現在就應該在你們其中，如果我是局長的話，我應該退休很多年了，如果我是副部長、部長的話，我也應該退休了。」

1948 年出生的王岐山，十九大 2017 年將是 69 歲。按中共官場政治局常委「七上八下」的潛規則，68 歲及以上年齡者在換屆時候不能再擔任或者連任常委，屆時王岐山也得退下。

被稱為習近平「清道夫」的王岐山真會退休嗎？《中國密報》的評論稱，王岐山去留的最大變數在於習近平是否會改變包括「七上八下」在內的中共規則。王岐山公開說退休，可能是政治試探。

不過，2 月 19 日，香港東網的評論則稱，王岐山擔任過國有銀行高管、海南省委書記、北京市長、國務院副總理等職，並不戀棧官場。王岐山的退休言論，可能是釋放要在餘留任期將繼續窮追猛打老虎的訊號。中紀委曾發表文章稱，留給「老虎」的時間不多了。這或正反映王岐山的「心聲」，在餘下的兩年時間裡，要全力圍殲老虎。

該媒體還提到，臨近過年這幾天，中紀委公布，七名省部級以上貪官被集中處理：2 月 16 日全國政協副主席蘇榮被雙開，浙江省政協前副主席斯鑫良涉貪被查。2 月 17 日廣東省政協前主席朱明國、山東省委常委兼濟南書記王敏及山西省委常委兼太原書記陳川平被雙開，而江西省政協副主席許愛民則被開除黨籍並從副部級降至副處級。

時政評論人士夏小強表示，習近平、王岐山針對江澤民集團展開的反腐「打虎」行動，已經進入到關鍵的節點。不斷輿論造勢，釋放信號顯示，已把「打虎」最終目標鎖定為中共前黨魁江澤民。時政評論人士唐靖遠當時也認為，如果在今後的兩年裡，不能拿下「老老虎」江澤民，王岐山退休，將無異於反腐半途而廢；他主動提到關於退休的話題，「一則是針對退休幹部應景，

二則恐怕也不無暗示的意味，即拔掉最大的老虎江澤民，很可能
會在其任期內完成。」

王岐山反腐具四大個人因素

港媒《東方日報》2015年2月13日報導稱，中紀委書記王
岐山日前在紀檢監察系統新年「團拜會」上表示，因年齡問題可
能不再延任，對此很多官員固然大鬆一口氣，但也有很多人擔心，
反腐可能因人廢事，功虧一簣，因中共上下難以找到能接棒王岐
山之人。

報導稱，中共十八大之後，王岐山之所以能全力反腐「打
虎」，是因其具有四大因素。第一是他曾任多項職務，在中共官
場是「異類」，而且王岐山沒有孩子，既無給子女謀福利的壓力，
也沒有被子女坑爹的可能，更不怕別人要脅利誘。

第二個因素是習近平的鼎力支持。在反腐「打虎」中，王岐
山開路，習近平則是總導演。習王兩人默契配合。

第三個因素是王岐山是元老姚依林的女婿，具有紅二代的政
治優勢。第四個因素是王岐山的手段靈活，被外界形容為「救火
隊長」。

報導稱，從某種意義上說，習近平當局的反腐行動帶有王岐
山很強的個人色彩。問題是王岐山的年紀已偏大，按照政治局常
委「七上八下」的潛規則，王岐山在下屆將退休，屆時誰能接替
王岐山反腐呢？如果中途換人，反腐很可能半途而廢，因而該媒
體認為王岐山應該留任。

被江派媒體誣為貪腐婚外情

2015 年 1 月中旬，外界指被江澤民派系所控制的明鏡網發表獨家消息，稱國安部副部長邱進被中紀委帶走調查，其原因是邱進因為向外人披露王岐山婚外情和貪腐，得罪和激怒王。但此獨家沒有任何細節，而近年來，這種習江鬥中的放風與論戰一直沒有中斷過。

明鏡網的《明鏡郵報》2015 年 1 月 18 日獨家報導：北京政界人士透露，中共國安部副部長邱進前天，16 日，被中紀委帶走。一位消息人士對明鏡網透露：「邱進被調查，是得罪了某位現任政治局常委，向外界透露了這位常委有婚外情，以及貪污腐敗等『謠言』，激怒了某常委。」

《明鏡郵報》此消息稱：邱進是團派重要成員，1978 年進入中國人民大學黨史系學習，畢業後進入共青團中央學校部，後為副處長，並擔任中共全國學生聯合會副祕書長，當時正是胡錦濤、王兆國、劉延東、李克強、李源潮等人主政團中央期間。

而後，同屬明鏡網旗下的《調查》雜誌文章直接點名王岐山：「知情消息人士透露說，邱進的確差點被抓起來，但不是因為間諜案，而是得罪了王岐山，向外界透露了王岐山有婚外情，以及貪污腐敗等『謠言』，激怒了王等等。」

2015 年 2 月 13 日的 BBC 文章表示，「不過，此次《人民日報》發表了邱進撰寫的長篇文章，顯然是專門為他『闢謠』的舉動，因為在此之前，很少會有國安部高級官員公開發表文章或出席公開活動。」

有評論認為，這是江派人馬，特別是劉雲山在保邱進。但一

個月後，人們看到了真相。

《新紀元》周刊第 416 期（2015 年 2 月 12 日出刊）《數百人被查 中共國安公安一片混亂》的報導中稱，北京政界圈已經傳出有關消息，中共中央紀律檢查委員會對邱進進行調查已久，北京政界人士認為，邱進與周永康關係密切，被抓是「遲早的事」。

2012 年 2 月，中共重慶市前市委書記薄熙來與他的心腹、重慶市公安局前局長王立軍，為了英商海伍德命案翻臉，王憤而帶著大批機密資料闖入美國駐成都領事館，震驚國際。報導稱，邱進與中共中央政治局前常委周永康關係密切。王立軍逃入美國駐成都總領館後，邱進奉命去見他時，暗中攜帶了周永康的密信，其中承諾王立軍官職不會變，不會受到法律追究、政治上仍有前途等，如此才把王立軍順利從美國領事館「誘」出來，帶回北京。

知情人士表示，中紀委對邱進調查已久，邱進也已經接受了數次談話。報導還指，邱進之所以「出事」，真正原因是捲入周永康案。據北京消息人士最新向《外參》證實，在周永康的乾兒子孔濤被抓、北京國安局長梁克被逮捕後，已經牽出二者與邱進都有直接關係，甚至邱的問題可能要比孔、梁都嚴重，所以國安系統一直都在傳說，邱進落馬只是時間問題。

不過後來國安部的副部長馬建在 2015 年 5 月落馬，外界猜測，可能邱進提供了很多有關馬建與曾慶紅的貪腐證據，將功抵過，因此邱進至今還沒有出事。

為了毀王岐山的名聲，江派不惜編造謊言，可見江派貪官是多麼怕王岐山，王岐山與江派官員是多麼的不同。

第二節

政治體制改革第一刀

假如中共能夠重視監督，就接近孫中山提出的「五權分立」。圖為 2016 年 11 月 11 日，北京高調紀念孫中山誕辰 150 周年。（AFP）

王岐山將主管監察委？

2016 年 7 月 14 日，《學習時報》發表題為《通過修法完善國家監察體制》的文章，提出了兩點建議：

一，將《行政監察法》更名為《國家監察法》。中央設立國家監察委員會，負責對中央所有國家機關和公務人員進行監察監督。國家監察委員會主任由國家主席提名。

二、將檢察機關的反貪局機構和審計機關併入國家監察機關；繼續實行中紀委與國家監察機關合署辦公，改革紀檢監察領導體制，國家監察機關實行垂直領導體制；擴大監察對象，實現監察全覆蓋。

《新紀元》周刊當時分析說，「假如王岐山『絕對不會留任

中紀委書記」，那他最可能的去處就是這個新成立的國家監察委主任。」不過，習近平、王岐山的這些安排，一年後被江派給破壞了。

文章中引述了華府中國問題專家石藏山對《新紀元》週刊表述，稱假如王岐山真的去了監察委員會，中共能夠這麼重視監督，那就很像台灣實行的「五權分立」。「五權分立」即指「行政、立法、司法、考試、監察」分立，是中華民國國父孫中山提出的一種政治主張，是現時台灣的政治體制。

如今習近平、栗戰書主管的中央辦公廳，發文件在三省試點國家監察制，預計很快就會擴大到全國，並在十九大前後推出《國家監察法》，成立國監委。

2016 年 7 月《新紀元》週刊就預測，這個監察委的設立是為王岐山留任做準備的，2 年後的 2018 年 3 月兩會上，雖然王岐山沒有出任國家監察委主任，但楊曉渡是王岐山一手提拔上來的，而且王岐山作為國家副主席，也有權過問監察委的事，這也變相印證了《新紀元》週刊當初的預測。

設監察委 陸媒解讀為政改第一步

2016 年 11 月 7 日，中共中央辦公廳公布《關於在北京市、山西省、浙江省開展國家監察體制改革試點方案》，部署在三省市設立各級監察委員會，從體制機制、制度建設上先行試點改革。

《方案》強調，「國家監察體制改革是事關全域的重大政治改革，是國家監察制度的頂層設計。深化國家監察體制改革的目標，是建立黨統一領導下的國家反腐敗工作機構。」

　　通稿中解釋了進行國家監察體制改革的目標在於：「實施組織和制度創新，整合反腐敗資源力量，擴大監察範圍，豐富監察手段，實現對行使公權力的公職人員監察全面覆蓋，建立集中統一、權威高效的監察體系，履行反腐敗職責」。

　　第二天11月9日，《人民日報》海外版微信公眾號「俠客島」評論說，像「重大政治改革」這樣的字眼，「十八大以來也非常少見」。雖然這篇新聞通稿只有400多字，但透露了「重大政治改革」的未來走向。

　　文章解讀說，首先在提法上。六中全會的公報中，首次將「監察機關」與「權力與立法機關」（人大）「行政機關」（政府）「司法機關」（法院、檢察院）並提，甚至按照合理推測，未來也許會出現「一府兩院一委」（政府、法院、檢察院、監察委）的架構。這是一個全新的垂直條線，由權力機構人大產生。

　　其次，是法律需要隨之修訂。比如，在憲法中，其實並無「監察機關」這一概念，未來如果需要提升其位格，就面臨修憲可能。又如，現行的《行政監察法》，監察的對象、手段也和國家監察委員會所需的不完全一樣。未來監察委究竟監察的對象有多廣、可以獲得怎樣的監察手段與權利，都需要法律予以確認。

　　此外，在中共六中全會的公報中，過去人們熟知的「黨風廉政建設」，被新的表述「黨風廉潔建設」所替代，這就意味著，反腐敗將不僅是政黨內部的事情，更是整個國家、整個社會的職責與風氣所在。

第四權力的確立 一府兩院一委

人們解讀這個試點是要在國家管理制度上增加一個監察權：「第四權」。

現代西方國家大都採用三權分立制度，即立法、行政、司法三種國家權力分別由三種不同職能的國家機關行使、互相制約和平衡。一般立法權由議會行使，行政權由總統或內閣行使，司法權由法院行使。

由於在西方有民主制度和新聞自由，媒體充當監督人，記者是「無冕之王」，因此在西方民主國家並沒有監察部門。

中國自古以來就有所不同。自秦漢以來，起監察作用的御史大夫就與丞相、太尉並列稱為「三公」，監察權也長期與行政並列。在民國時代「一府五院」的政體中，就有專門的「監察院」。

時事評論員石實表示，「十八屆三中全會《決定》明確提出『成立國家安全委員會』，一度被視為憲制調整的先導信號。但最後，國家層面的國家安全委員會並未成立，國安委隸屬中共中央，作為一個議事協調機構存在，並未能破局，因此吹響調整蘇聯式憲制號角的，不是國安委，而是監察委。」

他認為，《方案》呼應了十八屆六中全會公報中的一個提法：「各級黨委應當支持和保證同級人大、政府、監察機關、司法機關等對國家機關及公職人員依法進行監督」。這是官方首次將人大、政府、監察機關和司法機關四者併列。而在中國《憲法》中，既無「監察機關」的提法，也沒有「司法機關」的提法，

很多評論說，過去反腐主力的中紀委屬黨務系統，其執行的只是中共幫規或家法，而並非國家司法機構，從習近平提倡的「依

法治國」來看，中紀委的反腐有些「名不正言不順」，這使得中紀委的職能和許可權都有很大侷限性。而即將成立的國家監察委，相當於中國古代朝廷設置的中央行政監察機關禦史台，是正式的國家司法機構，可以讓監察與反腐的運作合法化。

也有人預測，國家監察委的試點與成立，等於是把目前最重要的監察大權從中共黨務系統轉移到國家政府系統，這很可能是習近平為拋棄中共的一大重要鋪墊。

另外，監察權的增加，意味著中紀委權力的加強，這令王岐山留任常委的跡象更加明顯。

中央社報導稱，中共六中全會新通過的《監督條例》及《政治生活準則》的實施效果如何，中紀委成了關鍵，執掌中紀委的王岐山更成為「重中之重」。習近平要是敢跳過「七上八下」，讓王岐山破例續掌中紀委，習的制高點會站得更穩。

習近平會學台灣的五權分立嗎？

華府中國問題專家石藏山對《新紀元》周刊表示，假如中共能夠這麼重視監督，那就很像台灣實行的「五權分立」。孫中山認為中國古代立法權、行政權和司法權不分的流弊很大，而西方國家所實行立法權、行政權和司法權的三權分立也不太完全；因此他提出採取西方各國行政、立法、司法三權憲法的長處，並融入中國古代考試權和監察權獨立的優點，而創立了以五權分立概念為核心理念的五權憲法。

其主要目的應是避免行政權兼考試權會造成私自用人（美國總統安德魯・傑克遜當選總統後撤換聯邦政府官員，代之以自己

的支持者與友人，被稱為「分贓制度」），以及立法權兼監察權會造成議會專制的問題。考試權獨立的理論來自中國古代科舉制度；監察權獨立的理論來自中國古代御史制度與美國哥倫比亞大學教授詹姆斯・希斯羅（James Hervey Hyslop）主張的四權分立（行政權、立法權、司法權及彈劾權獨立）。

也就是說，孫中山創立「行政、立法、司法、考試、監察」獨立的五權憲法，目的是要補救三權分立的缺點，希望藉此創立五權分工合作的萬能政府。

如果習近平不搞西方的三權分立，而學蔣經國搞民主式樣的總統制，也許台灣的五權憲法也很適合大陸。

習高規格紀念孫中山 「為振興中華奮鬥」

說來也許不是巧合：2016年北京一反常態，高調紀念孫中山。

2016 年 11 月 11 日上午，紀念孫中山先生誕辰 150 周年大會在北京隆重舉行，除張德江外訪越南外，其餘政治局常委全部出席。習近平在講話中表示，孫中山是偉大的民族英雄、偉大的愛國主義者、中國民主革命的偉大先驅，立志救國救民，為中華民族作出了彪炳史冊的貢獻。

1866 年 11 月 12 日，孫中山誕生於廣東省香山縣。青年時期孫中山見滿清腐敗，遭受列強欺凌，乃立志革命，棄醫從政，歷經十次失敗後，1911 年 10 月終於在武昌領導起義成功，推翻清朝，並於 1912 年創立亞洲第一個民主共和國——中華民國；此後開展討袁護法、護國及北伐戰爭。

習近平說，孫中山有著深厚的為民情懷，一生堅持以「天下

為公」為最高思想境界，致力於「除去人民的那些憂愁，替人民謀幸福」。他並強調，對孫中山最好的紀念，就是學習和繼承他的寶貴精神，團結一切可以團結的力量，調動一切可以調動的因素，為他夢寐以求的振興中華而繼續奮鬥。

習還表示，「兩岸同胞前途命運同中華民族偉大復興密不可分」，「實現祖國完全統一，是中華民族根本利益所在，也是全體中華兒女的共同願望和神聖職責」。

進行政治改革的條件基本成熟

回頭再來看北京推行監察委的更深層意義。

2016 年 11 月 10 日，港媒東網的評論文章說，此次設立監察委員會，這是習當局反腐鬥爭開展幾年來最重大的一次體制突破，原本一直被視為禁區的政治體制改革開始脫敏，中共或將迎來新一波的政改浪潮。

文章說，中共建政後，建立了一黨執政的政治體系，到上世紀 80 年代通過《憲法》確定一府兩院架構，之後幾乎沒有對政治體制架構作出重大改革，尤其是胡耀邦、趙紫陽力推黨政分開的政治體制改革，被左派認為是走自由化道路之後，政治體制改革就成為一個敏感詞。

而這次監察委的試點，表明習近平有更大的雄心及魄力進行體制性的創新，政改已經脫敏。

文章認為，今次試點表明習近平有更大的雄心及魄力進行體制性的創新。按照中共現行體制，政治局常委會處於權力金字塔的最頂端，次一級是中央政治局，還有一個中央書記處主持日常

工作，再加上一系列的領導小組及委員會。這容易導致權力分散內耗，形成山頭派系，加劇政治鬥爭。

據早前傳聞，中共十九大或將取消政治局常委會。很多人認為，這一猜測現在看來並非空穴來風。而取消政治局常委制之後，總書記的權威將大大增強，為今後實行總統制打下基礎。「一切皆有可能」。

美國之音也引述分析人士的話說，六中全會上「習核心」的確立，習近平的集權有可能會建立一種新的政權模式，也有可能讓中共在他這一代就結束了。

第三節

江派依舊抵抗習核心

十八屆六中全會主題為「從嚴治黨」的實質，就是將要把「從嚴治江」形成決議，為徹底解決江澤民集團的問題達成共識。（AFP）

不過，哪怕習近平、王岐山有政治改革的意願，但他們不得不面對江澤民派系的竭力阻撓。這在十八屆六中全會上就能體現出來。

「習核心」在大陸報紙頭版消失

2016 年 10 月 27 日，中共六中全會結束。官方公報中出現以「習近平同志為核心的黨中央」，並重提包括「核心意識」在內的「四個意識」，還號召所有中共黨員「緊密團結在以習近平同志為核心的黨中央周圍」。《人民日報》還發表社論稱「習核心」乃黨和國家根本利益所在。

然而 10 月 28 日，大陸很多地方報紙多以「十八屆六中全會在京舉行」或是「堅定推進全面從嚴治黨」為大標題，唯有江蘇

《現代快報》頭版以「習近平總書記已成全黨核心」為標題。紅色的大字大過《現代快報》的報頭字體。

《現代快報》隸屬鳳凰出版傳媒集團，報社位於南京，是面向長江三角洲地區發行的綜合性城市日報。不過，《現代快報》官方網站很快將頭版刪除。港媒分析說，即使是引述自《人民日報》「習核心」的提法，還是不討劉雲山的歡喜，還是被歸為「輿論導向偏離」而刪除。

也就是說，哪怕習陣營利用六中全會的「一致通過」，以全體黨員的名義，加冕了習近平為「領導核心」，但不從的人還是有，各種暗流還在湧動。

四年查辦 174 隻老虎 逾 60 年總和

由此現象或可一窺中共黨員不少人心中暗地裡反對習近平的現狀，因為習的反腐直接打碎了既得利益者的蛋糕。

自 2012 年底十八大習近平上台後掀起反腐風暴，到 2016 年 10 月，四年來已有成千上萬名各級官員落馬，其中包括 170 多名中共黨政軍高官，其中中共黨內機構、國家機關與政協官員（副部級及以上）120 人，軍隊軍官和武警警官（副軍級及以上）54 人，合共 174 人。

據中紀委網站公布，2013 年至 2016 年 9 月，紀檢監察機關共立案 101.8 萬件，101 萬人受黨紀政紀處分，查處範圍覆蓋 31 個省區市，包括中央機關、國企和金融單位。

與以前中共反腐不同的是，習近平的反腐，不但數量超過之前 60 餘年的總和，而且級別最高，打破了「刑不上常委」的潛規

則，包括周永康、令計劃、徐才厚、郭伯雄、蘇榮等正、副國級「大老虎」，都紛紛落馬，而且習近平一直高喊「反腐永遠在路上」，要徹底搗毀「鐵帽子王」的美夢。

財產公示遇阻 中紀委搞抽查報告

然而令人失望的是，六中全會公報中，人們沒有看到中共官員財產公示的相關信息。

路透社報導說，北京當局原先承諾推動的兩個關鍵反腐平台——《官員財產公示法》和《反腐敗法》，由於遭到一些人的抵制而被打入冷宮。

加州克萊蒙特・麥肯納學院政治學教授裴敏欣告訴《金融時報》，由於共產黨的保密本能，要求官員公布財產將是一個重大事件。朝這個方向邁出步伐，將「造成黨內的反叛」。

路透社引述與高層有關係的消息來源說，王岐山希望高級官員公布他們的財產。「自從 2012 年以來，王岐山一直試圖推動這個事情，但是遭遇非常強大的反對。」

中共現有的規定要求處長以上政府官員向黨報告他們的家庭財產，但是不需向公眾披露。近年曝光的一些大案要案常常顯示，非法資產是由貪官的親信或家屬親戚持有。

中國人民大學法學教授何家弘告訴《金融時報》，中紀委現在隨機抽查官員的財產內部報告。而在 2012 年之前，沒有人去審查這些報告。何家弘還說：「我擔心我們本周將不會看到任何結果。」「也許明年。」

司法部繼續頑抗 推出新法對抗憲法

更讓人失望的是，就在六中全會前夕，中共司法部先後對《律師事務所管理辦法》（司法部令第133號）、《律師執業管理辦法》（司法部令第134號）進行修訂，多項修訂被法律界人士認為是「違反憲法、侵害律師權益」的大倒退。

就在六中全會結束的第二天，10月28日自由亞洲電台報導說，廣東律師王全平日前向司法部長吳愛英提起控告，控告她在修改上述兩個辦法過程中，存在嚴重違法失職，涉嫌刑法第397條濫用職權和玩忽職守。

控告書說，《律師事務所管理辦法》和《律師執業管理辦法》均規定，律師事務所和律師「應當把擁護中國共產黨領導、擁護社會主義法治作為從業的基本要求」，此規定嚴重違憲、違法；禁止「聯署簽名、發表公開信……」違背言論自由和審判公開原則。司法部意圖用律師所牽制律師，株連手段昭然若揭。而「攻擊、詆毀」這些詞都是「文革」的慣常用語，這是典型的「文革」思維和作風。

控告書最後說，新修訂的兩個《辦法》許多條款嚴重違反憲法和法律規定，無端強加政治義務和法律義務給執業律師，嚴重侵害律師合法權益，產生極惡劣的社會影響。吳愛英身負首長之責，已經涉嫌濫用職權和玩忽職守。

江派玩高級黑 習並未全部掌握權力

對此，人在北京的中共黨史學者、軍隊退休大校辛子陵10月

27 日接受美國之音的採訪時表示，此事表明習近平並沒有拿到全部的權力。

辛子陵說：「中共這個執政黨內部，他有兩個司令部。現在習近平，在六中全會之前，他沒有拿到全部的權力，你比如說政法系統，周永康倒了，是不是意味著各級政法的權力都歸到習近平這裡來，理論上應該是這樣子。實際上，這個組織上思想上的影響是千絲萬縷的，好多人他自覺不自覺地執行周永康那一套。

最近有個叫王治文的，出國忽然被截在廣州了，這事情這不會是習近平叫幹的。因為江派他們還掌握著一部分權力，現在老百姓一有不滿的事兒，罵誰啊？罵最高領導人，賴習近平幹的，實際上不是他的主意。

所謂抹黑啊，高級黑啊，就這麼回事兒。現在江派這些老老虎、大老虎，面臨著滅亡的命運，豁出去了，我好不了，也不能叫你好，他用破壞的辦法，敗壞習近平政權的聲譽。」

香港也不在習近平的掌控中

針對六中全會結束一個月來香港《成報》的文章，政論作家陳破空也表示，《成報》對張德江等人的發難，一石數鳥，意在向外界表明：十八大至今，主導香港事務的，並非習近平，而是張德江；中央在治港政策上有分歧，有兩條路線的鬥爭；習近平可能調整對港政策，以收回香港人心，但前提是，掃除以張德江為首、從北京到香港的江系治港人馬。

《大公報》、《文匯報》與《成報》的對罵、混戰，證明中共的主要喉舌並未掌握在習近平手上，習王只能通過財新網、澎

湃網、《成報》等另類媒體，為自己殺出一條血路。

辛子陵還表示，《炎黃春秋》事件、抓律師等，都是江派在抹黑。對於江系抹黑的事情，習近平是知情的。「現在有的是不作為、有的是反作為。所以這個必須得總解決。組織上的總解決，將來開十九大，重新任命幹部，重新布局。不解決政令就推不開。」

王岐山五拒江派特赦貪官提議

關於江派對習陣營的抵制和反撲，《動向》2016 年 10 月報導說，自 2013 年 11 月以來，中紀委至少五次拒絕中央委員會內部、人大常委會內部有關「特赦、特免、寬免」貪官聯署提案。

這五次分別是：

一、2013 年 11 月（中共十八屆三中全會）後，22 名中央委員的聯署。

二、2014 年 3 月 15 日（中共全國人大十二屆二次全會），32 名人大常務委員的聯署。

三、2014 年 12 月，28 名中央委員、15 名中央候補委員的聯署，其中有多名時任省委書記，如羅志軍、王珉、張寶順。

四、2015 年 7 月底，在北戴河中央工作會議上有 35 名省委書記、省長、部長、部黨組書記聯署。

五、2016 年 3 月下旬，42 名中央委員、中央候補委員，29 名人大常務委員等分別聯署致信中央政治局、中紀委、中共人大黨組，提出各種有條件特赦、特免、寬免腐敗官員、非黨員官員的意見及議案。

報導稱，王岐山曾多次堅決表示：本屆紀委不會審議、討論有關特赦、特免、寬免的建議和議案，他強調：民眾不會接受、不會寬恕公職人員，特別是高級官員的腐敗「違紀違法行徑」。

從這五次提議來看，參與者是越來越多，反對習王反腐的官員也越來越多了。大陸官場曾流行一個「三不政策」：不拿錢，不送禮，不幹事，整個官場出現了對習王反腐的消極抵抗。不過，這種狀態，反而促使習近平、王岐山更加嚴厲地出手。

習王將更加嚴厲對待反腐

王岐山此前多次對腐敗官員放狠話，且再三強調：「必須一把尺子執法到底，寸土不讓」；「反腐還在路上，不會停頓，不要幻想會停頓」。

中紀委官媒也多次刊文稱，在反腐敗「鬥爭」的前進道路上，註定不會一馬平川，每向前推進一步，必然會面臨新的阻力，難免會有各種噪音、雜音，如反腐「這樣下去人人自危，影響幹勁」、「反腐敗影響經濟」等。文章稱，鼓吹這些論調者「居心叵測」，其目的就是：「反腐敗可以緩緩手啦」。對此中紀委表態說，反腐敗鬥爭「永遠在路上」，「是一場不能輸的鬥爭」，並引用王岐山的話：必須保持政治定力，「保持力度不減、節奏不變、尺度不鬆」。

2016 年 7 月 1 日，習近平講話時也再次放狠話：「堅持零容忍的態度不變，做到有案必查、有腐必懲，讓腐敗分子在黨內沒有任何藏身之地！」習近平說，中共執政「面臨的最大威脅就是腐敗」，並且有「亡黨」危險。

中紀委新角色 監督官員效忠習

有人評論說，習近平能夠在四年內反腐殺出一條血路，為自己樹立起權威，與王岐山的拚命相助密不可分。六中全會既是習近平的勝利，也是王岐山的勝利，今後中紀委的作用將越來越大，功能也越來越多。

《紐約時報》報導說，隨著反腐運動堵住成千上萬官員的非法收入、激起官員的不滿，中紀委不但要反腐，也越來越擔負起政治審查者的角色，調查幹部對習近平及其議程的忠誠，同時鞏固中紀委作為習近平首席政治執行者的角色。

反腐和敦促效忠兩件事齊頭並進。習近平和王岐山認為，腐敗是黨內控制瓦解的表現，它也將催生不忠誠的派系。

《紐約時報》還說，六中全會上，中紀委預計將發布「全面嚴格治黨」的新規，特別是對高層官員，這將賦予中紀委監管和懲罰官員的更多槓桿。

最能說明權力新秩序的是中紀委令人膽寒的視察。中紀委稱之為「政治健康檢查」。他們已經審查了外交部、財政部、中宣部和央企等大名鼎鼎的機構。

比如 2016 年 10 月在公安部總部，數百名官員在禮堂聆聽中紀委調查員的訓話，調查員斥責公安部高級官員缺乏「政治判斷」，要求他們更效忠習近平。公安部長郭聲琨隨後表態，發誓要「更堅定和自覺的」服從習近平。王岐山警告官員說，在他領導的中紀委的監督下，「臉紅和出汗將是常態」。

另外一個引人注目的目標是中宣部。中紀委在 6 月視察了中宣部，說它「缺乏活力」，「一些領導官員的政治覺悟不高」。

批評這樣一個握有大權的共產黨機構，激起外界猜測北京高層存在派系內鬥。幾十家其他黨政機關也遭到中紀委類似的責備。

中國二號人物王岐山

第九章

王岐山專案瞄準曾慶紅

2017 年 3 月 17 日，《大紀元》獲得獨家消息指，金融大鱷肖建華已「全盤招供」，中紀委「順藤摸瓜」掌握大批江派「大老虎」貪腐證據。目前，習當局正式啟動中紀委「第二號專案」，瞄準江派第二號人物、中共前國家副主席曾慶紅。

金融大鱷肖建華是曾慶紅之子的白手套。中紀委「第二號專案」瞄準江派第二號人物曾慶紅。（大紀元合成圖）

第一節

十九大候選人必須公布財產

2017 年 2 月，據港媒與海外中文媒體披露，習近平當局正緊鑼密鼓籌備十九大換屆工作。中共中央政治局已通過有關提名政治局常委、政治局委員、中央書記處書記、中紀委副書記等準候選人的四條規則：

其一，必須得到中央政治局委員 80％以上的贊成票；

其二，被提名的準候選人向政治局會議、政治局擴大會議陳述個人抱負；

其三，被提名的準候選人必須公開公示本人、配偶及家屬的經濟收入、財產，接受黨內外監督；

其四，被提名的準候選人必須接受配合組織審查、核查，並承擔相關法律責任。

公示財產堵死江派官員晉級之路

報導援引北京知情人士的說法稱，十九大將是一次完全由

「習核心」主導的會議；上述四條規則打破每次換屆都是黨內派系鬥爭妥協的潛規則，十九大或許將有很多讓外界側目的新變化。

不過知情人士也指，儘管「習核心」已經確立，但是十九大中共高層權力爭鬥仍然充滿了驚險。而且中國沒有新聞自由，沒有三權分立，任何政治改革都很艱難，或難以實施。

外界關注，習當局設立的晉升規則若屬實，僅僅公示財產「接受黨內外監督」一項就堵死了江派官員的晉級之路。

2015 年底，有港媒消息稱，中共十九大籌備工作領導小組已成立，習近平任組長，其搭檔李克強、王岐山任副組長，而江派三常委未能進入籌備工作領導小組。該小組以「絕對忠誠」、「絕對合格」以及在經歷和家屬及親戚等社會關係方面的「絕對安全」等五大原則，考慮十九大晉級的人選。

2017 年 1 月 19 日，中共官媒全文刊發王岐山在中紀委七次全會上的講話，其中在「2017 年工作部署」的第一點強調，王岐山領導的中紀委對中共中央委員、中紀委委員、省部級高官「政治上有問題的一票否決」。

自 2016 年 6 月底以來，習近平先後在 6 月 28 日政治局會議、「七一」講話、7 月 26 日政治局會議、9 月 27 日政治局會議，以及 10 月 27 日的六中全會公報中，至少五次直接點名現任政治局常委。六中全會通過的政治生活準則與監督條例，相當於在中共內部制度層面上廢除了「刑不上常委」的潛規則。

肖建華以及眾多金融大鱷被查後，上述跡象顯示，習陣營要對江派現任及離任常委動手的信號越來越強烈。

王岐山警告曾慶紅 曾暴跳起來

據香港《動向》雜誌 2015 年 8 月號刊文，當年「七一」前夕，王岐山、趙樂際代表中紀委和中組部找曾慶紅嚴肅性談話、交底。

報導稱，王岐山把曾慶紅的「自我檢查和認識書」退還他，還警告曾慶紅不要擺出老資格，不要自以為有什麼「大保護傘」就有恃無恐。當時曾慶紅竟然暴跳起來說：「我有什麼大的問題，為什麼上屆不搞，要這屆來搞來整？」

內幕報導有待證實，不過曾慶紅的「暴跳」似乎可以透過當時一連串的新聞得到某種印證。

2015 年 6 月初，與曾慶紅的兒子曾偉關係密切的戴相龍女婿車峰在北京落網。11 日，周永康一審判處無期徒刑，官媒隨即評論並重提「沒人能當『鐵帽子王』」。12 日，影射曾慶紅的《慶親王》一書高調出版。23 日，時任國電董事長劉振亞被曝遭「雙規」，曾偉侵吞國資的「魯能案」被擺上檯面。26 日，西藏人大副主任樂大克落馬，他受曾慶紅提拔在國安系統任職近 20 年。

報導還說，王岐山在 2015 年「七一」前夕那次約談中亮出底牌，直接問曾慶紅何時簽署關於財產公示的意見。

同樣外界可以看到，2016 年有關財產公示的消息被密集釋出。8 月 28 日政治局生活會上，王岐山立下軍令狀，最遲至 2017 年七中全會前實現官員公開財產。2016 年 12 月 26、27 日舉行的政治局民主生活會上，習近平要求政治局委員逐一申報個人財產。

在官方通告方面，2016 年 11 月 30 日習近平主持政治局會議後，隨即發布文件，要求已退休的國級官員，未來退休官員待遇

「適當從低」，包括騰退住房、壓縮外地休假等。這份文件的出台，首先棒喝了「十一」期間舉家遊西藏的前北京書記劉淇。

香港《爭鳴》2016 年 11 月號報導，習王十九大前夕力推財產公示，準中央委員、準候補委員、準中紀委委員，必須向全國公開公示本人、配偶及家屬經濟來源、財產、境外居留權、國籍等。

所以，王岐山現在的處境，很像十八大前夕溫家寶的「財富事件」，因為溫家寶不僅是倒薄推手，還是中共黨內力主財產公布的代表人物。同樣地，外界多懷疑相隔五年的兩起事件，背後都是曾慶紅的指使。

曾慶紅力阻財產公開，心中有鬼。在《動向》2015 年的這篇報導中，王岐山還警告曾慶紅說：「欠下帳是要算的，就算兩年多後我退下，這個案還是要查下去，要有個結論。」

王岐山兩年前這個攤牌無疑讓曾慶紅害怕了，十九大前搞郭文貴海外爆料，借刀殺人，挑撥習王互信，但這也顯示習近平確實查到曾慶紅、江澤民的頭上了。

第二節

王岐山啟動專案 瞄準曾慶紅

中紀委啟動二號專案 瞄準曾慶紅

2017 年 3 月 17 日，《大紀元》獲得獨家消息指，金融大鱷肖建華已「全盤招供」，中紀委「順藤摸瓜」掌握大批江派「大老虎」貪腐證據。目前，習當局正式啟動中紀委「第二號專案」，瞄準江派第二號人物、中共前國家副主席曾慶紅。

消息更指，曾家另一「白手套」，和曾慶紅胞弟曾慶淮關係密切的中國電影大亨、歡喜傳媒主席兼執行董事董平，已於 3 月 10 日在北京兩會期間被拘；曾慶淮處境高危。

與之呼應的是，港媒最新消息指，中共兩會結束不久，3 月 18 日，中紀委和中央書記處再次約談了前常委曾慶紅和曾的兄弟、前文化部特別巡視員、文化部駐香港特區特派員曾慶淮。

據稱，這是自 2015 年 1 月 7 日以來，習當局對他們進行的第三次約談，而且「情況已經發生變化」；當局明確告訴他們問題

「很嚴重」，放棄「不切實際的幻想」。

消息稱，曾慶紅、曾慶淮兄弟及其家屬究竟斂財多少，現持有多少資產，中紀委已經掌握了詳情。據悉，曾氏兄弟的家屬在國內、港澳、外國持有 400 億至 450 億元人民幣資產，其中在香港 28 億至 30 億元、澳門 10 億元。在澳洲、紐西蘭、新加坡、馬來西亞、泰國等持有 36 億美元至 40 億美元。曾慶紅兒子曾偉在澳洲、紐西蘭開設公司都以中資名義，每年貿易額 25 億至 30 億美元。曾偉在澳洲、紐西蘭持有物業 20 餘幢。

據知，曾慶紅之子曾偉已經四年未回國探親。在這次約談中，中紀委要求曾慶紅、曾慶淮自覺配合調查，動員境外親屬回國主動交代問題。

曾慶紅四次申報家屬財產不實

據港媒《爭鳴》2017 年 4 月報導，中共兩會結束後，3 月 18 日，中紀委副書記趙洪祝、中組部部長趙樂際在北京玉泉山幹休所約談曾慶紅、曾慶淮，約談內容主要是曾慶紅家族在經濟領域和在境外社會活動的情況。

早前有港媒披露，2016 年北戴河會議前夕，習當局決定由中紀委書記王岐山等出面，約談曾慶紅等前常委，要求他們必須在規定的時間內申報個人、配偶及子女財產、經濟來源等，不得再拖延。

2014 年 8 月 15 日，中共國務院公布《不動產登記暫行條例（徵求意見稿）》，試圖嘗試官員財產公開制度，但遭到既得利益集團阻撓而遲遲未能推行。

　　外媒曾報導說，中共十八屆七常委要公布財產的消息傳出後，有前任政治局常委強烈反對，並有人誓言，如果七常委公布財產，就讓他們難堪，最終讓他們下台。

　　據稱，江派四位新老常委曾慶紅、周永康、張德江和張高麗等，曾多次阻撓、威脅「財產申報」。

　　港媒報導稱，中共十八大閉幕，曾慶紅在老幹部生活會上以「採取黨紀、立法執行申報制會引發黨內、社會上大混亂、大動盪、大字報、網路大批判，誰能承擔？」為藉口，威脅「申報制」。

曾慶紅家族涉山東政商圈貪腐黑幕

　　曾慶紅家族涉山東政商圈貪腐黑幕，最為外界關注的是魯能事件。張高麗主政山東期間，2006 年，曾慶紅兒子曾偉以 30 多億元人民幣鯨吞資產達 738 億人民幣的山東第一大企業魯能集團。

　　不僅如此，山東籍商人、政泉控股控制人郭文貴案再起波瀾，明天控股集團掌門人肖建華案被引爆。郭文貴案與肖建華案均與山東政商圈密切關聯，背後牽連江派前後任常委曾慶紅、吳官正、張高麗等人。

　　2017 年 4 月 1 日，中共海南、甘肅、山東、黑龍江四省省委書記換人；其中，被免職的山東省委書記姜異康、黑龍江省委書記王憲魁都與中共江澤民集團二號人物、前常委曾慶紅及其家族貪腐黑幕有著直接關聯。

　　姜異康被免職之前，山東省長郭樹清離任，接替尚福林出任

銀監會主席；山東本土官員、副省長張務鋒已調任國家糧食局黨組書記、局長；吳邦國大祕、山東常務副省長孫偉被調離老家，轉任甘肅省委副書記。

　　姜異康卸任後的山東省委書記一職，罕見由國家審計署黨組書記、審計長劉家義接任。山東官場重洗牌之際，山東政法系統與金融系統黑幕曝光，為山東政商圈大清洗埋下伏筆；這也意味著曾慶紅、吳官正、張高麗等江派高官在山東的貪腐黑幕或將揭盅。

第三節

曾慶紅家族貪腐上百億

2015 年 1 月，曾慶紅姪女曾寶寶創辦的花樣年控股樓盤遭鎖，被視為是江派第二號人物曾慶紅「出事」訊號。（新紀元合成圖）

　　前中共政治局常委、國家副主席曾慶紅家族涉及巨額貪腐也是早廣為人知，其子曾偉不僅因山東魯能案侵吞幾百億人民幣，還和太太蔣梅於 2008 年斥資 3240 萬澳元（約人民幣 2 億元）在澳洲購買了一座房產交易史上第三昂貴的豪宅而被全球媒體追擊。

　　「美國之音」的報導說，很多人不知道的是曾偉曾是中國石油界的巨亨，他的經濟活動涉及到中國經濟的各個領域。曾慶紅的弟弟曾慶淮涉足影視業，從中大發其財。

　　曾慶紅是中國石油幫的第一代掌門人，曾任中共解放軍軍政大學副主任的辛子陵，實名舉報曾慶紅的兒子曾偉空手套白狼。文章披露，2006 年曾偉從銀行貸款 7000 萬，在山西太原買了一座煤礦，然後通過有關係的評估公司，評估升至 7.5 億人民幣，再由山東最大國有企業魯能集團出資 7.5 億收構。通過幾次這樣

的反覆操作，本來沒有拿出一分錢的曾偉，像變魔術一樣，手上有了 33 億元。

2010 年 11 月香港雜誌《爭鳴》發文曝光曾慶紅家產上百億，並遭眾元老當面嚴斥「蛻化變質」、「口是心非」、「晚節不保」……文章並指，十五屆、十六屆時，中央高層內部早已多次提出曾慶紅的問題，「為什麼不作調查、不作結論？」「誰在為曾慶紅護短？」但曾慶紅卻多次公開叫囂：沒有哪本馬列著作規定官員家屬不得經商，中國要允許合理的貪腐等等。

曾慶紅姪女躋身女富豪之謎

在曾慶紅的幕後支持下，其姪女曾寶寶控股花樣年公司，身家達到約 70.8 億港元，躋身胡潤內地女富豪榜前 20 位。攤開資料，可以窺見曾家利用與江澤民、周永康的交集，運用權勢攫取利益，然而這也只不過是冰山一角。

據 2010 年 11 月香港雜誌《爭鳴》披露，中共前政治局常委、原國家副主席曾慶紅家產上百億，這應該是曾在當權時期，其子曾偉在其庇護下，大撈特撈的結果。據悉，曾偉攫取巨額資金的手法除了插手上海大眾汽車、東方航空、北京現代汽車等公司，獲取巨額傭金外，還在北京開了一家基金性質的公司，主要是通過內部管道獲知都有哪些公司欲「股份制改造」並上市發行，然後其公司會主動鎖定那些公司，與他們聯繫，「協助」這些企業順利上市，同時通過獲取原始股獲得高額回報。

曾偉還是將國企山東魯能私有化的幕後推手之一。

不過，曾氏家族斂財並不限於曾慶紅父子，曾慶紅的二弟曾

慶淮和其女曾寶寶也是斂財高手。

　　仰仗著哥哥的權勢，曾慶淮以中國文化部特別巡視員的身份駐守香港，成為活躍於香港和內地政、商、文圈子的特殊人物，一方面為主管港澳事務的曾慶紅聯絡香港富商等主流社會人物，操控香港政治；一方面為其收集香港情報，同時兼給曾慶紅等中共高官「拉皮條」。知曉曾慶淮背景的一些香港富商們，為了架設一條通往中南海的通道，遂與其建立了權錢交易，不僅贊助其拍攝電視連續劇《貧嘴張大民》等，而且對由其女兒曾寶寶控股的花樣年控股集團有限公司給予大力支持。

曾寶寶花樣年公司炙手可熱

　　花樣年公司成立於 1996 年，從事金融和地產業務，其於 2009 年在香港上市。據香港媒體報導，2009 年 11 月 10 日，花樣年公司的投資者推介會再次成為香港城中名流的聚會。除了曾慶淮為其女兒助陣外，到場的香港名流包括新世界發展主席鄭裕彤、華人置業主席劉鑾雄、中渝置地主席張松橋、遠東發展主席邱德根、旭日集團主席蔡志明、英皇證券董事總經理楊玳詩和永固職業主席黃宜弘等均到場，並紛紛認購花樣年。據透露，花樣年國際配售部分當時已錄得三倍超額認購。

　　2009 年 11 月 25 日，花樣年控股集團有限公司（01777，HK）在香港正式掛牌，創辦人兼執行董事曾寶寶身家也達到約 70.8 億港元，躋身胡潤內地女富豪榜前 20 位。該公司也成為中國房地產百強企業。在其上市三年來，除了房地產業務擴張外，花樣年陸續完成了相關產業的酒店、商業等領域的業務構建。2012

年，花樣年成為涵蓋金融服務、社區服務、物業國際、地產開發、商業管理、酒店管理、文化旅遊、養生養老等八大增值服務領域的金融控股集團。這背後如果沒有曾慶淮、曾慶紅的有力支持，恐怕是很難做到的。

2013年4月18日，花樣年「財富之夜──格萊美巨星音樂會」全球新聞發布會在北京釣魚台國賓館召開，曾慶淮、宋祖英等出席。6月8日，該音樂會在成都舉行，眾多格萊美巨星以及朗朗、宋祖英等獻藝。沒有一定的背景和財力，恐怕這樣的場面不會出現。

在曾慶淮的搭橋下，在曾慶紅的幕後支持下，花樣年公司不僅在香港成功上市，而且在大陸做得順風順水，它甚至還與周永康之子周濱的「白手套」吳兵有了交集。據悉，表面由吳兵控制的中旭投資曾參股了花樣年控股旗下的花樣年實業發展（成都）有限公司，花樣年公司擁有58.8％的股份，中旭擁有10％，另有一邱姓女子掌31.2％股份，其名字與吳兵妻子相同。

很明顯，僅從曾寶寶控股的花樣年公司，就可以窺見曾家如何利用權勢攫取利益，以及曾家與江澤民、周永康的交集，而這也只不過是冰山一角。如果真正將內幕揭開，必定是怵目驚心。

「花樣年」出事 鎖定曾慶紅

2015年1月15日，花樣年控股爆出旗下四個深圳樓盤被鎖定。由於花樣年是習近平反腐行動目標人物、前中共國家副主席曾慶紅姪女曾寶寶創辦，此時出現不利消息，即刻引發市場恐慌，股價一度大跌16％，創下有史以來最大跌幅。

　　2015 年 1 月 8 日，中共前黨魁江澤民長子江綿恆才被撤中科院上海分院院長，此時花樣年樓盤遭鎖，被視為是江派第二號人物曾慶紅「出事」訊號。

第四節

王岐山出招 港澳辦換人

2017 年 6 月 8 日，習近平「七一」訪港前夕，王岐山舊部潘盛洲出任中紀委駐港澳辦紀檢組長及港澳辦副主任。（新紀元合成圖）

曾慶紅藉青關會香港滋事 讓習背黑鍋

2014 年 1 月 8 日，香港《明報》突然更替主編，《新紀元》周刊獲悉，換人真正原因涉及中共高層權鬥。《明報》老闆張曉卿一向投靠江澤民派系，這些背景絕大多數《明報》員工不知情，2013 年底一個時期《明報》轉向支持習近平，經常在文章中力挺習近平，引起江派極大不滿。該次更換總編輯，在運作上似乎與江派報復習近平有關。

消息稱，《明報》背後的勢力屬於江澤民團伙，曾慶紅在背後發揮作用，《明報》集團報系旗下的媒體，在全球範圍內一直替中共江派在非常敏感的問題上發揮作用，北美《明報》曾多次被授意在法輪功等敏感問題上造假，香港《明報》也會在一些敏感時刻替江派刊登一些混淆視聽的新聞，如曲線恐嚇香港藝人為

《大紀元》讀者恭賀新年的新聞就可見一斑。

曾慶紅是江澤民時代的二號實權人物，號稱江的「大內總管」。隨著江澤民身體越來越弱，曾慶紅已成為江澤民集團的實際掌門人，其整人手段極其殘忍。圍繞著薄熙來案的發酵，中共高層分裂加劇，江系人馬害怕法輪功、活摘器官等核心真相曝光而惶恐。於是曾慶紅遙控香港特首梁振英，利用海外掌控的特務系統，在香港不斷製造事端，曾說過「香港越亂越好辦」。

十多年來，香港法輪功學員在紅磡火車站、落馬洲、黃大仙、東涌和家維村開設了法輪功真相點，自 2012 年 6 月 10 日起相繼遭到自稱「香港青年關愛協會」的團體破壞。據追查國際 2013 年 8 月 9 日發布的調查報告揭露，2012 年 6 月在香港註冊為有限公司的「香港青年關愛協會」（簡稱「青關會」）是中共迫害法輪功的「中共邪教協會」兼「關愛協會」系統中在香港的最新成員。從青關會的成員及其背景可以看出，這個組織與中資企業、中聯辦等有密切聯繫，是一個打著「香港本地私人公司」的旗號，由中共在幕後提供經費、人員，受中共政法委、「610 辦公室」指揮的一個政治組織。

「青關會」在胡鬧一年多後，遭到香港市民的強烈反對。隨著其幕後老闆周永康被抓、曾慶紅岌岌可危，香港總頭目梁振英也面臨被換馬的局面，「青關會」內部已四分五裂。2013 年底，有「青關會」成員披露，中共給他們的經費就要停止，很快他們就沒有錢維持下去了。

其實，曾慶紅與習近平之間的矛盾早就非常突出，曾慶紅還曾公開與習近平決裂。在 2013 年 10 月 15 日，習近平的父親習仲勛百年誕辰，大陸各地高調舉行了盛大的紀念活動，當天在北京

人民大會堂舉行的習仲勛百年誕辰座談會，紅二代們紛紛前來參加。而薄熙來和曾慶紅的「紅色家族」沒有派人出席，外界認為，這是曾慶紅與習近平公開分裂的信號。港媒報導稱，中共十八屆三中全會後權力重新洗牌，習近平敲打周永康，目標在於曾慶紅。

據公開的資料，自 1980 年余秋里出任中共能源委員會主任開始，「石油幫」的勢力開始形成。因為石油項目可以動用的資金、人力、物力都是巨大的，所以權力也很大。而曾慶紅就在這個時候當了余秋里的祕書，在石油系統裡不斷地升遷。有香港媒體披露曾慶紅家產上百億。同時曾慶紅也利用自己擔任組織部長等職務的便利，把石油幫的人提拔到各處當官。外媒傳聞，2013 年 9 月 1 日落馬的國資委主任蔣潔敏就同時受到周永康和曾慶紅的提拔。

王岐山舊部出任港澳辦紀檢組長

曾慶紅曾主管港澳事務多年，駐港機構歷來是曾慶紅的勢力範圍，也是中共高層腐敗的避風港。2017 年 6 月 8 日，王岐山舊部、中央「深改組」辦公室副主任兼中央政策研究室副主任潘盛洲接替李秋芳出任中紀委駐港澳辦紀檢組長，並出任港澳辦副主任。李秋芳繼續擔任國務院港澳辦黨組成員。

國務院港澳事務辦公室網站港澳辦領導一欄已更新了有關資料，潘盛洲排名在港澳辦主任王光亞、仍擔任黨組成員的李秋芳、港澳辦副主任宋哲之後，在另外兩名港澳辦副主任馮巍和黃柳權之前。

潘盛洲是農村政策研究學家，山東青島人，2009 年 4 月任中

共中央政策研究室副主任；2014 年初，媒體披露潘盛洲兼任中央
「深改組」辦公室副主任。期間，中央政策研究室主任與「深改
組」辦公室主任都是獲習近平重用、被稱為「中南海頭號智囊」
的王滬寧。

據《北京青年報》的微信公眾號「政知局」報導，上世紀 80
年代，潘盛洲曾在國務院農村發展研究中心資料室工作，90 年代
已進入中共中央政策研究室農村組；2009 年，潘盛洲由中共中央
政策研究室農村局長成為副主任。

在 1982 年起至 1988 年，王岐山一直都在中央農村政策研究
部門工作，歷任中共中央農村政策研究室正局級研究員，國務院
農村發展研究中心聯絡室主任，全國農村改革試驗區辦公室主
任、發展研究所所長等職。

潘盛洲與王岐山當年在工作上有交集，是王岐山舊部。

潘盛洲接替李秋芳出任中紀委駐港澳辦紀檢組長，適逢「七
一」香港回歸 20 周年及香港特首就職典禮前夕。習近平於 2017
年 7 月 1 日期間，赴港出席主權移交 20 周年慶祝活動。

港澳系統江派勢力被持續清洗

潘盛洲出任中紀委駐港澳辦紀檢組長，是港澳系統人事大洗
牌的最新一例。

2016 年 12 月 27 日，中共國務院公布港澳辦人事調動，副主
任周波被免職。中共前外交部駐港特派員公署特派員宋哲及港澳
辦法律司長黃柳權，接任港澳辦副主任。

2016 年 7 月，時任港澳辦副主任王志民接掌澳門中聯辦，原

澳門中聯辦主任李剛則調任僑辦副主任。

2016 年 1 月，港澳辦首度設立紀檢組，中紀委派李秋芳任港澳辦紀檢組長，兼管香港和澳門中聯辦紀檢工作。這次換成了潘盛洲。

國務院港澳辦公室是江派人物曾慶紅部下廖暉的長期據地。外界關注，周波的去職，意味著廖暉在港澳辦的勢力被大為削減。

《成報》評論文章稱：「真正把持主管港澳系統達十多年的是廖暉，而他的大靠山則是曾慶紅及張德江，他們受江澤民『護蔭』，退休後仍搞『特殊』，仍當『影子主任』（在港澳辦保留辦公室），悉力培養『馬仔』，把持朝政，造成極惡劣的影響。」

文章還認為，港澳系統大換班分成三個階段，依次為國務院港澳辦公室、在港的中聯辦、中共中央港澳工作協調小組。

2016 年 6 月 22 日，港澳辦首次進中紀委巡視名單；7、8 月期間中紀委對港澳辦進行專項巡視，並出了一份巡視報告，羅列港澳辦至少有「六宗罪」，包括貫徹中央決策不夠紮實、執行幹部選拔任用程式不夠嚴格等，並稱還發現部分領導官員涉及貪腐問題，已轉交中紀委、中組部跟進。

2016 年香港特首選舉前夕，中聯辦再次出現人事變動。2 月 28 日，中共官方公布，福建省委常委、政法委書記陳冬被任命為中聯辦副主任。53 歲的陳冬是福建本土官員，早年在福建農學院當講師，之後進入政界，並長期任職於福建，屬習近平舊部，早年兩人在工作中多有交集。而陳冬並無港澳系統的工作經歷。

之前另一位被「空降」香港中聯辦成為副主任的是譚鐵牛。從履歷上看，譚鐵牛和這份工作也無太多交集。

習近平連續「空降」譚鐵牛、陳冬入主香港中聯辦，從他們

的背景發現，都不是江派勢力占主導的港澳辦系統的人。更有來自接近習近平當局的消息稱，陳冬的到來，就是習近平為盡快撤換現任主任張曉明的部署，而且要全面整肅香港的福建社團。

另外，2月18日，中共前港澳辦副主任徐澤接替74歲的陳佐洱，出任「全國港澳研究會」會長。江派官員陳佐洱，另有「左王」稱號，之前多次發表刺激性言論，引發香港民眾怒火。

曾慶紅親信紛紛被查處

1997年至2010年連任13年港澳辦主任的廖暉，被視為是曾經主管港澳事務多年的江派二號人物曾慶紅的心腹。曾慶紅除了通過廖暉管道外，還安排弟弟曾慶淮1995年進駐香港，成為當年在港澳事務上的特務總頭子，為曾慶紅收集港澳的情報、法輪功的動向、對香港娛樂圈搞統戰等。當時，中共向香港派遣了大批各種頭銜掩護下的特務。

近年來，與曾慶紅關係密切的一系列商界重量級人物被查處：2014年4月17日，原香港華潤集團董事長宋林被查，宋林被認為是曾慶紅家族攫取中國能源系統資源的一個關鍵人物。

宋林被抓後，華潤集團審計總監黃道國、協同辦主任張春、副董事長王帥廷、華潤金融CEO吳丁、華潤置地董事會副主席王宏琨、華潤電力總裁王玉軍、華潤集團首席財務官蔣偉等七名高管接連被查。2017年2月27日，宋林案在廣州開庭審理，宋林被控貪腐金額3300多萬元人民幣。

2015年1月，中共原國安部副部長馬建落馬，移送司法機關審查。曾慶紅提拔馬建，在國安系統工作長達30年。曾慶紅依

靠他暗中監控中共最高層官員，建立「祕密資料庫」，以利於打擊政敵；對外，依靠他操控龐大的海外特務網，監控駐外機構人員及留學生等活動。

2015 年 6 月 2 日，原中共央行行長、天津市長戴相龍的女婿、香港上市公司數字王國實際控制人車峰被查。據海外媒體報導，車峰供出，天津海關成為曾慶紅之子曾偉等人走私包括毒品在內諸多物品的「重要通道」。

2015 年中紀委監察部網站發表習驊的文章《大清「裸官」慶親王的作風問題》。此文中的「慶親王」被普遍解讀為影射曾慶紅。

2016 年 6 月 22 日，習近平決定對 32 個單位黨組展開巡視，包括港澳辦和港澳基本法委員會等。香港《南華早報》報導稱，巡視組進駐後，港澳兩地官員感受到北京前所未有的反腐力度。

2016 年 12 月 27 日，港澳辦副主任周波被免職，宋哲、黃柳權被任命為港澳辦副主任。12 月 30 日，譚鐵牛被任命為中共駐港聯絡辦副主任。

隨後，香港《成報》一直炮轟中共人大委員長張德江、張曉明、香港特首梁振英等人是「亂港四人幫」。

如今隨著王岐山舊部潘盛洲擔任中紀委駐港澳辦紀檢組長，梁振英、張曉明、廖暉等人的貪腐問題和政治問題，都將成為被審查的重點。習近平收回香港、澳門的清理行動正在迅速展開。

中國二號人物王岐山

第十章

王岐山遭江派攻擊誣陷

十九大前夕，以江澤民為核心的腐敗集團，以及與習近平為代表的反腐陣營，兩派的博弈不斷升級。王岐山對外笑言有特異功能來躲過暗殺，而政法委利用駭客攻擊中紀委網站，以及習陣營要求中共官員公布私生子情況，突顯習江博弈的升級。

王岐山對外宣稱他命大，有特異功能來躲過黨內對手的暗殺。
（Getty Images）

第一節

中紀委被政法委攻擊

中央巡視組巡視反腐工作遭受各種明的、暗的陰招對抗,中紀委網站也屢遭中共政法委系統內部黑客攻擊。(大紀元資料室)

躲過 27 次暗殺 王岐山命大

港媒《動向》雜誌 2016 年 12 月號透露,王岐山到地方視察有一個習慣,每次都不乘坐由紅旗牌轎車改裝的防彈、防撞壓、防燃燒專車,在暗殺手段日新月異的現代高科技時代,王岐山的行事風格顯得很不尋常。

王岐山在一次北京工作調研會上解釋,「我命可大,有千歲,眼、鼻、耳有特異功能,死不了。我有個靈感,祖先暫時不想和我會面。」其實,中國人講天命,老天爺看他在做正事,也就保佑他繼續做下去。

報導說,王岐山任中紀委書記以來,已先後遭受 27 次暗殺。上任四年來,王岐山遭武裝、器械、車輛等暗殺 17 次,郵件、包裹落毒化學品等謀害八次,在河北、四川等地下榻的招待所的

飲用水、稀飯中被下毒各一次。

文章還點明，北京最高層和王岐山心裡都非常清楚，策劃謀害他的黑手就在黨內。

政法系內部駭客攻擊中紀委網站

2017 年 5 月，港媒消息披露，中央巡視組巡視反腐工作，遭受各種明的、暗的陰招對抗，中紀委網站也頻頻遭到中共政法委系統內部駭客攻擊。

消息披露，中紀委網站自 2014 年 10 月向社會開放以來，平均每日點擊率近 560 萬至 600 萬次，其中遭受駭客攻擊入侵 32 次，最長時間 31 分 22 秒。追擊下查，最後查證來自政法委系統內部。

2017 年 5 月，中紀委、中組部已經就這一惡性事件進行點名，被點名的地方包括：黑龍江省、吉林省、河南省、江西省、雲南省、海南省、廣西自治區、重慶市及四十多個中央隸屬事業單位、央企黨委、紀委。

早在 2015 年底，中紀委網站發表評論文章《紀嚴於法 紀在法前 紀法分開》時，就有海外傳媒報導說，該文章推出後翌日凌晨，網站即遭到駭客攻擊，網站一度無法正常瀏覽，頁面變得極度混亂，各分支連結、字體等被縮小或放大。當時有分析指出，該攻擊行動來自中共政法系統。

政法系抵制習近平反腐

香港《爭鳴》雜誌 2016 年 12 月曾有文章指，中共政法單位

將是習近平下一個反腐重點，因為有「刀把子」之稱的中共政法系統是江澤民、曾慶紅等長期精心經營布局的重點地盤。

自「六四」後，政法單位就逐漸蛻變成江系權貴集團的家丁護衛，習近平雖然拿下了政法系的周永康、周本順、李東生、馬建、張越等人，但江派舊人還在，現任政法系統高層官員大部分仍是周永康舊部，包括：被指是曾慶紅表親的中共公安部部長郭聲琨、最高檢察院檢察長曹建明和最高法院院長周強等。

這些江系勢力對反腐運動從骨子裡是抵制的，因此結黨營私，蓄意製造社會動亂，是法治建設的最大路障，也是軍隊之外對習近平最大的威脅。

中共政法系統長期被江澤民集團操控，不僅黑社會化，成為民怨的焦點和各種社會危機的導火索，也被認為是江澤民派系針對習近平陣營攪局所依賴的重要勢力。

近年來，傳媒披露，中紀委巡視組在地方巡視期間，曾遭到威脅、包圍、恐嚇等多種干擾。如 2016 年 8 月下旬，中紀委副書記黃樹賢以便裝到石家莊公幹，8 月 29 日下榻河北省委招待所 208 房間，先後遭到兩次暴力襲擊。第一次是以燃燒彈扔入黃樹賢住房，第二次是被冷槍攻擊。

在結束軍隊改革之後，2017 年以來，習近平開始對政法系統「動手術」，清理不執行政令的官員。外界關注，十九大前夕，習當局將加速清洗政法系統。

習要黨官上報私生子資料

2017 年 5 月 17 日陸媒報導，2 月份，中共中央辦公廳、國務

院辦公廳共同公布《領導幹部報告個人有關事項規定》及《領導幹部個人有關事項報告查核結果處理辦法》。

新規定中提到領導幹部須申報個人相關事項的內容與種類更全面,「突出與領導幹部權力行為關聯緊密的家事、家產情況」。與 2016 年相比,新規定中增設「非婚生子女」一項,明確包括:領導幹部的婚生子女、非婚生子女、養子女和有撫養關係的繼子女。

報導稱,北京有些區委已要求處級或以上的官員需填表上報,將隨機抽查比率由 2016 年的 5％增至 2017 年的 10％;中組部若發現有官員無正當理由地不按時申報、漏報、隱瞞資料,將移送至紀委處理。更會將典型案例通報曝光。

有評論指,當局增設「非婚生子女」這項內容,說明中共官員私生活不檢點、擁有私生子女情況普遍到近乎失控的地步。事實上,當今中共官場從上到下,貪腐淫亂,包養情婦、小三、有私生子,早已經是常態。

共產黨淫亂由來已久,從馬克思、列寧到毛澤東,無不荒淫成性。而中共到了江澤民時期,除了公然地以「貪腐治國」,江澤民更是「以身作則」,帶頭淫亂。

江澤民到底和多少女人有染,恐怕對其本人來說都是一筆糊塗帳。江澤民的淫亂醜聞中,除了眾所周知的宋祖英、李瑞英、陳至立及黃麗滿外,還在國外有情婦、嫖娼。

1999 年 12 月 17 日《新聞自由導報》第 302 期報導說,江澤民共有三子,長子江民康(綿恆)、次子江綿康,「養子」江傳康。「養子」江傳康其實是江的私生子,江傳康從未出現在江家的闔家團圓照上。據說江傳康是上海「610」辦的負責人。

　　《開放》雜誌 2000 年 12 月刊也證實了這個消息。江澤民確實有私生子；從「江傳康」這個名字來看，還真有點讓人回味無窮。

　　如今習近平要官員公布私生子情況，是否也盯住了江傳康呢？

第二節

家人房產與私生女的誣陷

　　進入 2017 年 5 月下旬，離中共十九大的召開不到半年的時間了，在博弈交戰近五年之後，江派已在被全面清洗之前垂死掙扎，於是人們看到了郭文貴站出來藉舉報傅政華而攻擊王岐山，郭自稱「習近平讓他調查王岐山家人的貪腐問題」，從而離間與攻擊習王的反腐聯盟。

　　有人說，十九大前王岐山被罵，如同十八大前溫家寶被罵一樣，都是貪腐的江派怕自己被查，而反咬一口，誣陷政敵。

姚明端和丈夫孫封山的房產

　　5 月 24 日，博訊網發表文章《王岐山小姨子在美國享受豪華生活》，引用《世界日報》的報導稱，「中國反腐司令、中共中央紀律檢查委員會書記王岐山的小姨子在美國舊金山擁有一間豪

宅，該豪宅已經成為了中國反體制人士的固定示威場所。」文章直接攻擊王岐山的反腐只對外而不對自己的家人。

郭文貴此前稱，王岐山一家在舊金山擁有豪宅，但未能提供出具體證據。《世界日報》翻閱了舊金山當地的不動產登記資料，結果發現王岐山的妻子姚明珊的妹妹姚明端於 1996 年購置了一個房子，位於舊金山灣區 Saratoga（薩拉度加）一條叫「10 Acres Rd」。屋主登記為 Suen Frank Fung Shan 與 Yao, Ming Duan。

網上一直傳說稱其丈夫為孟學農，但查無實據，而且也有說法稱孟學農的妻子叫姚德敏，不是姚明端。從這個房產登記的人名看，姚明端的丈夫叫孫封山（孫鳳山）的同音字。

美國 BBS 上有知情人爆料說，「這處房產的主人姚明端、孫封山夫婦不像是假的，他們 1990 年在 cupertino 貸款 30 萬買了一處 50 萬的房子，1996 年賣了這舊房子，買了現在的豪宅，2010 年他們又在 San Jose 買了一處 70 萬的房子。而且他們還有一個女兒 Anita Suen，1998 年在 cupertino 的高中畢業，後進入 UCLA 和 Stanford 上學。」

該房建於 1992 年，有五臥、四浴，面積 5394 平方呎。根據 Zillow 網站估算，2017 年此處房產市值約 534 萬元，不過 arivify 網站 2015 年的估價是 201 萬，外界不知 1996 年時的價格，但根據這二十多年大陸富商在舊金山大量置業、大大推高了房價的局勢來看，估計 1996 年姚明端夫婦購買時大概百萬美金。

一位住在附近不願具名的退休華人表示，比起灣區其他地方，薩拉度加此區房子算起來很大，過去華裔人口以台灣退休人士居多，現在也有不少中國人移入，「不僅鄰居多了很多華人，在附近購物中心、圖書館也能碰到不少。」

也就是說，台灣退休人士都能購買的社區，當年的房價並不高。依靠房價不斷攀升而採用賣舊房、買新房的華裔投資置業的角度看，姚明端夫婦當年是能夠支付這套房子的。如今 80 年代移民美國的華裔人士大多也能有類似的家產。

有關 Suen Frank Fung Shan 的訊息網路上很少。在 intelius 網站能看到他和姚明端是夫妻，而且他們只有一個女兒叫 Anita Suen。

回頭看江派對王岐山家人的攻擊，姚明端又不是中共官員，她的丈夫孫某也不知何許人，他們的房子是 1996 年購置的，很多在美國的華人都喜歡五臥四浴的大房子，這跟王岐山關係不大。

14 套房子只是他們曾經住過的地址

2017 年 6 月 16 日，距離北戴河會議只有兩個月了，流亡美國正受中國通緝的富商郭文貴爆料中紀委書記王岐山家族在海外坐擁巨富，6 月 20 日推特上還出現了王家在美 14 項物業的詳細資料，包括地址、業主資料、面積、市值、和外觀圖片等。爆料稱王岐山的妻子姚明珊擁有其中的五套物業，王岐山及姚明珊養女孫瑤名下有 9 套。其中一套豪宅逾 540 萬美元等。

這一下舉國譁然。

不過《新紀元》周刊調查後發現，很多指控都是錯的。

在美國，由於信息公開，很容易查到某個人的住址、電郵、電話等信息。比如在美國一家查詢個人社保及信用信息的網站 https://www.usatrace.com/ 中，輸入姚明珊、姚明端、孫鳳山、孫瑤、姚慶等人的名字和加州信息，就可看到姓名、年齡、曾經居

住過的地址、電話、電郵、親戚這六條免費信息，如果付一點錢，就能看到詳細信息。

人們被誤導的是，曾經居住過的地址，並不一定是他們擁有產權的物業。美國很多人租房住，依然顯示在這個網站上。

比如，姚明端的女兒孫瑤 Anita Yiu Suen，因為她到處讀書、工作，因此她名下曾經居住過的地方有七個，其中三個是姚明端一家居住過的地方。

據說姚明珊全資擁有的唯一房產，是位於洛杉磯 S Juantia Ave 的四房三浴室的房產，不過查看詳情，會發現那是一個高層公寓樓，並不是豪宅。整個樓裡住了大概 200 多人，其中華人很多。

兩位「私生女」一個是甥女一個要告被誹謗

王岐山被指控有兩個私生女，一次郭文貴舉出一張女子坐在沙發上的照片，故意說，「這位女士誰認識，請跟我說一聲。」言外之意，這女子是王岐山的私生女；其後郭文貴又指稱王的私生女叫孫瑤，隨後郭又改口了，稱孫瑤是王岐山的養女。

可是在此二十多天前，《新紀元》周刊在第 534 期（2017 年 6 月 8 日出刊）的封面故事《習保王岐山十九大連任 激戰江澤民》中，就指明了孫瑤是姚明端的女兒，王岐山的妻外甥女。

《新紀元》文章在談到姚明端的住宅時寫道：「美國 BBS 上有知情人爆料說，這處房產的主人姚明端、孫封山夫婦不像是假的，他們 1990 年在 cupertino 貸款 30 萬買了一處 50 萬的房子，1996 年賣了這舊房子，買了現在的豪宅，2010 年他們又在 San

Jose 買了一處 70 萬的房子。而且他們還有一個女兒 Anita Suen，1998 年在 cupertino 的高中畢業，後進入 UCLA（加州大學洛杉磯分校）和 Stanford（斯坦福）上學。」

這個 Anita Suen，全名叫 Anita Yiu Suen。Anita 是姚明端女兒的英文名，Yiu Suen 是香港、台灣等地對中文名「孫瑤」的拼寫方式。港台用的拼音方式不同於大陸，大陸對孫瑤的拼音是 Sun Yao，不過，姚明端、姚明珊倒是用大陸拼寫方式。

由此可見，姚明端的丈夫 Suen Frank Fung Shan 是香港人，他的中文名可能是孫封山或孫鳳山之類的同音字。據說他是位香港商人。

關於郭文貴指控的第一個私生女，《新紀元》在第 536 期（2017年 6 月 22 日出刊）的封面故事《攻擊王岐山 郭文貴再添誹謗官司》中，介紹了照片上的女子名叫于歌（Yuge Bromley），是澳洲藝術家布隆萊（David Bromley）的妻子。

于歌在給《南華早報》的一封電郵中表示，指她是王岐山私生女是荒謬的，並正尋求紐約專打誹謗官司律師的意見。她在電郵中說：「所有他說的，以及社會媒體隨後的評論不單是完全錯誤的，還深深傷害了我本人及我的家庭。」

《新紀元》此前報導王岐山年輕時的經歷，裡面談到為何王岐山沒有孩子：

《蘋果日報》2012 年 11 月 5 日發表了記者在陝西延安馮莊的直擊。據村民透露，王岐山做副總理後曾回村一次，當時已是前呼後擁，警察成群。見到昔日房東黑氏時，王把身邊警衛支開，與黑氏單獨在窯洞時「嘮嗑」（聊天）。「塞給我 500 塊錢（人民幣），又拉著我的手問長問短，怪熱情咧。可惜沒見著他的婆

姨（老婆）。」黑氏感慨說：「我問他要娃（孩子）木（沒有），他笑著說木有（沒有）。後來聽說，是他的問題（要不到孩子）。」

由此看來，任何關於王岐山私生子的事都沒譜，因為王沒有生育能力。

習王打虎前 先處理好自家事

2013 年 2 月，《新紀元》周刊報導了《「習近平女兒回國」體現高層恐懼》，2015 年 3 月又發表了《哈佛教授：習近平女兒已學成回國》，文章說，2013 年習明澤不願意回國，2014 年在父親敦促下回國了，後來出現的那個「學習小組」就與習明澤有關。

時事評論員李林一表示，在江澤民集團要員紛紛落馬風雨飄搖的時候，習近平女兒回國，可能是當局發出的一個信號：決戰即將開始。

從上面姚家姐妹的住房位址來看，假如姚明珊住在美國，她很可能一直跟妹妹住在一起，所以需要五個臥室的房子。

既然習近平要把女兒招回國、以便開始高層反腐，王岐山也很可能讓夫人回國，並取消美國國籍。因為王岐山非常清楚，他要打下去的大老虎，一個個都惡狠狠地盯著他，特別是曾慶紅在美國的特工，早就知道姚明珊的國籍問題，王岐山不會不把自家後院處理好，就去整頓別人家後院的。

2017 年 9 月，中央電視台《新聞聯播》報導了紀念姚依林的座談會，王岐山與姚明珊等 20 多家人齊露面，這等於官方出來為姚家闢謠。

第三節

海航是誰的？
與江澤民關係更大

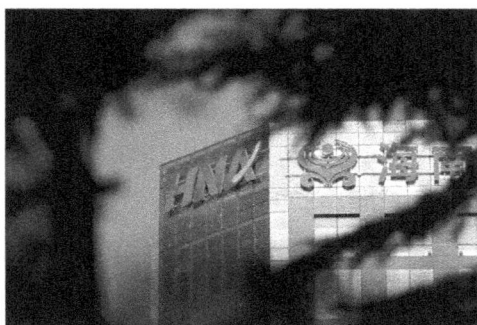

作為江澤民的大內總管，曾慶紅也參與了對海航的「特殊照顧」中。（AFP）

中共十九大召開前，在郭文貴站出來藉海航股份攻擊王岐山，聲稱王妻侄姚慶擁有大量海航股份之際，2017 年 6 月 7 日，英國《金融時報》記者發表聯合報導《一擲千金的海航是誰的？》，證明海航股東中沒有姚慶，而是與江澤民關係更大。

13 股東 12 人是高管 最大股東最神祕

經過調查，文章說：「根據企業文件，目前 13 人擁有海航 76％的股份，除一位以外，其餘 12 人目前都擔任該集團高管。多年來，一系列複雜的資產重組使海航實際上實現了私有化，集團的創始人和公眾場合代言人陳峰——他是一位喜歡豪車的佛教

徒——以及海航董事局董事長王健，現在各擁有集團約15％的股份。」

位於旅遊勝地海南島的海航集團（HNA Group）總部大樓，外形像一座佛陀。據胡潤百富創始人胡潤（Rupert Hoogewerf）說，海航「非常錯綜複雜的股權結構」使陳峰和王健這兩人都未能登上年度胡潤百富榜。「我們一直試圖讓陳峰上榜，但我們無法找到任何證明他足夠有錢的辦法。」

海航最大的股東也是最神祕的一個：貫君，去年從香港商人巴拉特・拜斯（Bharat Bhise）手中購買了海航近29％的股份。海航拒絕透露這些股份是以什麼價格售出的，拜斯也沒有回覆置評請求。

文章說，貫君與陳峰之子一同在海航旗下一家P2P融資平臺擔任董事，但除此之外，支配著數十億資產的貫君幾乎沒有留下什麼痕跡。

中國的工商註冊信息顯示，貫君還有其他多個經營位址。其中一個地址指向北京城西某小區的臨街沙龍「東英國際美容SPA」。現在的店主們說，他在大約五年前賣掉了這家店。另外一個地址指向北京某座破舊的辦公樓裡一扇鎖著的大門。根據香港的公司文件，他的住所是北京城西南一處不起眼的公寓，幾個月前已有新住戶搬進。

《金融時報》的記者通過手機聯繫上貫君後，他說：「不方便回答你的任何問題。」

文章還說：「拜斯不再擁有海航的股份。他的公司Bravia Capital曾是海航最大的幾筆海外收購中的投資夥伴，包括2012年海航對世界第五大集裝箱公司SeaCo 10億美元的收購。將海

航介紹給其最知名的外國投資者喬治‧索羅斯（George Soros）的，也正是拜斯。後來索羅斯將其在海航旗艦子公司——海南航空——持有的 5000 萬美元股份大部分售出。」

原由世界銀行支持 現資產千億美金

文章還說，海航原本是經濟改革人士利用世界銀行（World Bank）的支持成立的省航空公司。如今這家海南航空（Hainan Airlines）的母公司已發展為一家經營多種業務的私有國際集團。它的 1450 億美元的資產如今包括新西蘭最大金融服務公司、希爾頓酒店（Hilton Hotel）的股份，以及在至少 14 個國家的多家航空服務公司。海航還運營著世界第三大飛機租賃機隊。

在國內，海航擁有的資產橫跨多個領域，包括多家房地產開發公司、多家租賃公司、四家地區航空公司、一份有聲望的財經雜誌和中國大型個人對個人（peer-to-peer，簡稱 P2P）借貸平台聚寶互聯科技（JuBao Internet Technology）。海航通過至少 11 個 P2P 平台（海航投資了其中多個）募集資金，也通過旗下約 25 家上市公司獲得的貸款籌集資金。

在海外，海航選擇了一些有政治關係的合作夥伴。如海航在傑布‧布希（Jeb Bush）考慮競選總統期間與其共同投資了一家燃料運輸企業，並在對沖基金經理安東尼‧斯卡拉穆奇（Anthony Scaramucci）有望加入川普政府時從其手中購入天橋資本（SkyBridge Capital）。

興南公司提供了海航啓動資金

接下來文章以「海航的創始人陳峰曾在王岐山手下工作」為由，認定海航與王岐山有關，不過讀者認真讀完《金融時報》的文章，就會發現這判定有些難以自圓其說，因為文章說，1989年「六四」後，西方制裁中共，「但一個由中國農村信託投資公司官員組成的核心團體——陳峰也在其中，當時試圖避開制裁。他們遷往海南，並請求世行予以幫助。」「與此同時，中國農村信託投資公司的情況則遠沒那麼順利。到1996年，當時由王岐山領導的中國建設銀行（China Construction Bank）吸收了中國農村信託投資公司120億元人民幣的債務，當時這家公司被50億元人民幣的虧損壓得喘不過氣。」

也就是說，陳峰離開王岐山團隊，他後來在海南的創業，與王岐山關係並不大，而如文章所說，是「興南集團為海南航空提供了啟動資金，並為海南航空聘請了大量人才，其中很多人如今都成了海航的高管，其中包括海航現任董事局董事長王健。海航的其他高管還包括：前海南政府官員以及曾接受世行早期貸款的幾家國有橡膠農場的前負責人。」

據公開資料介紹，中國興南（集團）公司，成立於1990年5月15日，國營企業，註冊資本：一億人民幣，職工15人。股東成員包括：海南省世界銀行貸款辦公室，法人代表：李永清；董事長：王剛。在過去20多年中，做了11次工商變更，一次司法協助，四次涉訴公告。

2017年6月，網上流傳一篇5萬多字的文章《起底中國興南集團公司的前身、今生與來世》，文章談到「1989年，陳峰

從民航總局南下創辦海南航空，當時只從海南省政府那裡獲得了1000 萬元財政資金支持，『只夠買個飛機零件』。直到 1993 年在 STAQ 系統上市後，才通過法人股募資獲得 2 億 5000 萬元融資（其中有 1 億元為國資）和 6 億元銀行貸款，購買了一架飛機。」

據一位海航內部人士介紹，當時的銀行甚至不知道抵押貸款怎麼做，「按說貸款買了飛機，產權就得抵押給銀行，結果銀行稀裡糊塗還把產權算成海航的，海航就拿這架飛機又去抵押，一變二……」

2016 年 7 月，海航集團再度躋身 2016《財富》世界 500 強，以營業收入 295 億 6000 萬美元位列第 353 位。2016 年海航集團整體年收入破 6000 億大關，總資產突破萬億規模，海航集團已獲銀行綜合授信超 6100 億元，而在快速發展的道路上，集團的資產負債率卻實現「七連降」。截至 2016 年底，海航集團資產負債率降至 59.5％左右。

海航集團的員工總人數已經超過 41 萬人，其中境外員工人數近 29 萬人，占整個集團的總用工數的七成。海航集團境外資產占比超過 30％，約合 433 億美元。自 2006 年至 2016 年，海航系已宣布的海外併購總規模近 400 億美元。

江的老部下劉劍峰是關鍵人物

此前《新紀元》周刊報導過海航成立的背景，從中發現，海航創業時的關鍵人物劉劍峰，以及其後台江澤民和曾慶紅，他們才是海航的大靠山。

從維基百科可以查到如下信息：「在海航發展過程中，陳峰

（1953年6月26日～）和劉劍峰（1936年6月4日～）起了重要作用，海航最初成立之初陳峰就從時任海南省省長劉劍峰支持下獲得了資金，在劉劍峰調任民航總局長之後，海航還能獲得額外的照顧。」

「1989年，劉劍峰交給陳峰1000萬元，開始籌備海航，一年後陳峰任省長航空事務助理，專門主導海航工作。有了政府的扶持，很多複雜問題都開始變得簡單。此後，三個月內他就募集了2億5000萬元，憑著這筆資金，陳峰向交通銀行獲得了第一筆貸款6億。從此海航走上資本擴張道路，1993年1月完成股份制改造。這些歷程的背後，都隱隱約約流淌著劉劍峰的汗水和心血。再後來的故事，大家都很熟悉了。劉劍峰升任民航總局長，陳峰則當上海航的董事長。」

從官方簡歷中獲悉，劉劍峰早年留學蘇聯基輔工學院無線電工程系半導體專業畢業，這與江澤民的留蘇背景有了共鳴。1984年劉劍峰擔任中華人民共和國電子工業部副部長兼紀檢組長，而1983年6月至1985年6月之間，中共電子工業部的部長是江澤民，也就是說，江澤民當上部長後，提拔了劉劍峰擔任副部長，同時管理紀律檢查，那時黃麗滿每天中午到江澤民辦公室鬼混，有人舉報，但紀檢組長劉劍峰包庇江澤民，於是，江澤民就給了劉好處。

1988年，劉劍峰被調任中共海南省委副書記，1989年，擔任海南省長。當時海南是中國掙錢的好地方。1993年，任中華人民共和國電子工業部副部長。1997年，兼任中國聯合通信有限公司董事長，這個中國聯合通信有限公司，就是後來的江澤民之子江綿恆掌控的中國聯通家族企業的部分前身。1998年，調任中國民

用航空總局長，黨委書記，直到 2002 年 5 月退休。

　　有消息說，作為江澤民的大內總管，曾慶紅也參與了對海航的「特殊照顧」中。

　　2017 年 5 月，著名經濟學家何清漣在《海航集團靠山篇》中寫道：「海南省長劉劍峰大概算是陳峰的一座顯山露水的靠山。將劉劍峰在官場任職經歷與陳峰的事業軌跡兩相比照，就會發現劉劍峰與陳峰在人生中有兩次重要的相遇，第一次相遇發生於劉劍峰擔任海南省省長期間（1989 年至 1993 年），1990 年在中國民航局計畫司工作的陳峰被聘為海南省省長航空事務助理，後獲海南省政府 1000 萬投資創立海南航空，這是陳峰的海航事業發軔之始。

　　第二次相遇發生於劉劍峰 1998 年調任中國民用航空總局長之後。這一期間，海航完成了發展史上最關鍵的兩步：第一步是 1999 年海航作為一家 A、B、H 股同時上市的公司，獲得巨額融資。第二步，以上市公司與中外合資公司之優勢，在 2000 年開始的國內航空公司戰略重組中，以小博大，兩年之內先後併購重組新華航空，長安航空與山西航空。」

　　文章還說：「當時在國企重組中，不少行業都存在這種以小併大的『蛇吞象』現象，關鍵在於該行業的政府部門支持誰。」

中國二號人物王岐山

第十一章

王岐山反擊 全家露面

面對海外負面「爆料」猛攻，2017 年 9 月 6 日，王岐山在北京出席岳父姚依林百歲誕辰座談會，全家於新聞畫面上露臉。且座談會規格非常之高，頗有為其健康狀況及權位闢謠的意味。習當局力挺王岐山留任的意味不言而喻。

2017 年 9 月 6 日，四常委出席姚依林百歲誕辰座談會與王岐山的近 20 名家族成員一起亮相，被視為間接反擊負面傳聞。（新紀元合成圖）

第一節

通報「五虎」政變
王岐山敲打政變主

媒體披露，王岐山公開通報江派周永
康、薄熙來、郭伯雄、徐才厚、令計
劃（從左至右）等人「妄圖篡權」。
（新紀元合成圖）

2017 年 6 月上旬，中共十九大前夕，外界再次傳出兩個不同版本的十九大常委名單，一個有王岐山，一個沒有。與此同時，身在海外的富豪郭文貴不斷爆王岐山家族的負面信息，甚至威脅如果習近平不處理，就沒有中共十九大。

在這樣激烈搏鬥的大背景下，港媒傳出王岐山點名通報已經被判刑的周永康、薄熙來、郭伯雄、徐才厚、令計劃等五人，都還有一個未被處理的最大罪名：企圖搞政變。

王岐山公開通報「五虎」搞政變

據《爭鳴》2017 年 6 月號報導，2017 年初的中共十八屆中紀

委第七次大會上，中紀委書記王岐山在報告中指名道姓的說，周永康、薄熙來、郭伯雄、徐才厚、令計劃是中共黨內的「野心家、陰謀家」，並指他們為實現野心，有妄圖篡權、搞分裂的圖謀，嚴重威脅國家政治安全。

按理說，這樣的內幕是不該傳出來的，這等於說以前法庭審判沒有做到全面調查、全面審理，「反黨集團搞政變」這麼嚴重的罪行，怎麼可能在法庭上沒有提及呢？這樣的審判怎麼能說是公正的呢？

香港媒體在北京有哪些情報來源、有哪些線人，中南海其實是有底的，他們知道把消息透露給誰，就能在香港那家媒體上被公開報導出來，這也是北京需要放風、需要消息「出口轉內銷」時的管道。

2017年1月的會議到6月才透露出來，這個時間節奏也是習陣營能夠把握的。假如郭文貴沒有那麼高頻率、高強度地攻擊王岐山，也許這個會議內容還不會洩露出來。

2017年5月上旬，由中央軍委、中紀委、軍紀委、軍政法委聯合下達有關郭伯雄、徐才厚等野心家、陰謀家案中案內情，並在軍方軍一級黨委、省部一級黨委傳達了部分情況，列作機密。

其中有原始檔案材料；有郭伯雄、徐才厚案發後的交代；有郭伯雄、徐才厚審訊期間的交代；有郭伯雄、徐才厚幫派內部人士舉報等經核實的資料，證實這五人參與了倒習政變。

人們不禁要問，王岐山這時把郭伯雄等五人的政變罪行公布於黨內，莫非在暗示郭文貴及其背後大領導，也在陰謀搞政變？郭文貴這些爆料，表面是攻擊王岐山，其實是在攻擊習近平的反腐，目的就是要把習近平拉下馬。郭文貴的所作所為，與五虎政

變又有什麼兩樣？

看來，郭文貴事件背後隱藏著曾慶紅、江澤民等人新的政變陰謀，王岐山還擊，就是為了擊退新一輪的政變。

《新紀元》五年前即揭露政變後台

從 2012 年 2 月 6 日重慶公安局長王立軍出逃美領館後，《新紀元》便指出薄熙來搞政變。2012 年 9 月 28 日，薄熙來被開除黨籍和公職時，新華社公告中除了指控薄熙來違背黨紀、受賄、貪腐、搞女人之外，最後還說：「調查中還發現了薄熙來其他涉嫌犯罪問題線索。」

《新紀元》在 2013 年 3 月 21 日出版的暢銷書 No.8《薄熙來王立軍案被掩藏的內幕》中，深度揭示了薄熙來夥同周永康搞推翻習近平的政變陰謀，除了搞政變之外，薄、周還犯下了殘酷鎮壓法輪功的反人類罪。

接下來，中紀委在拿下周永康、徐才厚、令計劃時，官方的通報中都提到「其他線索」，這就在暗示這些人都參與了同樣的陰謀。

為何那時王岐山、習近平不挑明了這些人在搞政變、是反黨集團呢？《新紀元》當時分析說，習近平剛上台不久，實力還不夠與這些政變分子以及其背後的大靠山公開對立，因為這涉及要抓一大幫人，弄不好，習是坐不穩新位置的。過早地公布這「五虎」的政變計畫，可能會打草驚蛇，引起江派魚死網破的垂死反撲。

不過，近年來習陣營也陸陸續續以間接的方式譴責黨內有人

搞陰謀，是野心家，搞團團伙伙。

2012 年 9 月薄熙來被雙開時，曾經竭力攻擊《大紀元》的中共大五毛司馬南在接受大陸記者採訪時說他不吃驚，因為《大紀元》網站從王立軍事件發生之後的所有「謠言」最後一一驗證，他吃驚的是：「為什麼境內外謠言，總被證明是事實？」

《新紀元》在報導中還分析了，薄熙來、周永康等人參與了倒習政變，但他們並不是政變的主謀，主謀是江澤民和曾慶紅。

原中國軍事學院出版社長辛子陵在接受媒體採訪時披露，當時在中國，最希望判周永康死刑的是江澤民，他寫條子給政治局常委，明確表達了這樣的意見。因為很多見不得人的指令，都是江澤民直接向周永康下達的。

他說，讓周永康活下來就是保留江澤民犯罪的活證據。這在未來的決戰中是有大用場的。周案了結，不是反貪打虎的尾聲，而是反貪打虎壓軸大戲的序幕。

習陣營對野心家的批駁

這五人中最早倒台的是薄熙來，薄在 2012 年中共兩會後落馬，2013 年 9 月被以受賄、貪污和濫用職權三項罪名獲判無期徒刑。周永康則於 2014 年 7 月 29 日正式落馬，2015 年 6 月 11 日以受賄罪、濫用職權罪、故意洩露國家祕密罪，一審被判處無期徒刑。

徐才厚 2014 年 6 月 30 日被查，2015 年 3 月 15 日因膀胱癌末期全身多發轉移，多器官功能衰竭死於醫院。郭伯雄 2015 年 4 月 9 日被調查，2016 年 7 月 25 日郭伯雄被判處無期徒刑。令計

劃 2014 年 12 月 22 日落馬，2016 年 7 月 4 日以受賄罪、非法獲取國家祕密罪、濫用職權罪被判處無期徒刑。

雖然官方給這「五虎」的罪名都沒涉及政變罪行，但官方在各種會議上提到了政變。

如 2015 年 9 月，具有軍方背景的《環球新聞時訊》雜誌網站曾指出，周永康、令計劃、徐才厚、薄熙來、郭伯雄、蘇榮等大老虎，都是曾慶紅、江澤民大力提拔的。他們彼此之間建立了盤根錯節的利益勾連關係，同時也維繫在「老闆」江澤民或者「老闆」代理人曾慶紅的權力周圍。

文章最後表示，「是時候問責源頭了！」「不論什麼人，不論其職務多高，只要觸犯了黨紀國法，都要受到嚴肅追究和嚴厲懲處。」「反腐敗沒有鐵帽子王」。

2016 年，大陸「財新網」轉載新華社通報，並在其網站首頁再次重刊《郭伯雄沉浮》，起底郭伯雄發跡史，並點名直指江澤民。

2016 年 10 月的中共六中全會上，官方首次以文件形式明確：「堅決防止野心家、陰謀家竊取黨和國家權力」。

2017 年初，中共黨媒《求是》雜誌刊登習近平在十八屆六中全會第二次全體會議上的講話節選。習近平說：「周永康、薄熙來、郭伯雄、徐才厚、令計劃等人，不僅經濟上貪婪、生活上腐化，而且政治上野心膨脹，大搞陽奉陰違、結黨營私、拉幫結派等政治陰謀活動。他們在政治上暴露出來的嚴重問題，引起我的深入思考。」

習近平還再次強調，「七個有之」的問題：「搞任人唯親、排斥異己的有之；搞團團伙伙、拉幫結派的有之；搞尾大不掉、

妄議中央的也有之。」習近平還表示「必須加以糾正」。

如今在十九大召開前夕，在江派不斷攻擊王岐山之時，習陣營公布王岐山對「五虎」的政變定性，這無疑是敲山震虎，用通報政變來給江曾施壓，言外之意非常清楚：你們再鬧，我就公布這「五虎」政變的主謀是誰。那就是江澤民、曾慶紅。

新老常委簽字封殺「特赦」

不光如此，習陣營還讓政治局常委簽字，封殺對未來被抓分子的特赦。

據《爭鳴》2017年6月號報導，5月10日至11日，中共中央政治局常委擴大生活會在中南海召開，離退休常委、委員被特邀參加，與會者包括胡錦濤、朱鎔基、宋平、李瑞環、吳邦國、溫家寶、賈慶林、李嵐清、吳官正、李長春、羅干等。

江澤民、李鵬、曾慶紅和賀國強缺席，前兩者稱有「身體健康原因」，後兩者則因「有事」。

會上，胡錦濤、朱鎔基、宋平等人書面發言，對習近平主政十八大以來的成績，特別是反腐工作予以高度評價。報導指，該生活會還以簽字形式通過三項決議：

其一，反對以任何形式或提交提案，對貪腐領導幹部予以「特赦」。

其二，在職和離職幹部都有責任管束親屬和身邊工作人員不得「搞特殊」。

其三，支持中共中央決議，任何人提名的十九大準中央委員、準候補委員、準中紀委委員，必須在十九大前夕公布本人及家屬

財產和海外居留權、國籍情況。

這次要求與會者每人簽字，就堵死了今後誰想反悔、想改變主意的可能性。

2013 年下半年，港媒相繼報導稱，江派政治局常委張德江和張高麗聯署提出「特免」、「特赦」高官在經濟領域、配偶子女定居境外等議案。

2015 年 4 月中旬，多家港媒報導，中共社科院中國廉政研究中心副祕書長高波 11 日在湖北武漢演講時透露，王岐山對是否可能對主動自首的腐敗官員酌情特赦的提問，公開表態稱「還不到時候」。高波指，特赦必須有底線，只有等到反腐形成氣候，「官場生態」再造完成後，特赦才有意義。

《爭鳴》2015 年 4 月號也報導，王岐山在 3 月中旬的中紀委內部會議上強調，對貪官不能搞特赦、特免，否則整個社會會震盪、會大亂，甚至會有崩潰的可能。

2015 年 2 月 13 日，王岐山掌控的中紀委網站曾稱求「特赦」者用心險惡。與此同時，北京當局還不斷發出嚴厲聲音，稱反貪不設「鐵帽子王」，「上不封頂」，「開弓沒有回頭箭」等等，釋放反腐利劍指向更高層的信號。

江澤民被稱為「貪腐總教練」，江和曾慶紅家族貪腐驚人。現當局封死「特赦」貪官之路，這等於公開釋放信號，不再給對方留任何退路，包括江、曾。

第二節

王岐山猛攻
官方對郭文貴案發聲

2017 年 7 月 10 日，王岐山在全國司法體制改革推進會上強調大數據反腐，讓官員不敢腐，並推行司法責任制，追究問責。（Getty Images）

王岐山開 12 萬人會議發出「清剿令」

2017 年 7 月 3 日，中紀委書記王岐山罕見出席一個有關監督執紀問責的電視電話會議。此次會議在全國省市縣紀委設 3000 多個分會場，12 萬多名紀檢監察官員參加。

這也是中共十八屆中紀委六次全會後，中紀委就「扶貧領域」監督執紀問責召開的最高規格會議。實際上，會議用時很短，只開了 20 分鐘，會上，王岐山的講話只用了 10 分鐘。

也就是說，王岐山藉這個會議在全國 12 萬即將監察官員面前高調亮相，含義很清楚：王岐山依舊是這 12 萬反腐隊伍的統帥。

王岐山此前從 2017 年 5 月 13 日後曾在媒體上隱身 40 天，直到 6 月 22 日中紀委官網報導稱，王岐山 6 月 20 日至 22 日在貴州

省檢查紀檢監察工作。

王岐山選擇貴州現身，並稱習近平深刻洞察黨內出現種種問題的根本原因在於黨內政治生活不嚴肅、不健康，因此制定了新形勢下黨內政治生活若干準則，由此展示王岐山與習近平依舊關係密切。

就在王岐山考察貴州期間，習近平 6 月 21 日至 23 日到山西考察調研，習要求對不嚴不實、弄虛作假的嚴肅問責，對挪用、貪污扶貧款項的嚴肅處理。僅僅十天之後，王岐山圍繞「扶貧執紀」又開大規模專門會議，呼應習近平山西座談會的要求；再度展示二人的密切關係及在政治上的同步行動。

2016 年底，中共民政部部長李立國和第一副部長竇玉沛被審查，負責扶貧的民政部腐敗窩案曝光，為中共官僚體系從上到下徹底腐敗的一個縮影。

親北京的港媒對此解讀稱，12 萬人規模的高規格會議背後必有重要訊號；這次會議是在發出「清剿令」。這意味著新一輪官場清洗即將展開。

7 月 3 日，王岐山召開電視電話大會的當天，曾慶紅的馬仔、中共國務院國資委副主任張喜武因「嚴重違紀問題」被立案審查及降職；武警河北省總隊原司令員李志堅被立案審查，李志堅曾任中共武警新疆生產建設兵團指揮部主任等職。

據 7 月 1 日財新網統計，2017 年前半年，中紀委拿下 33 名副部級貪官，比 2016 年全年拿下的副部級官員還要多。習王反腐越來越加速。

貴陽召開全國司法體制改革推進會 習做指示

等到了7月10日，人們才突然明白為何王岐山要去貴陽視察：這天，全國司法體制改革推進會在貴陽召開，中央政法委書記孟建柱在會上傳達習近平重要指示，公安部長郭聲琨，最高法院院長周強，最高檢察院檢察長曹建明出席會議。

習近平在指示中強調，司法體制改革在全面深化改革、全面依法治國中居於重要地位，對推進國家治理體系和治理能力現代化意義重大。全國政法機關應「堅定不移推進司法體制改革」。

會議稱：「更加積極主動擁抱大數據、人工智慧時代，把理念思路提升、體制機制創新、現代科技應用和法律制度完善結合起來，全面落實司法責任制和相關配套改革，深入推進以審判為中心的刑事訴訟制度改革。」

看來，王岐山要把人工智慧大數據用在反腐上，讓官員不敢腐，同時推行司法責任制，誰辦的案子誰就得承擔責任。

官方首次回應 新華社批郭文貴海航爆料

面對郭文貴對王岐山的攻擊，官方一直保持沉默，直到7月10日凌晨1時，新華社罕見發文反擊。這算是官方對於郭文貴爆料的第一次回覆。

新華社以「真相調查」方式撰文指稱，郭文貴對海航集團的爆料是透過收買民航系統員工，非法收集獲取航空公司內部客戶資料訊息後，進行深度加工、歪曲解讀，「以達到顛倒黑白、混淆視聽的目的」。

　　報導引述一名現年 47 歲、曾在中國大陸民航空管部門任職 20 多年的宋軍說，郭文貴在 2015 年 8 月透過即時通訊軟體 WhatsApp 和他連絡，說可以幫他辦理英國移民，但希望他幫忙打聽中國大陸境內公務機乘客的出行訊息。

　　宋軍說，從 2015 年 12 月到 2017 年 3 月間，他透過朋友取得部分海航客戶的飛行日期、起落站、航班號碼、機型、機號等內容，提供給郭文貴祕書王雁平。報導說，這些訊息涉及 146 人的 561 項飛行信息。

　　對於郭文貴指控海航高層在公務機淫亂、奢華，6 月遭到逮捕的宋軍全盤否認。他指稱，他提供的只是乘客身份、航班起降時間等訊息，但郭文貴卻胡亂編造，看到隨行人員有女性就說是淫亂，看到經常搭乘就說是有公司股份。

　　報導指出，郭文貴不僅對準海航集團收集信息，也透過多種管道想辦法收集查詢部分中東、美國等地政要和知名人士與其親屬的個人訊息與相關隱私。

官方出面定性郭文貴 暫時放過老領導

　　澎湃網這篇獨家報導出來後，新華社轉載了。有位名叫 Dajun Zhang@ 的評論說：「新華社這篇報導的看點是，它完全不同於以前財新等媒體對郭的定位，郭曾被財新等媒體描述為權力的獵手，這篇報導將郭文貴描述為（冒牌）權力的獵物。郭的高層背景和戰神能力不見了，只剩下被真權力和冒牌權力愚弄的份。新華社在懟財新？新華社這篇不鹹不淡的報導到底隱藏了怎樣的殺機？」

　　華府中國問題專家石藏山評論說：「這個點評說得到位！新華社假裝不知道郭背後的馬建和老領導，把郭塑造成一個江湖騙子，規避了體制內鬥的必然性和中共本身的邪性。實際上，郭少將，和賴昌星一樣，甚至比賴昌星更厲害，他本身就是國安體系的一個正規特工。所以調查海航，抹黑王岐山，不是郭一個人在戰鬥，而是整個官僚在和他戰鬥。這一點上，財新當然更清楚也更堅定（支持王）」。

　　的確，無論是新華社關於海航的真相調查，還是澎湃網報導郭文貴被騙，都在傳遞同一個消息：郭文貴只是一個底層無賴，他爆料的信息來源，根本不是什麼中央「老領導」，而是他自己捕風捉影的胡編亂造。

　　先前《新紀元》和海外很多媒體都報導了，郭文貴的老領導就是曾慶紅和江澤民。

　　對習近平、王岐山來說，當前最重要的是保證十九大能在表面上「順利」召開（郭文貴一再叫囂讓十九大開不成），讓王岐山繼續留在政治局常委，而不被郭文貴的爆料所改變。因此官方出面認定郭文貴只是個無賴加騙子，就很重要了。

　　同時，官方也釋放了妥協信號，把郭文貴的爆料歸咎到郭本人身上，而暫時不查處誰是郭的爆料來源，誰是郭口口聲聲標榜的老領導，這等於變相是個「停戰協議」，雙方先停下來，先把十九大開完了，以後怎麼繼續打，那時未來五年的事了，反正江、曾早已是甕中之鱉、籠中老虎了。

　　習江生死搏殺還得延續到加時賽，更多精彩留給了未來。

第三節

官方力挺王岐山留任

2017 年 9 月初，王岐山一周三次在央視露面。王岐山在敏感時刻高調現身，引外界關注。（新紀元合成圖）

王岐山一周三次上央視 前所未見

外界公認，王岐山能否留任是兩派交戰的核心和十九大人事安排的關鍵。2017 年 9 月 3 日，王岐山被傳已罹患癌症晚期，時日無多，此前，王岐山的行蹤處於忽隱忽現狀態。阿波羅網報導，消息來源溫雲超（網名北風），被分析是倒習公開信和馬航中國烈士旅公開信作者，是江派的喉舌。

兩天後的 9 月 5 日，新華社率先報導，王岐山 3 至 5 日在湖南省公開視察當地紀檢單位及央企，並公布在中央紀律檢查委員會官網上。

9 月 6 日，中紀委書記王岐山在北京出席岳父姚依林百歲誕辰座談會。座談會規格非常之高，國務院總理李克強發表講話，常委劉雲山、張高麗出席，中辦主任栗戰書主持，中組部長趙樂

際出席。兩分半鐘的央視《新聞聯播》畫面，出現了王岐山夫人姚明珊及內侄姚慶和其他姚家人的鏡頭。

9月8日，王岐山再度公開亮相。央視報導王岐山出席中國全國紀檢監察系統表彰大會。這是他一周內第三次公開亮相。曝光密度之高，似乎超過他在中紀委書記任內的任何一段時期，頗有為其健康狀況及權位闢謠的意味。

在近兩分鐘的報導旁白引用了王岐山講話，裡面三次提到習近平。王岐山說，各級紀檢機關「忠誠執行黨章賦予的職責」，在「波瀾壯闊的全面從嚴治黨和反腐敗鬥爭實踐中，經受了嚴峻考驗和深刻洗禮」，黨中央對紀檢監察工作「給予充分肯定」。

外界認為，官方讓王岐山一周三次出現在央視《新聞聯播》中，力挺王岐山的意味不言而喻。

王岐山現身湖南 釋放打虎信號

9月5日，中共中紀委官網稱，王岐山於3至5日在湖南省調研並主持巡察工作座談會。外界注意到，這是官方首次提及王岐山「中央巡視工作領導小組組長」的身份。

香港《蘋果日報》的評論文章表示，王岐山出巡規格極高，陪同他的是中央政治局委員、中組部部長趙樂際。而李克強、劉雲山同期到山西、河北調研時沒有其他政治局委員陪同。文章認為，王、趙若非正式的巡視工作場合，也不會同時出現。王此行只是調研，由趙陪同，說明行程不是私人安排，這顯示他在高層權鬥中是勝利的一方。

此外，王岐山把中組部部長趙樂際安排為巡視組副組長，一

且王在巡視中發現某官員有問題，趙樂際很快就能罷免和查處該官員，這對湖南的貪官污吏們構成了更快速更直接的威脅。

十九大後回頭看，一個月前，習近平、王岐山那時就安排趙樂際來接班了。

與此同時，9月5日，中紀委官網預告五集電視專題片《巡視利劍》將於7日至11日播出，已落馬的王珉、武長順、黃興國等20多名中共下台官員將現身說法。

香港《東方日報》的評論文章說，此專題政論片是在宣揚過去五年的巡視成績，這實際上是進一步肯定王岐山的政績，為他十九大上留任埋伏筆。按照過往的潛規則，69歲的王岐山已到退休年紀，但當年朱鎔基接任總理一職時也是69歲，因此，一切皆有可能。

上述評論文章表示，王岐山協助習近平反腐，在全國抓捕的省部級以上官員上百名，得罪了大批既得利益者，這些人的親屬、親信、門客利用各種管道糾合在一起，對王進行政治反撲，企圖翻案，重新上台掌權。如今王高調現身反擊，「倒王派」所掀起的輿論戰也不攻自破。

王岐山及家族澄清傳聞 獲高層力挺

回頭再說9月6日召開的「紀念姚依林座談會」。港媒透露，王岐山及姚氏家族曾就海外「爆料」向中央澄清，並獲得高層共同認可，於是就有了這個高規格的座談會。

《新紀元》此前分析說，爆料那股倒王岐山的風潮，是黨內既得利益集團、貪官子女親屬們共同合演的「復仇記」。也有網

民說，這些傳聞說白了是王岐山的反腐觸動了另一派的乳酪。他們只有採取這種迂迴的手段攻擊王岐山。真真假假，虛實不分，讓習在十九大的人事安排受到掣肘。

港媒《東方日報》的文章認為，按照中共內部規定，已故的中央政治局常委們逢十、五十或者一百，都可以進行紀念座談會。姚依林作為前常務副總理，按理由現任常務副總理張高麗發表談話便可，但今次卻由李克強出面，劉雲山、張高麗出席，再加上中辦主任栗戰書、中組部部長趙樂際、國務院祕書長楊晶這三個要員，說明紀念的層次和檔次提高，這也是力撐姚依林女婿王岐山的體現。

值得關注的是，9月6日這天，張德江在廣西調研並出席第23次全國地方立法工作座談會，而俞正聲在北京出席政協第十二屆全國委員會優秀代表大會。由於姚依林級別不夠，習近平不會出席座談會，而且6日那天習要與川普通話，討論朝核危機。由此看來，七個常委，除了三個不能來的，其餘四人全來了，連江派兩常委劉雲山、張高麗都出席了，這暗示官方一致為王岐山闢謠。

姚依林祖籍安徽省貴池縣，1917年9月6日生於香港。他曾任中共商業部部長等職，1966年文革爆發後，受到嚴重迫害。1977年3月，任中共國務院財貿領導小組組長；1979年7月，任中共副總理；1987年，升任中共政治局常委並兼任常委副總理；1994年12月11日，姚依林在北京去世，終年77歲。

中共央視報導，座談會前，李克強等人會見了姚依林家屬。畫面顯示，姚依林的多名後人都出席了座談會，包括兩名在世女兒姚明珊（王岐山夫人）、姚明端及長孫姚慶（已故的姚明偉之

子）等人。央視報導播出了李克強等人與姚依林 18 名親屬的合影。合影時，王岐山與其他領導人站在前排，姚明珊、姚明端和姚慶等人站在第二排。

習遠平鏡頭停留三秒引關注

另外，中組部副部長陳希、中財辦主任劉鶴，發改委主任何立峰，還有劉少奇之子劉源，習仲勛次子習遠平，陳雲長子陳元等「紅二代」也出席了座談會。這次的座談會在央視的新聞聯播用了三分鐘的時間，足足占了當天最為重要的政治宣傳 30 分鐘的 10％。外界認為不同尋常。

習近平今次派出公私兩個代表與會：弟弟習遠平與心腹栗戰書。尤其是央視鏡頭在習遠平身上停留約三秒時間。這樣的鏡頭語言，可能意在表明他身份的特別，也是對王岐山的加持，這使各種炒作習王矛盾的輿論不攻自破。

中國問題獨立評論員李善鑒認為：「對於王來講，他一露面的話就一定要保持一個高調，相當於把那些傳言異議非常輕鬆的很乾淨的把它粉碎。而且這個事情，他是主角，就是說這些常委相當於為他而露面而做事的這麼一個架勢。」

王岐山找曾慶紅談話 曾不敢反擊

體制內專家辛子陵表示，江派在海外爆料，把王岐山弄成全世界關注的焦點了。「一些不明真相的群眾支持他、起鬨，好像王岐山馬上就要倒了一樣，而且好像很有把握要把王岐山從十九

大上拉下來，這是江派搞的清君側，習近平是不會上當的。他們都是成熟的政治家，這些小伎倆是改變不了中國大局的。」

他很肯定地表示：「王岐山最近的地位看起來很吃重，近日習近平、李克強不在北京時，實際上是王岐山在坐鎮。而且他坐鎮時也沒有閒著，找了曾慶紅、賈慶林、劉淇等五人，讓他們交代問題。」

「曾慶紅貪腐估算 480 億，如果王岐山真貪腐 20 萬億，那曾慶紅就會跟王岐山說，你貪了 20 萬億，你抓我幹什麼！曾慶紅掌握的軍隊、地方的情報部門消息靈通，如果王岐山貪了那麼多，別人不知道，曾慶紅肯定會知道，現在連曾慶紅都不敢反擊王岐山，所以這 20 萬億是胡說八道。」

辛子陵強調，總而言之，王岐山在中共黨內的地位沒有變化。「習近平、李克強、王岐山的鐵三角，沒有分裂，也沒有人能分裂得了。十九大會按照習近平的意思、習近平的部署開好。」

十九大後，辛子陵認為，不僅是中央班子調整、省級班子調整，就是下邊的也要調整。「不光是貪官要驅除、要拿掉，就是一些不作為的庸官也要拿掉。現在好多地方，除了反作為之外，就是不作為。政府機關不作為很厲害。十九大之後，組織上要進行一個大清理、大調整。」

祕密緊急會 習「不惜代價」保王

2017 年 7 月 24 日中共官方宣布孫政才被審查，等數百名省部級高官從各地飛到北京後，7 月 26 至 27 日，習近平在戒備森嚴的京西賓館召開了「專題研討班」。不過從中共央視畫面來看，

台下桌上沒有紙筆，連水杯都沒有，人人都聚精會神地在聽著，不准記錄，也沒有什麼「研討」的氣氛，整個會場非常嚴肅。

據台灣媒體《上報》報導，此次會議的重點之一，就是習當局針對十九大政局，口頭下達了「四個不惜代價」的指令。

報導引述北京消息透露，所謂「四個不惜代價」包括中央將不惜代價保護陷入風口浪尖的高層領導；不惜代價清洗中共黨內反對勢力；不惜代價應對十九大前後的外部壓力，以及不惜代價鎮壓內部的不穩定因素。

若該說法屬實，結合《新紀元》周刊此前的報導，可以這樣來解讀習近平的話：「中央將不惜代價保護陷入風口浪尖的高層領導」，就是習近平要保王岐山連任；

「不惜代價清洗中共黨內反對勢力」，這就是孫政才落馬的根本原因，因為孫政才是習陣營的黨內反對勢力——江派的接班人；

「不惜代價應對十九大前後的外部壓力」，指的是郭文貴在海外製造的各種輿論壓力；

「不惜代價鎮壓內部的不穩定因素」，這主要指的是安邦、萬達、樂視等大型企業的資金外逃給中國經濟帶來的不穩定因素。

《新紀元》三年前周永康落馬後就預測王岐山不會退休，因為王岐山為習近平的執政和改革開路，最大的既得利益者、最大的老虎還沒有拿下，若這時王岐山退休，那習近平不但反腐做不下去，自己的性命都可能會被「反習同盟」奪走。

2017 年 8 月 3 日，英國《金融時報》《王岐山：中國的鐵腕執行者》一文稱，「在仰慕者看來，王岐山是中國未來最佳的總

理人選。」「從上世紀 80 年代初作為一名有影響力的年輕改革者嶄露頭角，到在全球金融危機期間處理與美國的經貿關係，王岐山在中國現代史上幾乎每一次關鍵金融和經濟改革中都扮演了重要角色。更近一段時期，他在一個更具政治色彩的位置上再次鋒芒畢露。自 2012 年末以來，他一直被一些人稱為『習主席的刀把子』。……他手下的調查人員打掉了 150 多名涉嫌腐敗的副部級及以上俗稱『老虎』的高官。」

文章說，「越來越多的人私下議論，稱他將在經濟政策領域被賦予一個更大的角色。」「王岐山最強大的支持來自中國經濟改革派、跨國公司高管和外國外交官。這些人士認為，世界第二大經濟體迫切需要一位王岐山的導師朱鎔基那樣的行動派總理。」

據說正是朱鎔基的遊說，才使王岐山在中央政治局常委會謀得一席之地。但任命他主管反腐部門的決定卻出乎所有人——甚至包括王岐山本人——的意料。

王岐山是否會出任總理，《新紀元》周刊在第 534 期（2017年 6 月 8 日出刊）的《習保王歧山十九大連任 激戰江澤民》一文中指出：2017 年過年期間，王岐山到中央黨校去宣講六中全會精神時，特別闢謠說：有關李克強的去留、連任、調任等各種消息是「黨內不正常外傳的」，明春新一屆國務院總理仍然是李克強。

《金融時報》引用一位人脈廣泛的亞洲外交官的說法，「習李之間已經言歸於好」，他認為李克強將繼續擔任總理之職，「王岐山領導的機構正在對中國的宏觀經濟政策產生深刻影響，幫助中共遏制金融風險，同時將資本流動從投機活動引回實體經濟。」這是當前中國經濟最需要的。

中國二號人物王岐山

第十二章

王岐山高調復出

中共十九大前，有望留任常委的中紀委書記王岐山受到政敵的猛烈攻擊，他在 2017 年 10 月召開的中共十九大上「裸退」。但在 2018 年中共人大會上，他與習近平等其他常委平起平坐，高調復出。

2018 年中共兩會，王岐山被安排在七常委座位旁，此舉顯示他不同於以往「沒有聲音」的只是備位首的副主席。（AFP）

第一節

破格進人大 可能的職務

王岐山十九大卸任之後並沒有脫離聚光燈，三個多月後當選人大重返政壇。圖為 2017 年 11 月王岐山參加歡迎美國總統川普的宴會。（中央社）

王岐山湖南當選全國人大代表

2018 年 1 月 29 日，湖南省第十三屆人民代表大會選出 118 名全國人大代表，其中中共中央政治局前常委、中紀委前書記王岐山當選。

按照慣例，退休中央領導人一般不安排擔任全國人大代表，這種反常令此前關於王岐山要重現江湖的種種傳說更進了一步。

人們還注意到，中共現任常委都會安排進全國人大，不過今年的選區出現了變化。

截至 1 月 31 日，除王滬寧外，其他六名政治局常委陸續在各地「當選」全國人大代表，其中習近平在內蒙古、李克強在廣西、栗戰書在江西、汪洋在四川、趙樂際在黑龍江、韓正在陝西。

而在上屆政治局常委中，習近平、張德江、俞正聲、王岐山、

張高麗、劉雲山，分別在任職過的上海、浙江、湖北、北京、天津、內蒙古「當選」。

兩相對比，評論人士高新 2 月 1 日對美國之音說，此舉包含了習近平自己設計的因素，防止地方勢力坐大，防止中共政治局常委和政治局領導層的人通過在自己熟悉的地方選舉，而成為當地「一霸」。

習早已安排王岐山以退為進

十九大召開不久，政論家陳破空在新唐人電視台的專題節目中分析說，按照「七上八下」的潛規則，除了 69 歲的王岐山，上屆中共常委中的三個江派常委——張德江、劉雲山、張高麗也應退下，如果王岐山留任的話，他們就要叫板至少留一個，這樣的情況下，「大家都下」不失為一個有利於習近平的選擇。

他說，「也可以反過來理解：王岐山以退為進，以與江派三常委同歸於盡的方式，為習近平贏得政治空間。讓江派沒話可說，只好三個人都下去。正如胡錦濤在十八大裸退，讓江澤民無法干政，使習派與江派徹底對立起來。同時胡錦濤也贏得了習的信任，形成胡習聯盟，換取了卸任後的安全。」

早在十九大剛召開後就傳出王岐山不會裸退。

十九大前夕，王岐山特意會晤新加坡總理李顯龍，十九大後又會晤白宮前首席策略師班農（Steve Bannon）。這完全不像要退休養老者的做派。

《新紀元》周刊在 2017 年 11 月初的第 556 期的《十九大習江激鬥 中央高層十項人事異常》中就報導說，海外中文媒體消息

稱，王岐山退位後，明年將出任國家副主席。10月29日，台灣《聯合報》也引述香港消息人士表示，王岐山2018年3月正式上任副主席前，人大疑似已擬定提案，做出過渡性安排，對王上任做出提前安排。

等到了12月1日，《南華早報》稱，王岐山雖已退休，但仍參加政治局常委會議，與聞黨國大事。

也就是說，在十九大江派激烈反撲下，習近平不得不讓王岐山退出常委，但那時習近平就已經安排王岐山擔任國家副主席。

兼任國家監察委員會主任？

王岐山進入人大後，在一個月後的中共兩會上將擔任何種職務呢？

當然，外界普遍認為是國家副主席，但除此之外，有無其他可能呢？比如國家監察委員會主任，這個職務也是要全國人大批准任命的。

「國家監察委員會」在兩會上一旦成立，將成為最高國家監察機關，與國務院和國家軍委同為正國級單位。官方稱，未來中國政府將取消現有的監察部、國家預防腐敗局和最高檢反貪總局、瀆職侵權檢察廳、職務犯罪預防廳，並將其相關職能併入新設的國家監察委員會，國家監委組成人員由全國人民代表大會單獨選舉產生。各地方也將參照辦理。

《新紀元》從2016年11月官方公布《關於在北京市、山西省、浙江省開展國家監察體制改革試點方案》時就一直追蹤報導此事，並分析認為，國家監察委員會主任這個職務，是為王岐山

十九大留任量身訂做的。

外界一直認為中紀委作為中共黨務系統的機構，要處理黨、政、軍各部門反腐，其職權不夠全面，也缺乏法律制度的支持，因此官方參考中央軍委的做法，決定設立國家監察委員會。

然而十九大兩派鬥爭激烈，王岐山未能如願留任中紀委書記。趙樂際接替王岐山後，是否仍有可能讓王岐山擔任國監委主任呢？也就是說，一向打破規矩、不遵守潛規則的習近平，能否破例讓王岐山擔任國監委主任，讓趙樂際擔任副主任呢？

答案可能是：不，因為沒必要。

由於國家監察委與中紀委合署辦公，為了統一管理，很難想像，國監委主任是一人，而中紀委書記是另外一個人，這就是說，王岐山出掌國家監察委的可能性幾乎為零，因為一山不容二虎。

2月4日，中共中央紀律檢查委員會公布了大陸31省（區、市）和新疆生產建設兵團選舉產生的31名省級監察委員會主任名單，這代表中國31個省級監察委員會全部誕生。

這31名省級監察委主任都是當地省級紀委書記，掛牌後的監察委員會與同級紀委合署辦公，實行「一套工作機構、兩個機關名稱」。

由此看來，王岐山肯定不能出任國家監察委主任，這個位置只能是趙樂際的。

習第二任重點由反腐轉向經濟

在習近平首屆任期中，為了鞏固權力，反腐成了他的重中之重，利用反腐打掉了江派大批貪腐官員。

　　五年間，王岐山掌管下的中紀委，整頓逾百萬各級幹部、追回上千億元人民幣「黑金」，上至正國級的大老虎，下到鄉科級的小蒼蠅，人數超過了 140 多萬。王岐山拿下了 440 名省軍級及中管官員，43 名十八屆中央委員會委員，包括周永康、郭伯雄、徐才厚、令計劃、孫政才、蘇榮等多名江派國級高官。

　　外界觀察發現，習、王打虎的落馬高員，絕大多數是江澤民集團中的官員。表面上看，落馬的官員是因為貪腐。但深挖他們落馬的真正原因，實則因積極追隨江澤民迫害法輪功而遭了惡報。這五年中，王岐山把江派勢力清除了一大半，只剩下江澤民、曾慶紅這些最頑固的舊勢力核心了。

　　在十九大前，官方就釋放信息，王岐山要徹底離開反腐工作了。

　　2017 年 10 月 9 日，中紀委第八次全會召開。就在此前一晚，中紀委官網「學思踐悟」專欄刊出終篇道別文章，其中罕見的引用了「人事有代謝，往來成古今」。這一專欄由王岐山啟動，隨著王岐山的離開而關閉。這也表明另外一個時期到來了。

　　自從 2016 年「習核心」確立之後，習陣營想藉打虎來立威的緊迫感消失了，特別是十九大後，無論地方還是軍隊，新提拔上來的幾乎都是習近平認可的人，比如部長、省委書記、省長等，都是新提拔上來的，再打虎，除了政協、人大殘留的江派人馬之外，幾乎都是小老虎了，就沒有昔日拿下周永康、徐才厚、郭伯雄等大老虎的震懾力了。

　　而要繼續拿下江澤民、曾慶紅，習近平感覺力量不夠，關鍵是他面臨的最大問題是經濟危機隨時可能爆發，在他第二屆任期中，如何把經濟穩定下來，不出漏子，這才是他新的重中之重了。

因此，他的得力助手、而且是金融專家的王岐山，自然就沒有必要留在國監委了。

國家安全委員會副主席？

還有消息說，王岐山也可能成為國安委的副主席。

國安委成立於 2013 年，是一個包羅萬象、無所不管的特別機構，現任主席是習近平，副主席是中共國務院總理李克強與中共人大委員長張德江。

有觀點認為，國安委將是習近平手中一個利器，用來統管公安、軍隊的情報部門及國安部，解決政出多頭及曾慶紅背後操縱政法系統的局面。而且，隨著官方把經濟問題上升到國家安全這一高度上，國安委還真的需要一個懂經濟的副主席。

不過，如果王岐山以非政治局常委、非政治局委員的普通黨員身份，加入中央國家安全委員會，按理說，其排名將會很後，與擔任政治局常委時比較，等同於降職。

假如習近平破格把王岐山任命為國安委副主席，官場內部的人是否服氣？而王岐山本人是否願意，還是個問題，因為其他委員都有在黨內或政府內的其他正規職務。

當然不排除王岐山擔任國家副主席的同時，再兼任國安委的副主席。假如習近平真的這樣安排了，那王岐山就比趙樂際還高了一籌，因為王岐山是國安委副主席，而趙樂際只是國安委成員。王岐山這個反腐沙皇的頭銜和地位也就保住了，今後繼續打虎，拿下江澤民、曾慶紅，也就更加可行了。

加入經濟高層級諮詢機構？

還有港媒稱，王岐山在財金領域經歷豐富，人脈廣闊，繼續以老幹部和顧問形式「提點」後進財金班子，不是沒有可能。不過文章沒有給出王岐山可能的具體職位。

的確，目前習近平最需要對金融市場進行調節，因為金融風險迫在眉睫，假如王岐山能在這方面發揮特長，當然是習近平希望的。

王岐山除了有「反腐沙皇」之稱，還有「救火隊長」之名，他過去曾多次「臨危受命」解決危機，包括90年代廣東金融危機、北京薩斯一役及中共反腐風暴，他每次都能化險為夷。

1997金融風暴時，王岐山奉命赴廣東處理廣東國際信託投資公司破產案，以及粵海信託清盤事件，成功收拾了廣東的金融殘局，化解外國投資者撤資危機，成為前總理朱鎔基的愛將。

其後，王岐山先後獲任國務院經濟體制改革辦公室主任及海南省領導，化解當地房地產泡沫爆破危機。

2003年4月，北京爆發薩斯危機，王岐山由海南緊急上調北京，接替因隱瞞疫情而下台的孟學農出任北京市長。王上任後提高透明度，每天公布疫情，成功控制疫情的蔓延，重建國際社會對中國的信心。

王岐山在2008年3月成為國務院副總理，接替「鐵娘子」吳儀，分管金融、商貿工作，隨即就要面對國際金融危機、出口急挫和人民幣升值壓力的挑戰，他隨後在中美戰略與經濟對話中，領銜經濟對話。中國能進入世界貿易組織，與王岐山暗中協調有關。

外界注意到，2017 年中共十九大後的金融領域人事調動中，與王岐山關係密切的舊部紛紛進入金融系統，擔任不同要職。如現任證監副主席閻慶民，現任銀監會副主席周亮。因此有輿論就形容，無論王岐山去哪兒，只要他的親信在金融領域要職，就代表「王岐山時代」並未謝幕。

然而從中共體制來看，無論王岐山擔任習近平的私人顧問，或某智囊的顧問，這些都是沒有實權的，哪怕王岐山去了銀監會、證監會，都沒有國家副主席的名聲和實權更大，因此，王岐山還是會擔任國家副主席。

已故中共大將羅瑞卿之子羅宇曾對媒體表示，如果真由王岐山接任副主席，對外界來說還有一個意義——或許顯示習近平的確有向國家體系轉向的意願。

羅宇說：「如果習想逐步有序的民主化，他會加強國家體系這個制度。他不是說非黨人士可以當國家副主席、非黨人士可以當軍委副主席嗎？……如果他想逐步民主化、加強國家體系的話，可以讓一個不是常委的人任國家副主席。」

美中關係緊張之際欲救火？

外媒稱，王岐山常常被形容為中共第二號人物，在十九大之後並沒有完全脫離聚光燈。比如他 2017 年 11 月參加了習近平歡迎美國總統川普的宴會。

王岐山先前作為中紀委書記處於習近平反腐運動的前線。他也有強大的經濟背景，曾擔任央行副行長和副總理。王岐山也曾經是美中戰略經濟對話的中方代表團團長。

前美國情報官員 Randal Phillips 說：「習近平任命王岐山是非常安全的事情，因為他擁有信譽，他也不構成任何威脅。」

《華爾街日報》引述知情人的話說，王岐山的新職務，不論是國家副主席還是習近平的顧問，都將負責處理中美關係。

王岐山 2008 年任國家副總理。美國官員認為是他促成人民幣從 2010 年開始有一定程度的浮動。這是美國的長期目標。

2018 年 1 月底，川普政府通過向中國太陽能電池徵收高額關稅，打響了貿易戰第一槍。官員和政治專家說，國家副主席的頭銜將方便王岐山跟外國人打交道。

此前幾個月，王岐山會晤了前美國財政部長鮑爾森（Henry Paulson）和其他美國商界領袖。王岐山在一次會議中跟來訪的美國金融家討論川普總統。他問，「川普是一個罕見的現象，還是一個趨勢？」

川普政府官員說，希望王岐山的任命，將推動中國自由化進程。但是他們希望中共在政策上做出實質性改變。比如，北京 2017 年 11 月初同意讓外國證券公司持有合資企業 51％的股權，但是川普政府要求對外國股權不設限。

破慣例 掌實權 常委降格

王岐山在 2018 年 3 月確認出任國家副主席，他是中共 20 年來首個擔任此職務的非中共中央委員。

中共建政至今，先後有朱德、宋慶齡、董必武、烏蘭夫、王震、榮毅仁、胡錦濤、曾慶紅、習近平、李源潮共九人擔任過中共國家副主席，其中只有宋慶齡、榮毅仁不是中共官員，其他七

人都是中共高官。

《新紀元》此前報導了，假如王岐山擔任國家副主席，他將成為中共有史以來權力最大的副主席。

BBC 報導引述中國政治學者吳強的分析稱，如果王岐山擔任國家副主席，就將在常委之外統籌事務、掌握權力。同時，中央政治局常委的政治地位正在下降，習的「核心圈子」在實際掌握權力，而不再是依據常委分工的「集體領導制」。他舉例說，2018 年 1 月底的達沃斯論壇，政治局常委、國務院總理李克強沒有參加，率團出席的是習近平的親信、中央財經辦主任劉鶴。

在他看來，王岐山的地位會比在常委的韓正、趙樂際、汪洋都高。

政論家胡平也分析說，王岐山權力大小，完全看國家主席習近平授權的權力大小，副主席沒有專門特殊的職責，就是輔助主席。「因為習近平信任王岐山，會把很多重要的事情交給他。」他估計，習近平也會把大量的、相當重要的主席應該做的外事活動，交給王岐山來做。

不過港媒《東方日報》1 月 21 日刊文認為，如果王岐山出任中共國家副主席並出席政治局常委會，這個安排本在情理之中，但一些人認為這不符政治規矩，故意製造名不正、言不順的論調。文章說，習近平提名王岐山為國家副主席，是對其反腐工作的肯定，但必定也有人會對此提出異議，畢竟王岐山反腐打擊了一大批利益集團，他們對老王早就恨之入骨。

但從目前局勢來看，即使江派反對，也無法阻止習近平任命王岐山為國家副主席。

王岐山不退或與習近平連任有關

香港《明報》1月31日的評論文章表示，中共國家副主席歷來是虛位，他可能代習承擔一些國事活動，代習出訪或接待外賓。因此，王做國家副主席最大的可能性與習近平下屆的去向相關。

文章認為，由於十九大未出現習近平的接班人，五年後習的動向有三個可能，一是連任中共高層，但礙於任期所限，須卸任國家主席；二是卸任黨政職務，連任軍委主席；三是黨政軍全退。不過，王岐山此例一開，習的未來有各種可能性。

路透社的報導也認為，如果王岐山能夠打破慣例，超越年齡限制任要職，讓習有可能突破以往的兩屆任期限制，可為習在下屆繼續留任開先例。

外界普遍認為，習近平上任後，他的反腐「打虎」取得一定成果，但還沒有拿下「中共貪腐總教練江澤民」及江派二號人物曾慶紅等核心人物，如果他只連任兩屆，退休後可能會對他本人不利，所以他將謀求下屆繼續連任。

時事評論員夏小強則指出，造成中國社會危機，以及中國的經濟、金融和外交等問題的深層原因，是中共體制和政權因素。即使王岐山未來就任國家副主席，但只要在中共的體制下，似乎並無太多可期待的結果。

時事評論員李林一表示，現在中共內部問題重重，習近平如果不從體制上進行根本的改革，任何體制內的改革都已經無法再挽救中共。

第二節

王岐山強勢回歸
再闢「第二戰場」

2018 年 3 月 5 日人大開幕會場，王岐山成為今年中共「兩會」的頭號焦點人物。（AFP）

2018 年 3 月 4 日上午，中共十三屆全國人大一次會議舉行了預備會議，通過了大會議程，選舉了由 190 人組成的大會主席團，前中紀委書記王岐山在列。

王岐山強勢回歸 與七常委並排坐

央視新聞聯播畫面顯示，中共七名政治局常委中，除擔任全國政協會議主席團主持人的汪洋外，均有出席預備會議且同排坐。而王岐山則與這六名政治局常委同坐一排，一旁是常委排名第七的韓正，另一旁則是空位。

至於其他政治局委員，則分別坐在六名常委及王岐山之後的

一、二排，層級分明。且新聞畫面依序播出與會六名政治局常委鏡頭後，接著播出的就是王岐山的鏡頭。

在預備會議之後舉行的人大主席團會議，除汪洋外的六名政治局常委同樣出席，央視新聞聯播也有報導。報導時，畫面仍然依序播出這六名政治局常委的鏡頭，緊接著播出的還是王岐山的鏡頭。就是王岐山的單獨鏡頭，畫面停留時長達 2 秒 10 幀。

在中共十九大後，王岐山雖退出政治局常委會，但在黨內享有「第八號常委」權力、列席政治局常委會的說法不脛而走，現更傳聞將接任國家副主席。而王岐山在人大預備會議上的座位安排及鏡頭排序，更加深了他「第八號常委」的聯想。

3 月 5 日上午，中共全國人大一次會議開幕，王岐山仍與六常委同列，坐在趙樂際的左側，位於同一排的政治局常委及政治局委員之間。

許多外媒與港台媒體都是拍過了習近平、李克強及王岐山之後，才去找其他畫面。這些媒體記者們都認為，王岐山毫無疑問是 2018 年中共「兩會」的頭號焦點人物。

王岐山權重不止「第八常委」

王岐山在習近平第一個五年任期內，協助習掀起反腐風暴。據統計，中共十八大以來，被公布查處官員中，黨內機構、國家機關與政協官員（副部級及以上）共 172 人，副軍級及以上軍官和武警警官共 64 人。

其中更是包括兩名軍委副主席郭伯雄、徐才厚，一名原政治局常委周永康以及一名現任政治局委員孫政才。

　　王岐山在人大會議上的座位安排及鏡頭排序，已坐實其「第八常委」地位。

　　值得注意的是，習近平當局在憲法中取消國家副主席和國家主席任期制度，這不僅意味著習近平可在中共 20 大後連任，也意味著預料擔任國家副主席的王岐山，將握有更多實權。

　　王岐山憑藉數十年在地方與中央的政務、黨務、外交等領域積累的經驗與人脈，尤其任中紀委書記「打虎」獲得的聲望，以及與習近平之間的親密私交，無疑將成為中共史上最具權力的國家副主席。王岐山的角色應不止於所謂「第八常委」。

王岐山或組建對美最強外交團隊

　　此前不斷有消息指，王岐山任國家副主席後，將在外交事務方面分擔習近平的工作，重點負責對美外交事務。

　　因王岐山熟悉經貿、並曾擔任「中美戰略與經濟對話」中方代表、與全球重要的金融及銀行界領袖有交情，加之談判手段高明，同時也深獲習近平信任。在中美關係面臨巨大挑戰的關鍵時刻，王岐山可說是最佳人選。

　　另外，主管外交的政治局委員楊潔篪可望出任國務院副總理，也打破國務院多年來沒有主管外交的副總理這一格局。現任外交部長王毅則料接棒楊潔篪，擔任分管外交的國務委員，並繼續兼任外長職務。

　　而習近平智囊劉鶴料將出任副總理，掌管金融、外貿等工作，從 2018 年 2 月 27 日劉鶴以中財辦主任身份赴美談貿易紛爭，可見其未來在中美談判中將擔當十分吃重的角色。

至此，王岐山統領劉鶴、楊潔篪、王毅這三名副國級高官，組成強大外交團隊的跡象已很明顯。

有分析認為，中紀委前書記王岐山將與劉鶴等一道共同推動中國政治經濟大變革。

《華爾街日報》稱，美國川普政府官員認為，有望被北京當局任命的王岐山以及劉鶴等官員屬於經濟改革派，這些人上台有助於推動中國的開放進程。

習王闢「第二戰場」 王權位居第二

3月3日，總部在北京的多維新聞網發文稱，繼鐵腕反腐之後，前中紀委書記王岐山將重返中共政壇、擔任國家副主席幾乎已成定局。

王岐山將與習近平聯手開闢第二戰場——中國外交系統的改革。中國的外交系統改革，不僅包含機構調整，當然也會涉及到最為重要的人事安排。

按照中共十九大之前中國外交領域人事安排推測，目前中國外交最高的機構是「中央外事工作領導小組」，它橫跨黨、政兩個體系，同時也叫「中央國家安全工作領導小組」。現在由習近平擔任組長，成員一般包括負責涉外事務的國務院副總理或國務委員，與外交部、國防部、公安部、國家安全部、商務部、港澳辦、僑辦、新聞辦的負責人，以及中宣部、中聯部的部長和中央軍委聯合參謀部的高級將領等。

文章說，目前中共外交領域人事安排，習近平是作為最高決策者，全面主導外交政策。習近平之下，王岐山將會成為習近平

外交戰略的重要執行者，這個角色也將一改此前國家副主席在外交工作上比較「務虛」的情況。

習王之下，就是分管外交工作的國務委員楊潔篪，同時他還兼任中央外事領導小組辦公室主任。楊潔篪之下為中共外交部長王毅和中聯部部長宋濤，王毅、宋濤之下，再是外交部、中聯部各司局負責人以及駐外使館工作人員。

文章說，如果承襲這樣的權力格局，2018 年兩會之後，中共外交領域將會出現「習近平—王岐山—楊潔篪—王毅、宋濤」的金字塔式構成關係。

此前大陸就有傳聞稱，十八大後，王岐山曾在一次內部會議上狠批外事、外交界領導乏力，各自為政、拉幫結派，有強力保護傘，存在利益關係。

更具體的報導稱該會議上王岐山歷數 20 多年來，有關涉外、外交工作和駐外機構的整頓、改革工作的亂象。

與之相呼應，兩會前夕，彭博社 2 月 7 日援引四名中方知情人士的話表示，北京已下令對中共外交部進行徹底改革，在審查外貿交易、監督基建項目以及管理國外貸款時「用一個聲音說話」。

此前，中共外交部連續發出與習近平在國際重大場合不同調的言論，經常唱反調。

被冠以「獨立王國」的中共外交部此前一直把持在江派手中，利用外交系統派遣大批特務進行海外活動。中共四任外交部長錢其琛、唐家璇、李肇星、楊潔篪都隸屬於江派。

有消息指習近平試圖在外交領域做較大調整，以徹底改變江澤民時代遺留至今的結構布局。

王岐山會否涉足國家監察委？

　　王岐山若果真重返政壇出任國家副主席，按照慣例，他兼任「中共中央外事工作領導小組」的同時，同樣亦將成為「中共中央對台工作領導小組」和「中共中央港澳工作協調小組」成員。

　　台港澳事務曾長期被江派勢力操控，背後涉及江澤民集團二號人物曾慶紅等人操控的國安特務與海內外黑幫勢力，與中共高層內鬥息息相關。

　　具有五年反腐「打虎」經驗的王岐山介入台港澳事務，將大大助力這一清洗行動。

　　另有分析認為，王歧山新烏紗或不止國家副主席一種。王歧山任職最可能是國家副主席，或者是新建立的國家監察委員會的主席（主任），抑或是國家副主席兼國家監察委員會主席。

　　至於到底誰將執掌監察委這個「超級反腐機構」，中共兩會上給出了最終答案。

第三節

副主席激動宣誓
仍掌控監察委

3 月 17 日，習近平連任國家主席及軍委主席。王岐山破格出任國家副主席。（AFP）

2018 年 3 月 17 日的中共人大十三屆第一次會議上，習近平全票「當選」國家主席、國家軍委主席；栗戰書全票「當選」中共人大委員長；王岐山以 2969 票支持，1 票反對「當選」中共國家副主席。王岐山現場表現細節再次引起媒體關注。

僅一票反對 王岐山激動敲桌子

香港《蘋果日報》認為，與習近平和栗戰書相比，王岐山並不是全票當選。這唯一一張反對票，很可能是王岐山自己投的，以顯示他的「民意」不及習近平高，而且不會做出功高儡主的行為。

報導指，在北京開會的人大代表對投反對票人選有另一種猜

測，這票是不滿王岐山之前全力反腐帶來的；也有懷疑是有人不滿年滿 70 歲的王岐山，仍能執掌國家副主席的大位。

央視畫面顯示，王岐山當選後激動與習近平握手，笑開了嘴。選舉結果出爐後，大會舉行憲法宣誓儀式。習近平步上禮台，右手舉拳、左手撫按中國憲法，念出誓詞。接著依序由新當選的全國人大常務委員會委員長栗戰書、王岐山等人進行宣誓。

在宣誓過後，王岐山右手放下時還敲擊桌面一聲，引起現場媒體討論。一派記者認為，王岐山是為自己「拍案叫絕」；另一派記者則認為，王岐山是在質疑「怎麼會有一張反對票」。

69 歲的王岐山在 2017 年 10 月中共十九大卸任政治局常委，幾乎沒有公開露面。他 1 月底先是當上全國人大代表，兩會開幕前再被選進主席團。人大開幕式 3 月 5 日當天，他緊隨七常委入場，並與他們同排而坐，成為兩會最受注目者。

王岐山參加兩會的現場細節不時被外界媒體關注和賦予特別含義。

此前，3 月 4 日召開的人大預備會上，僅有全國人大代表身份的王岐山，不但與中共政治局常委同坐一排，而且位置僅排在七常委之後，排在現任政治局委員之前，成為中共「權力第八人」。王歷次出場時，都成為七常委後的「第八位」，而央視給其他常委特寫鏡頭時，也同時給王岐山時間一樣長短的特寫鏡頭，因而被外界認為對應此前有關其是「第八號常委」的地位的說法。

兩會期間，許多高官爭相與王岐山寒暄，據媒體報導，王岐山走過會場時，許多人趕上前去握手，還有疑似將卸任的軍委副主席范長龍向他行軍禮。而在王岐山為修憲投票時，鼓掌聲甚至

蓋過其他常委。他與習近平握手時，習近平的神情顯得相當滿意。

法廣對此評論稱，官員們「熱捧」王岐山，反映出的是對他強勢回歸的恐懼。

香港《東方日報》發表的「神州觀察」評論稱，外界都戲稱王岐山將成為新一屆領導集體中的「第八常委」，而從北京當局對王岐山信任的程度來看，「王岐山的角色或遠不止於所謂第八常委」。

提拔楊曉渡 仍掌國家監察委

3月18日上午，中共全國人大會議選舉國家監察委主任。中紀委副書記楊曉渡當選首任國家監察委主任。

十九大以來，前任中紀委書記王岐山與現任中紀委書記趙樂際一直被外界猜測是國家監察委主任的熱門人選，甚至傳出雙首長制的說法。楊曉渡爆冷出任國家監察委主任，令人關注。這讓具有江派背景的政治局常委趙樂際面臨被架空的尷尬處境。

由於楊曉渡是王岐山提拔上來的，這也意味著反腐大局依舊在王岐山的掌控中。

楊曉渡在西藏與曾經主政西藏的胡錦濤有過交集，2007與短暫主政上海的習近平有過交集，習對其工作曾表示肯定。

楊曉渡，1953年10月生於上海市。上海中醫學院（現上海中醫藥大學）藥學系畢業。1976年12月，任西藏自治區那曲地區醫藥公司股長、副經理。在隨後的20多年中，他一直在西藏工作，1998年5月，任西藏自治區人民政府副主席。

2001年，48歲的楊曉渡回到上海，任上海市人民政府副市長。

2006 年 10 月，任中共上海市委常委、統戰部部長，上海市社會主義學院院長、黨組書記。

2012 年 5 月，任中共上海市委常委、市紀委書記，期間查處上海高院法官集體嫖娼事件，轟動一時。

於是在王岐山的提拔下，2012 年 11 月，楊曉渡進了中紀委，並被提拔為中紀委副書記。

據陸媒報導，作為中紀委副書記，楊曉渡分管第二紀檢監察室（聯繫國務院部門和其他相關單位）、第九紀檢監察室（聯繫陝西、甘肅、青海、寧夏、新疆及新疆生產建設兵團）等。

在上述分管範圍中，2014 年 1 月以來至少已有 24 名副部級及以上的官員落馬，如青海省西寧市委原書記毛小兵、國安部原副部長馬建、國家安監總局原局長楊棟梁、證監會原副主席姚剛、國家統計局原局長王保安、司法部原政治部主任盧恩光、司法部原部長吳愛英等。

其中大多是江派大員，如吳愛英被指是中共前黨魁江澤民的親信，馬建被指是江派二號人物曾慶紅的心腹。

在成功查處幾個反腐大案後，2016 年 12 月，習近平、王岐山讓楊曉渡調任監察部部長，2017 年 1 月 11 日，兼任國家預防腐敗局局長、深化國家監察體制改革試點工作領導小組成員、黨組成員兼辦公室主任。

這樣身兼多職的安排，完全是準備讓楊曉渡來給王岐山當副手，並日後接班的。哪知十九大王岐山沒有擔任中紀委書記，於是，國家監察委主任的職務，就提前安排給了這位監察體制改革小組的辦公室主任。

回頭來看，王岐山十九大暫時卸任黨務工作時，就在安排楊

曉渡接管監察委了。

　　2017 年 10 月 25 日，64 歲的楊曉渡在中共十九屆一中全會當選為中央政治局委員、中央書記處書記，成為三十年來首位進入中央政治局的中央紀委副書記。這時楊曉渡還同時擔任中紀委副書記和監察部部長、國家預防腐敗局局長。

國監委降為副國級 趙樂際未兼任

　　中共兩會在提名楊曉渡為國家監察委主任的同時，也提名張軍為國家最高檢察院院長候選人，提名周強為最高法院院長候選人。相關安排意味著意味著國家監察委同最高檢察院、最高法院平級，為副國級。

　　楊曉渡以政治局委員身份兼任國家監察委主任，而最高法院院長、最高檢察院檢察長並不進入政治局，這表明國家監察委權力排名在最高法院、最高檢察院之前。

　　中共兩會修憲條文中，定性增設的國家監察委員會是「國家最高監察機關」，將整合監察部、國家預防腐敗局、最高檢反貪污賄賂局、最高檢反瀆職侵權局等機構。

　　外界此前普遍解讀，國家監察委的權限「前所未有」，是與國務院、國家軍委同級的正國級機構。

　　中共十九大上官方宣布，中紀委將與即將成立的國家監察委合署辦公，「一套班子，兩個牌子」。另外，截至 2 月 1 日，地方兩會上選出的 31 名省級監察委主任均由當地省級紀委書記出任。外界曾據此判斷，中紀委書記趙樂際將被提名擔任國家監察委主任。如今國家監察委降格為副國級，與之呼應，趙樂際執掌

國家監察委的傳言也落空。

楊曉渡掌控反腐實權

楊曉渡此前說明，成立監察委目的是加強對反腐敗工作的集中統一領導，實現對所有行使公權力的公職人員監察全覆蓋；中紀委與國家監察委要合署辦公。

據官方定性，國家監察委作為「超級反腐機構」，擁有極大的監督權威，一是對所有公職人員監督全覆蓋；二是對各級監察委統一領導；三是擁有監督、調查、處置各環節的權力。「濫權，瀆職，以權謀私，浪費國家資產」等，都將被瞄準。

習王舊部楊曉渡以政治局委員、中紀委副書記、書記處書記等多重身份兼任國家監察委主任，將實際上掌控反腐大權；突顯其在習陣營中權力角色異常吃重，可稱為是繼現任七常委與王岐山之後的「第九常委」；這也令現任政治局常委、中紀委書記趙樂際處境尷尬。

習近平、王岐山十八大期間曾高調定性國家監察體制改革是事關全域的重大政治改革；國家監察委主任一職曾被視作為王岐山十九大留任常委而量身定做的正國級職位。但王岐山在十九大前後遭江澤民集團瘋狂圍攻，最終未能留任常委。

國家監察委在兩會上出台後卻被降格為副國級，內幕尚不得而知。不過，這樣更方便作為國家副主席的王岐山，**繼續參與國監委的管理諮詢工作。**

回頭來看習近平十九大的人事安排，王岐山當了國家副主席，實權比有的政治局常委還大很多，而且國家監察委主任不是

由中紀委書記擔任，這些都說明習近平在架空常委制，加上習近平在兩會上修改憲法，取消對主席任期的限制，這意味著他可能會長期執政，而且政權的最核心，不再是黨務，而是國家權力體制，習近平和王岐山這兩位主席和副主席，就成了最高權力掌控者，「習王體制」由此開始。

不過，這個習王體制只是一個過渡，最終，中國要走哪條路，是否真正能取消共產黨、實施國家體制管理，走總統制這條道路，我們會在後續書籍中分析。

中國二號人物王岐山

第十三章

腐敗無解
王岐山對中共無好感

大陸貧富分化嚴重，中共面臨嚴重的執政合法性和亡黨危機。
王岐山承認，不解決不平等問題，中國社會已無法繼續。而在
中共體制內的「改革」，已沒有人相信會給中國帶來希望和光明。

王岐山突然提及中共執政合法性，對此，中國問題專家認為，共產
黨已經罩不住了，中南海高層在做準備拋棄中共。（AFP）

第一節

王岐山推薦
《舊制度與大革命》

當前中國社會矛盾激化的處境，與法國大革命時期有某種相似性：人們權利意識覺醒，對特權、腐敗、不公正無法容忍。（AFP）

王岐山推薦書 掀「法國大革命」解讀熱

在 2012 年的中國，一百多年前探討「法國大革命」起源的一本書大熱，尤其在當時中共紀委書記王岐山公開推薦之後，該書在各大網路書店銷售一空。洛陽紙貴，媒體爭相採訪專家評論，各大網站並設了專題討論，堪稱中國現代奇異的「法國大革命熱」現象。

王岐山 2012 年 11 月 30 日在主持召開反腐座談會時，向與會的八名學者推薦《舊制度與大革命》一書。王岐山稱，「我們現在很多的學者看的是後資本主義時期的書，應該看一下前期的東西，希望大家看一下《舊制度與大革命》。」

其實在更早時，這本書已經在中國高校中、民間研究人士的言談中成為「時尚」。很多學者在此之前一兩年，就已經將它作為重要書目，在網上與公眾分享。先是有經濟學家傳言，在一個主管經濟工作的高層領導桌上，發現有這本書；後是地產大老任志強在微博裡提到，央行副行長易綱推薦大家閱讀這本書，認為該書有助於反思中國的文革。

「法國大革命」的慘烈

法國貴族托克維爾 19 世紀撰寫的《舊制度與大革命》，是探討 1789 年至 1799 年的法國大革命的起因。托克維爾提出，路易十六的統治要比路易十四寬鬆得多，人們也覺得自由得多，甚至該時期還是法國最繁榮時期，並已開始改革，可是偏偏爆發了大革命。

他的另一本更著名的書《論美國民主》引人深思，在西方各國走入民主的過程中，為何唯獨法國大革命來得慘烈？據維基百科數據，自 1791 年至 1794 年，巴黎設置斷頭台，被斬首的「反革命」分子達 6 萬至 7 萬人之多。

托克維爾提出一個重要觀點，革命的發生並非總來自人們的處境越來越壞。最經常的情況是，一向毫無怨言、彷彿若無其事地忍受著最難以忍受的法律的人民，一旦法律的壓力減輕，他們就會爆發。

這種「法國大革命熱」是否反映了中共高層的某種共識？中國也有著類似「法國大革命」的前兆？

擔憂中國爆發大革命

當王岐山看到「革命產生民粹，民粹孕育暴政，然後暴政又輪迴獨裁」後，他警告說，「如此悲劇，因人性的陰暗和弱點，如果不約制，必定重演」。王岐山在《舊制度與大革命》一書中發現，暴力革命並非發生在貧窮時期，而是發生在經濟上升並帶來社會兩極分化之後，因為在這種歷史時刻，階級矛盾激化，社會底層的民眾特別容易把憤懣轉變為戰火。

十七大閉幕時，當選中共政治局委員的王岐山卸任北京市長，也不忘向同事推薦兩本書，其中之一是長篇歷史小說《大清相國》。據說王岐山對「盛世中國」憂心忡忡，既擔心權貴的虛榮與短視，也憂心民眾的虛妄與天真。他表示，中國要真正趕上西方，「我們的路子還很漫長」。

黨媒直指中國現狀類似法國大革命前夜

2013 年 1 月 18 日，大陸官媒《人民日報》海外版報導，當前中國社會背景複雜和社會矛盾激化的處境，與法國大革命時期有某種相似性：中國與大革命前的法國都處於最繁榮的時期，催促了人們權利意識的覺醒和敏感，對特權、腐敗、不公正的容忍度更低。而《舊制度與大改革》這本書能帶來一些啟示。

報導說，事實上，在革命來臨之前，法國政府已開始進行改革，然而，「最危險的時刻通常就是開始改革的時刻」。一向毫無怨言忍受著最難以忍受的法律的人民，一旦法律的壓力減輕，他們就會猛力拋棄舊體制。

報導說，毫無疑問，中國改革已進入深水區，改革風險很大，但不改革風險更大。改革勢必會遭到特殊利益集團的阻礙，尤其那些依靠權力尋租、依賴特權致富的人群。但是停滯、不改革、忽視社會公平正義，只會增加群眾的不滿，甚至使社會陷入動盪的危險境地。

《人民日報》公開承認中共的「改革」正處於兩難，舉步維艱的境地。

外媒：習近平稍不慎會被炸得粉身碎骨

外界對中共的「改革」也多有評論。《紐約時報》發表資深媒體人西堯的文章表示，王岐山向全黨推薦《舊制度和大革命》一書，正是中共對局面強烈不安和焦慮的流露，也是中共第五代對當前改革局勢憂慮所在。

托克維爾在《舊制度與大革命》中提到的「經濟的繁榮加速了革命的到來」，無疑是中共當前的噩夢。改革一定程度上已經變成了「排雷」，在目前中共體制內，由妥協換取穩定的空間已經日益逼窄，力度拿捏稍有不慎，就會被炸得粉身碎骨。

文章表示，過去十年，眾多事關社會整體利益的改革幾乎變成官僚體制內部的閉門分贓，民眾對這種改革已經演變出反感和抵制，強烈暗示改革的社會凝聚力和共識正在大面積坍塌。

《華爾街日報》則評論，在維持改革和保守主義之間微妙的平衡時，習近平可能將發現，他真正的敵人不是那些呼籲更大限度開放和自由的人，而是他的同事小圈子。

文章認為，在過去，保守派廢黜那些不願意鎮壓親民主力量

的最高領導人。因此，由於習近平對異議人士的政治軟弱，他可能同樣面臨著被強硬派趕下台的風險，中共面臨分崩瓦解。

中共歷來變革失敗 民心盡失

這當中，哪一個事件都可能引爆更大的風波。華府中國問題專家石藏山此前表示，「南周事件」會加快觸發中國更大規模、不同版本的南周事件，而習、李是走在「南周」的鋼絲上試圖平衡，難免會「擦槍走火」。

半個世紀以來，中共執政發起的各種「剿民」運動，造成中國民眾冤魂千千萬。民眾失望已久。鄧小平曾經在毛澤東暴政後打算重拾民心，包括大平反、政治上放鬆箝制、經濟政策開放等。然而自「六四」後，更加嚴厲的打壓異議人士，經濟改革養肥了一幫紅色貴族。

石藏山認為，中共不可能迴避和繞開已經犯下的罪惡，已經沒有機會了，「擊鼓傳花」到誰手上，若不主動解體中共、清算罪惡，就會作為中共向人民贖罪的總代表。

在中共這個體制中，歷來的總書記什麼變革也做不成，下場也很慘。從早期的陳獨秀，到近期的胡耀邦、趙紫陽。胡、趙兩人因念鄧小平的恩，而放棄了「拋棄邪惡中共、改變中國」的機會，結果自己被廢黜。趙被軟禁之際，甚至萌發「退黨」的意願。

對照前蘇聯的崩潰，前蘇共總書記戈巴契夫也是從「保黨」的願望出發，改革最先從道德及意識形態領域的開放討論開始，然而卻觸發了共產黨體制的徹底崩潰，沒有一個「凝聚民心的道德力量」支持他的所謂改革。

因此，在中共體制內的「改革」，已沒有人相信會給中國帶來希望和光明。

大變在即 如何選擇

十八大後，中共高層的江胡鬥延續到江習鬥。《大紀元》曾報導，法輪功問題是中國最核心的問題，也是江胡鬥以及江習鬥的核心所在。由於鎮壓法輪功，江澤民與很多高層人士意見分歧，造成中共內部分崩離析。而江澤民恐懼被清算，退而不休，安插親信在高層，維持巨大資源鎮壓法輪功，並延伸至異議人士、藏人、新疆人等，誰上台都無法正常執政。

石藏山說，現在若再不部署安排逮捕江澤民、主動解體中共，通過「《南周》事件」顯示，局勢會更加激烈動盪，江派和薄黨殘餘一定會更加沒有道德底線地「出牌」來挑戰民意，屆時火山爆發，再分辨真假「黃四郎」對民眾也已經沒有意義了，錯過了一個主動贖罪的機會，真假黃四郎對民眾來說已不重要，會統統隨中共一起被清算和殲滅。

托克維爾一書的啟示

一、意想不到的爆發

法國大革命被西方認為是迄今為止最激烈的革命，在它爆發前夜，沒有任何人能夠提前洞察到它必然降臨於世。就連被托克維爾認為是大革命先行者和代理者的德國弗里德里希大帝，在大革命迫近時，也沒有辨認出來；而歐洲其他國家的君主和大臣們，

普遍認為革命只不過是一場周期性疾病，是一次轉瞬即逝的地方性事件。

「他們的準備可謂面面俱到，唯獨沒有料到即將發生的事情。」即使在革命結束之後，革命呈現出來的各種清晰可見的後果，也沒有讓人們得以準確地把握到革命何以爆發的因素。托克維爾對此寫道：「偉大的革命一旦成功，便使產生革命的原因消失，革命由於本身的成功，反而變得不可理解了。」

二、革命的發生並非因民不聊生

一般認為，革命爆發無外乎國王獨裁專制，政府腐敗，苛捐雜稅，民不聊生；老百姓活不下去了才起來鬧革命。然而法國不是這麼回事。路易十六統治時期是舊君主制最繁榮時期。

托克維爾的判斷是：革命的發生並非因為人們的處境越來越壞。最經常的情況是，一向毫無怨言彷彿若無其事地忍受著最難以忍受的法律的人民，一旦法律的壓力減輕，他們就將它猛力拋棄。流弊被消除，使得人們更容易覺察尚存的其他流弊；痛苦的確已經減輕，但是感覺卻更加敏銳。

此前人們對未來無所期望，現在人們對未來無所畏懼，一心朝著新事物奔去。伴隨著社會繁榮，國家財產和私人財產從未如此緊密混合。國家財政管理不善在很長時間內僅僅是公共劣跡之一，這時卻成了千家萬戶的私人災難。

三、對舊體制的仇恨 引發最大動盪

托克維爾說：「經驗告訴我們，對於一個壞政府來說，最危險的時刻通常就是它開始改革的時刻，國民明顯地走向革命。」

　　托克維爾描述，「每個人都在自己的環境中焦慮興奮，努力改變處境：追求更好的東西是普遍現象；但這是一種令人焦慮憂傷的追求，引人去詛咒過去，夢想一種與眼前現實完全相反的情況」，最終造成了前所未有的最大的動盪和最可怕的混亂。

四、革命引來拿破崙新獨裁

　　通常人們認為革命開天闢地，迎來一個更好的社會。但法國在舊制度的廢墟上建立起了更加專制和強大的中央政權，雖然革命後的專制制度比舊的專制制度更合邏輯，更加平等，也更加全面。

　　托克維爾認為，這是從羅馬帝國崩潰以來，世界上還沒有過一個與此相似的政權。中央集權專製作為舊制度的遺產，在大革命以後則又得到前所未有的發展，最後在拿破崙帝國中達到頂峰。

社會矛盾激化 再不改就「革命」

　　任志強接受《人物》雜誌採訪時表示，為什麼高層都在看《舊制度與大革命》，是因為他們認識到了再不改就是「革命」。

　　托克維爾在《舊制度與大革命》一書中發現歷史上的大革命並非發生在貧窮時期，而是發生在經濟成長並帶來社會兩極分化之後。這種時刻，各階層矛盾激化，社會底層的民眾特別容易把憤懣轉變為戰火。

　　《舊制度與大革命》描寫大革命前法國的社會衝突及其發展過程，若去掉「法國」兩字，彷彿是如今中國社會的寫照。在中國，多年累積下來的多種社會矛盾越來越激化，沸騰的民怨猶如

烈火乾柴一觸即發，罷工、討薪等群體事件風起雲湧。有時連一起交通事故也能觸發數千人抗議。

馬三家勞教所黑幕被習、王拋出

2013年4月7日晚，大陸媒體《Lens》視覺雜誌《走出馬三家》的報導突然被大陸各大門戶網站高調推出，以《還原女子勞教所真實生態：坐老虎凳縛死人床》或《揭祕遼寧馬三家女子勞教所：坐老虎凳綁死人床強制孕婦勞動》等標題轉載。

親歷者還原了這座女子勞教所內的種種非人內幕。勞教人員遭到廉價勞作、體罰、蹲小號、被電擊、上「大掛」、坐「老虎凳」、縛「死人床」等刑罰；還有女勞教人員在懷孕情況下，仍被強制勞教。

事件觸發國際媒體及大陸民眾對關押在馬三家勞教所的大量法輪功學員遭遇酷刑、性侵犯、活摘器官等駭人罪惡的強烈關注。

此文雖觸碰大陸媒體以往的報導禁忌，深度刻劃了馬三家的惡行，但文中有意過濾了關於馬三家勞教所黑幕中最關鍵的部分——受酷刑者大多為法輪功學員。

《財經》雜誌與習近平和王岐山關係密切，2013年一直有步驟地幫著習近平陣營推出「廢除勞教制度」的文章和揭露江家幫的驚人腐敗鏈，直搗江澤民的死穴——勞教所，事件引發中共負責宣傳的常委江派劉雲山等人的極大恐懼。

從江澤民時期開始，許多的罪惡都發生在勞教所，或與勞教所有關聯，廢除勞教實際在「撼動」江派的「根基」。中國一切問題的核心是迫害法輪功問題，勞教所黑幕涉及江澤民流氓集團

的罪惡核心，公開勞教所黑幕，是再次點了江澤民的死穴。

就在《遼寧馬三家勞教所酷刑虐待罪惡黑幕曝光》一文在中國及國際社會發酵之際，4月8日，大陸各大網站的轉載即被刪除，微博也開始刪帖，突顯中共高層分裂。

1月7日，中共政法委書記孟建柱在中共政法會議上宣布，中共將報請全國人大常委會批准後，2013年停止使用勞教制度。消息引起外界強烈關注，然而很快新華網、中共央視、《人民日報》上的相關新聞被迅速刪除。

此類連續兩次對勞教進行相關報導和刪除的行為實屬罕見，反映出中共高層分裂已經相當嚴重，中共七常委之間，並非如他們所營造的那麼「團結」。

《大革命》之後 王再讀《公正》

2013年4月，與習近平、王岐山關係密切的大陸傳媒《Lens》視覺雜誌曝光了中國遼寧馬三家勞教所酷刑虐待被勞教人員的罪惡。事件引起社會輿論的強烈抨擊與發酵之際，大陸各大網站的相關轉載卻被刪除，微博也開始刪帖，種種跡象突顯中共高層分裂。有港媒報導，哈佛大學名著《公正》目前是中共中南海高層的熱點書籍，傳王岐山正在看此書。

《公正》一書的作者係哈佛大學教授、政治哲學家邁克爾‧桑德爾（Michael J. Sandel），該書從「何為公正」的關懷出發，關注當代複雜問題，探討自由至上主義、市場與道德等，講述個人、政府以及社會組織在尋求公正和平衡的過程中應扮演的角色。此書是哈佛歷史上累計聽課人數最多的課程。

　　報導馬三家勞教黑幕的新聞在 4 月 7 日出現後，全數被刪除。4 月 10 日，習近平突然放出對中共鐵道部原部長、黨組書記也是江派的劉志軍案提起公訴的消息，警告意味濃厚。官方《人民日報》在 4 月 10 日，卻發表了已故中共元老陳雲的兒子、著名太子黨陳元「重溫」江澤民言論的文章。第二天，就傳出陳元將被解除國家開發銀行行長職務的消息。

　　繼《舊制度與大革命》後，據傳，王岐山開始閱讀哈佛大學名著《公正》。香港《亞洲周刊》報導，《公正》也是中南海高層的熱點書籍。

　　當時，大陸地產大亨華遠集團董事長任志強透露，據說王岐山讀《公正》這本書的意思，就是要在「兩難」之間找一個選擇點。

　　儘管王岐山表現出相當才幹，但中共治下現實社會已如重磅定時炸彈，隨時都有爆炸的可能，他再恃才傲物，也不得不提心吊膽地過日子，「四處救火」彷彿成了他的宿命。未來這樣的苦差事只會越來越多。

第二節

王岐山公開承認
中國社會難以繼續

中國貧富差距已居世界之最。王岐山
承認,不解決不平等問題,中國社會
已無法繼續。(AFP)

在研究東亞經濟多年後,英國學者馬丁・雅克將目光投向了中國。2009 年,一本《當中國統治世界》讓雅克在世界聲名大噪。在 TED 大會上,他的演講《理解中國崛起》被觀看了 200 多萬次。這讓他在中國很有名,也得到了中共政府的認可。2015 年 9 月中旬,現任清華大學當代國際關係研究院研究員的雅克參加了由中共中紀委主辦的「2015 年中國共產黨與世界對話會」。

2015 年 10 月,雅克在接受無界新聞記者採訪時表示,今天的中國社會已經成為了「錢錢錢」的社會,共產黨在解決腐敗問題上已經很晚了。他和王岐山見面時,王岐山講話給他最大的衝擊是,他多次強調了中國社會不平等問題,這是他講話的中心論點。王岐山說,必須解決不平等問題,如果不解決,中國社會無

法繼續下去。王岐山也強調，腐敗正在損害黨，他們必須做些什麼，如果不做，就很危險了。

世界關注中國貧富差距巨大

中國被稱為世界第二大經濟體，但中國社會巨大的貧富差距一直為外界所關注。

僅北京大學中國社科調查中心發布的《中國民生發展報告2014》稱，2012年中國家庭淨財產的基尼係數達0.73，頂端1%的家庭占有全國三分之一以上的財產，底端25%的家庭擁有的財產總量僅在1%左右。2013年7月17日，北京大學中國社會科學調查中心發布的「中國家庭追蹤調查」數據顯示，中國家庭收入兩極分化嚴重，貧富差距高達234倍。

基尼係數是衡量一國貧富差距程度的國際公認指標。國際上通常把0.4作為貧富差距的警戒線，大於這一數值表示貧富懸殊兩極嚴重，容易出現社會動盪。一般發達國家的基尼指數在0.24到0.36之間。而中國達到了0.73，全球唯有中國如此，連非洲的津巴布韋都沒達到這種不平等狀態。中國的低收入階層幾乎占人口的60%左右。

王岐山提中共執政合法性問題

中共號稱是共產主義均貧富，但兩極分化卻成了全球之最。2015年9月9日，王岐山在「2015中國共產黨與世界對話會」上公開談及中共執政合法性問題，第二天《人民日報》微信公共帳

號「學習大國」發表文章稱，王岐山提出中共執政合法性問題，蘊含著深刻的危機意識。

9 月 14 日，中共黨校官員再度刊文談論中共執政危機。早在 2013 年 3 月中共政治局常委會擴大會議上，習近平稱今、明兩年是中共面臨生死存亡的關鍵，並表示「部分地區民怨到了沸點、民憤接近臨界點」。2013 年 6 月 18 日，習近平再次拋出「失去人心將亡黨」等言論。

據《爭鳴》2015 年 7 月號報導，6 月中旬，中共政治局擴大生活會上發放的一份報告羅列了中共「亡黨」的六大危機，涵蓋政治、經濟、社會、信仰、前途等各個領域，並指局部政治、社會危機已經處於爆發、蔓延、惡化狀態，習近平講話中罕見表示「面對嚴峻事實」。據香港《動向》雜誌 8 月號報導，2015 年 8 月北戴河會議期間，退休高層痛斥中共「黨內腐敗、社會民怨民憤」，當說到中共面臨「亡黨危機」時，出現痛哭場面，會議多次中斷。

有學者稱，2015 年中共已經到了崩盤的臨界點，政權可能隨時崩潰。

外界關注，2004 年底《大紀元》發表的系列社論《九評共產黨》，深刻揭示了中共的邪惡本質和歷史罪惡，引發了大陸民眾洶湧的退黨大潮，2018 年 3 月 23 日，在大紀元退黨網站上聲明退出中共黨、團、隊組織的人數正式突破 3 億人，中共的解體已經為期不遠。

第三節

王岐山提「執政合法性」為棄船做準備

王岐山提「合法性」問題有深意

2015 年 9 月 9 日,王岐山在北京大會堂會見出席「2015 中國共產黨與世界對話會」的外方代表 60 餘人,首次提到中共的「合法性」問題。

王岐山說:「中國共產黨的合法性源自於歷史,是人心向背決定的,是人民的選擇。」但是並沒有給予論證。

中共高層一向避免談及「合法性」這個敏感話題,故王岐山此舉引起外界的普遍關注和民眾熱議。

美國華府中國問題專家季達認為,王岐山主動談中共的執政「合法性」,表明中共現在面臨很大的危機,共產黨已經罩不住了,中南海高層在做準備,試圖採用改名的方式,拋棄中共。

中共黨媒承認存在執政合法性危機

2015 年 9 月 10 日，中共黨媒《人民日報》微信公共帳號「學習大國」刊文解讀中共「合法性」問題。

文章稱，政治學上的合法性，是指人們對某種政治權力秩序是否認同及其認同程度如何的問題，也稱為「正統性」、「正當性」。合法性的基礎是同意。當合法性受到侵蝕時，政治權力的行使或者政府的統治就會陷入危機。

文章還宣稱，這個問題的提出，顯示了中共執政的「自信」以及中共執政的「理直氣壯」云云。

不過，文章也承認，前中共領導人過去從未明確討論共產黨執政合法性的問題。之所以現在提出「合法性」一詞，是因為如果共產黨不預防或克服它的統治合法性的危機，而僅僅沉湎於「打天下就可以坐天下」的陳舊觀念，那麼它有可能將重蹈蘇聯的覆轍。

文章認為，王岐山在講話中「提出執政合法性問題，蘊含著深刻的危機意識」。

很多網民對黨媒的上述解讀大加諷刺，有網民稱：「別跟我談什麼自信，敢做個不記名調查不？」「如果人民不再希望你們代表了怎麼辦，你們也不見得讓位呀。」「只有貪官會滿意、會高興、會答應！人民不可能！」

還有網民稱：「所有監獄裡的人歷史上都合法；人心所向，證據呢？」「你有槍有軍隊，你說了算，你高興就好。」「連投票權都沒有，還說啥呢，貴黨開心就好。」

西方媒體關注王岐山提「合法性」

王岐山提「合法性」，也引起了西方媒體的關注。

2015 年 9 月 11 日，據美國《石英》（Quartz）雜誌報導稱，「合法性」一詞首次出現在共產黨官方公開的文字當中，暗示這個問題在中國被廣泛而公開的討論。

9 月 12 日，美國之音報導稱，這是中共執政數十年來，高層首次談到自己執政的合法性。但有海外觀察人士認為，中共作為非民選的政權，稱自己是源自「人民的選擇」並不合適。

旅美政論家、《北京之春》前主筆胡平認為，王岐山的這番講話並不是中共首次探討執政合法性。他說：「當年胡錦濤也講過類似的話，就講共產黨怎麼受到人民的擁護，有了政權，但是過去有、現在有，不代表以後也會一直有。」

胡平認為，王岐山在當下這個時間節點再次探討執政合法性有三個原因。第一是目前反腐敗運動遇到一些問題，他藉這個機會為反腐敗作一種辯護；第二是用西方常用的概念「迷惑」西方人，為習近平月底的訪美之行鋪路；第三是中國社會目前處於相當脆弱的狀態，經濟動盪、人權狀況也在惡化。

有西方學者認為，中共政權的合法性源於經濟績效和政府提供的各種公共物品。但是胡平表示這種說法「站不住腳」。

胡平說，「用政績來確定合法性這本身是違背合法性的本意。因為合法性的意思就是說一個政權它不管做得好做得壞，那麼它如果是合法了，它依然就是合法的。」

胡平舉例說：「像馬英九他一度民調支持率只有 9％了，但大家依然承認他是一個合法的總統。」「所以它關鍵就是政權的

合法性是取決於它的來源，而不是它的內容。」

胡平還用婚姻比喻執政合法性和政績的關係。

他說，「好比婚姻的合法性一個道理，婚姻的合法性得雙方同意，還得辦一個手續那就是合法的婚姻。哪怕其中一個人他（她）沒有很好的履行他（她）作為配偶的責任和義務，但是你也得承認只要沒有離婚，法律上他們依然是合法的夫妻、合法的配偶，這個是毫無疑問的。」相反，一開始是用買賣、霸占而形成的婚姻，即便丈夫為妻子提供充足優越的生活保障，也是不合法的。

胡平認為，王岐山的話，等於是承認「政權的合法性取決於人民，取決人民的支持率」。但是，要真實的了解人民的支援率，就需要保證言論自由。胡平說：「如果一個政權它可以禁止一切反對意見，那它永遠可以擔保它是被人民所擁護，因為它把反對它的人都排除在人民之外了。」

中共十多年不敢提《九評》

中國問題專家季達則表示，中共的「合法性」早已經被《九評共產黨》的嚴密論證所徹底否定，這是中共從來不敢公開提《九評》的重要原因。現在王岐山突然提及中共「合法性」問題，說明中共內部有高層認為拋棄中共已經是迫在眉睫的事情。

2004 年 11 月 19 日，《大紀元》發表系列社論《九評共產黨》，將中共這個「西來幽靈」從起家到現今，以歷史事實的角度，全面徹底剖析了其「假、惡、暴」以及反人類、反宇宙的邪惡本質。

《九評》指出中共邪黨是目前中國社會一切苦難和罪惡的根

源，徹底地打開了禁錮中國人幾十年的黨文化的思想枷鎖，將長期生活在中共謊言欺騙與暴力恐嚇控制下的廣大民眾喚醒。

《九評》發表後，引發了全球華人的「三退」（退團、退隊、退黨）大潮。2004 年 11 月 29 日，第一則退黨聲明在《大紀元》刊出。

隨著《九評》廣泛傳播，「三退」人數不斷增長，如今每天有 7 萬到 10 萬人在《大紀元》網站上發表聲明退出中共相關的組織，「三退」總人數已超過 2 億 5000 萬人。

中共對《九評》自然恨之入骨，但近 11 年來，卻對《九評》噤若寒蟬，既不敢公開承認，又不敢公開反駁，罕見而反常地採取了鴕鳥政策，只是在背地裡瘋狂封鎖、查抄，千方百計企圖阻止《九評》的傳播。

據悉，中共高層內部也曾打算組織寫手寫反駁文章，但是因為《九評》寫的都是事實而作罷。

蓋因《九評》擊中了中共的要害，撕下了它的畫皮，還原了它的真面目，令它無處遁形。中共害怕，如果試圖去批駁，反而會加速《九評》的傳播，將有更多的人「三退」。

中共臭名聲成為習近平的最大掣肘

季達認為，中共的臭名聲早已經成為習近平執政的最大掣肘。在中共體制內，習近平想要做的事情，比如「改革」和「依法治國」等，根本就做不成。這成為習近平執政的一個「死穴」。

江澤民集團則不斷利用中共的臭名聲進行自保，同時阻擊習近平。江澤民大管家曾慶紅曾利用國際和國內對中共的不信任和

厭惡，反過來捆綁與江澤民集團博弈的當權者。

如2014年1月21日，美國一家新聞機構「國際調查記者同盟」在其報告中稱，至少有五名現任或前任中共中央政治局常委的親屬，在英屬維京群島和科克群島等離岸金融中心持有離岸公司，其中包括現任國家主席習近平、前總理溫家寶及李鵬、前主席胡錦濤以及已故領導人鄧小平。

與此相對應的是江派的三個巨貪，即江澤民、曾慶紅和周永康，卻榜上無名。有消息稱，這次的負面消息的放出，與曾慶紅有關。江澤民集團藉此恐嚇中共內部最有權勢的家族，發出了「要死大家一起死」的信號。

曾慶紅和周永康在之前最典型的做法就是利用中共的臭名聲，先把某個人「搞臭」，再嫁禍於這個人，讓其人處於「有苦說不出」的狀態。這些手法也早就開始被運用在捆綁習近平、溫家寶身上。

季達透露，現在外界有人相當不看好習近平，認為在中共那種體制內，習近平的很多做法根本就不可能成功，認為在和江澤民集團博弈的過程中，「習近平輸定了」。不過，這些人都沒有想到共產黨可能會被拋棄。一旦中共被拋棄，大陸政局將完全是另外一幅圖景。

當前已有超過 20 萬人控告江澤民，習近平當局已經在準備審判江澤民，在這個過程中，或許會開始連帶著做推動拋棄中共的事。王岐山提「合法性」，或許就是釋放了一個準備拋棄中共的試探性信號。

第四節

解體中共　才能有未來

《九評共產黨》幫助中國人精神覺醒：解體中共，中國才有光明的未來。圖為 2016 年 5 月 13 日，上萬名法輪功學員匯聚紐約大遊行。（戴兵／大紀元）

王岐山「打左燈向右轉」？

　　2016 年 10 月 17 日，香港時政記者孫筱樺發表文章《六中全會在即，王岐山會留下什麼政治遺產？》，作者認為王岐山「這名中共黨鞭即將留下的，是一個重新向原教旨主義靠攏的執政黨。」

　　「原教旨」的提法取自王岐山在 2016 年 1 月的中紀委六次全會的工作報告中提到的：「黨章……每一條都凝結著黨的建設的歷史經驗，是共產黨人的『原教旨』，是全黨必須遵循的根本行為規範。」

　　文章還談到 2015 年 2 月王岐山在中共紀檢監察系統內部講話：誰說我們解決不了腐敗問題？「我們就是要走中國特色社會主義道路，這就是中國共產黨領導的本質特徵。我們應該有這個

自信，就是我們發現了自己的問題，我們自己能夠解決。」

文章說，「這與黨內部分開明派的觀點並不一致。在 2014 年以依法治國為主題的四中全會開幕前夕，《人民日報》原副總編周瑞金……為反腐制度化建言。文章指出，反腐的制度化需要『七位一體』，包括政黨、立法機關、行政機關、司法機關、審計機關、公民社會和私人部門七個方面共同發揮作用。」

也就是說，不能像王岐山說的光靠共產黨自己解決，還需要有其他六種力量。這部分觀點在大陸網站已經被刪除。

作者說王岐山曾經是中共內部最早的自由派，但現在「王岐山也有很多與他偏自由派經歷背道而馳，甚至截然相反的言行。」

2014 年 5 月，王岐山還提到：東西南北中，工農商學兵政黨，黨是領導一切的。作者強調，「理論上將在十九大退休的王岐山，從右到左的遊走很難用『打左燈向右轉』或『打右燈向左轉』等定論簡單概括。」

文章最後說：「他（王岐山）雖然能看到中共改革的迫切性，卻執行了一套與世界潮流相反的解決方法。而一旦使用了這套方法……也很難逃離擊鼓傳花的邏輯。」

共產黨是邪教 否定了人類的正信

的確，任何對共產黨抱有希望的人，終將被共產主義的鐵拳打得粉碎，被共產幽靈拖著下地獄。《九評共產黨》中指出，共產黨就是一種宗教，只是這種宗教表面上打倒推翻了所有神、佛、上帝的神龕，取而代之的卻是把自己供上去了。「從來就沒有什麼救世主，也不靠神仙皇帝！要創造人類的幸福，全靠我們自

己！」言外之意，共產黨就是上帝，共產黨就是佛主，因此共產黨的黨魁最後都必然要搞個人崇拜，而且黨永遠是「偉大光榮正確」的，因為其合法性就來自於這個「自我神化」。

共產黨說要建立「人間天堂」，這話本身就是矛盾的：人類都是有私心的，都是為了自我的名利情而活在世間，那他就不可能達到「大公無私」的境界；他若真能達到了，那他就是神，就應該飛升天國世界，而不會在人間駐留了。

人是萬物之靈，應該自己把握人生，而不是由什麼政黨、什麼主義來操控。王岐山能讓他自己、還有他身邊的人，乃至數千人、上萬人，為了理想而放棄自己的權利和自由，盲目忠誠、服從一個組織，就好比黑幫入會時宣誓要絕對的忠誠、絕對的服從一樣，但他不可能讓 8000 萬黨員人人都做到這一點。

現代人群中，崇尚精神理念的人不到 10%，剩下的 90% 以上都是追求物質利益的，這才是正常的人類。當「掛羊頭賣狗肉」成為了習慣，共產黨的天下就靠「暴力和謊言」、「槍桿子和筆桿子」一起來支撐了。這就是百年共運史的結果。

那些至今還癡迷於共產主義理想的人，不妨聽聽前法國總理克利蒙梭的那句真言：「三十歲以前不相信共產主義，沒有良心；三十歲以後還相信共產主義，沒有大腦！」所有那些讓人熱血沸騰的「共產主義理想」，都是不可能實現的謊言，都是真正危害人間的精神鴉片。

馬克思要的就是「下地獄來陪我」

如今在中共黨內那些 60 歲以上的人，還記得 50 年代中共剛

剛奪取天下時人們的思想境界，並把那時視為他們的理想國。但全民聽話的奉獻精神是經不住時間考驗的，到 60 年代就出現了貪污腐敗。很多人以為「文化大革命」是毛澤東一時頭腦發熱偶然促成的事，其實那是中共九大邪惡基因本質所決定的必然。

共產黨員信仰馬列主義，殊不知他們的老祖宗卻是個入了魔的鬼。

馬克思年輕時是位虔誠的基督徒，但在大學放蕩不羈的生活中，18 歲那年他經歷靈異事件之後，就改信了撒旦教。從現有資料看，很可能在其縱慾狂歡的迷幻中，撒旦顯現出來了，並讓馬克思相信，他就是撒旦選定的人間代言人，他的使命就是在人間「幸福生活」的謊言召喚下，讓恐怖大王復活，讓人以「不信神」為藉口來「反對神」，從而墮入地獄。（詳情請看《新紀元》周刊文章《卡爾·馬克思的成魔之路》，第 200 期 2010/12/02）

與江派拚死作戰階段要減少麻煩

2018 年中共修改憲法，還把堅持中共領導，寫進了《憲法》。不過，客觀來說，現在還不能對習近平、王岐山的所作所為進行最後的判定，因為現在是生死決戰的特殊時期。

中共有了潛規則：「說的不做，做的不說」，遠遠地從門縫裡看人，難免會看扁了人。比如王岐山說「黨是領導一切的」，但在最新修訂的法官宣誓詞中，卻沒有「忠於黨」的提法，根本不提共產黨；北京當局現在推行「核心意識」，但同時種種跡象表明，北京也在推動民主法治，甚至幾年後還會出現民選的總統制。

這些看似矛盾的現象，一個主要原因就是在中共體制下，新上台的習陣營，還在與把持中國 20 多年的江澤民派系做生死搏擊，為了讓自己的打虎路上少些波折少些干擾，這個時候習近平、王岐山是不會留任何把柄給江派的，他們會說很多極左的話，幹一些極左的事，以堵住對方的嘴。

王岐山飽讀史書，和習近平、李克強、王滬寧等人一樣，是中國最早一批學習西方管理制度的人。當他們把狹義的江派大老虎、既得利益者通通清除之後，他們面對的就是廣義的江派——真正的共產體制。假如屆時還無法推行改革，那他們就會被迫嘗試新的體制。

解體中共 歷史會把中國帶向光明

這令人聯想戈爾巴喬夫的命運。當年戈爾巴喬夫抱著要拯救蘇共、要振興蘇共的初衷來搞改革，但執行一段時間之後，歷史的大潮就把他沖到了另一個方向：解體蘇共。這就是人民的選擇，歷史的選擇。

共產黨常騙人說，歷史是人民創造的。其實，歷史是天意安排的，是宇宙規律決定的。解體中共，是天意，這一點，可能狂妄的共產黨人難以接受，但敬天信神的中華兒女是能夠理解的。

然而，現在中國大地上行走的還有許多被稱為「馬列子孫」的人，他們死後要去見馬克思。無論是六歲就被騙參與政治、加入政治團體的「共產主義少年先鋒隊」，還是為了升學而被迫加入的「共青團」，以及為了當官而加入的「共產黨」，他們都是「馬列子孫」，而不是「中華兒女」。

　　如何「驅逐馬列，恢復中華」，是我們每個中國人的責任，也是每個具有「中國夢」的人應該身體力行的事。

　　拋棄中共，中華兒女將永遠挺立在世界民族之林。

中國大變動系列 **064**

中國二號人物王岐山

作者：王淨文 / 季達。**執行編輯**：張淑華 / 韋拓 / 余麗珠。**美術編輯**：吳姿瑤。**出版**：新紀元周刊出版社有限公司。**地址** ： 香港荃灣白田壩街5-21號嘉力工業中心A座16樓03室。**電話**：886-2-2949-3258 (台灣) 852-2730-2380 (香港)。**傳真** ：886-2-2949-3250 (台灣) / 852-2399-0060 (香港)。**Email**: newepochservice@gmail.com。**網址** ：shop.epochweekly.com。**香港發行**：田園書屋。**地址**：九龍旺角西洋菜街56號2樓。**電話**：852-2394-8863。**規格** ：21cm×14.8cm。**國際書號** ：ISBN978-988-77342-7-7。**定價** ：HK\$138 / NT\$500 / US\$29.98。**出版日期**：2018年5月。

新紀元
NEW EPOCH WEEKLY